Die Wirtschaftspsychologie

Die Buchreihe *Die Wirtschaftspsychologie* informiert – praxisorientiert und wissenschaftlich fundiert – über aktuelle Themen aus dem beruflichen und wirtschaftlichen Alltag. Experten aus den Teilgebieten der Wirtschaftspsychologie (Arbeits- und Organisationspsychologie, Personalpsychologie, Markt- und Konsumentenpsychologie, Ökonomischen Psychologie) verbinden in themenspezifischen Einzelbänden praktische Relevanz mit wissenschaftlichem Rigor. Jeder Einzelband gibt Einblick in aktuelles psychologisches Wissen zur Beantwortung praxisorientierter Fragen.

Von Interesse sind die Einzelbände der Reihe für Arbeitnehmer, Manager und Betriebsräte sowie Marketingfachleute gleichermaßen, in privaten und öffentlichen Unternehmen und der staatlichen Verwaltung, insbesondere auch für HR- und Personalverantwortliche, Unternehmens- und Personalberater sowie Young Professionals und Studierende verschiedener berufsqualifizierender Fachgebiete, zum Beispiel BWL, VWL, Wirtschaftspsychologie, Erwachsenenbildung, Ingenieurswesen…

In leicht verständlicher Sprache wird auch Lesern ohne psychologische Grundkenntnisse ein kurzweiliger und kompetenter Einblick in verschiedene Themengebiete geboten, mit Verweisen auf weiterführende Quellen.

Bereits erschienen:
Werther, Jacobs, Organisationsentwicklung – Freude am Change
Brodbeck, Internationale Führung – Das GLOBE-Brevier in der Praxis
Diefenbach, Hassenzahl, Psychologie in der nutzerzentrierten Produktgestaltung – Mensch-Technik-Interaktion-Erlebnis

Weitere Bände der Reihe sind in Vorbereitung:
Reif, Spieß, Stadler, Effektiver Umgang mit Stress – Gesundheitsmanagement im Beruf
Gerdenitsch, Korunka, Psychologische Erkenntnisse zur Gestaltung von zukünftigen Arbeitswelten (Arbeitstitel)
Stark, Kirchler, Entscheidungen (Arbeitstitel)
Florack, Psychologische Strategien in Marketing und Werbung (Arbeitstitel)
Wastian, Coaching-Management in Organisationen (Arbeitstitel)

Stephan Mühlbacher
Maximilian Zieser

Die Psychologie des Steuerzahlens

Stephan Mühlbacher
Fakultät für Psychologie
Universität Wien
Wien, Österreich

Maximilian Zieser
Institut für Österreichisches und
Internationales Steuerrecht
WU Wien
Wien, Österreich

Die Wirtschaftspsychologie
ISBN 978-3-662-53845-6   ISBN 978-3-662-53846-3 (eBook)
https://doi.org/10.1007/978-3-662-53846-3

Die Deutsche Nationalbibliothek verzeichnet diese Publikation in der Deutschen Nationalbibliografie; detaillierte bibliografische Daten sind im Internet über http://dnb.d-nb.de abrufbar.

© Springer-Verlag GmbH Deutschland 2018
Das Werk einschließlich aller seiner Teile ist urheberrechtlich geschützt. Jede Verwertung, die nicht ausdrücklich vom Urheberrechtsgesetz zugelassen ist, bedarf der vorherigen Zustimmung des Verlags. Das gilt insbesondere für Vervielfältigungen, Bearbeitungen, Übersetzungen, Mikroverfilmungen und die Einspeicherung und Verarbeitung in elektronischen Systemen.
Die Wiedergabe von Gebrauchsnamen, Handelsnamen, Warenbezeichnungen usw. in diesem Werk berechtigt auch ohne besondere Kennzeichnung nicht zu der Annahme, dass solche Namen im Sinne der Warenzeichen- und Markenschutz-Gesetzgebung als frei zu betrachten wären und daher von jedermann benutzt werden dürften.
Der Verlag, die Autoren und die Herausgeber gehen davon aus, dass die Angaben und Informationen in diesem Werk zum Zeitpunkt der Veröffentlichung vollständig und korrekt sind. Weder der Verlag noch die Autoren oder die Herausgeber übernehmen, ausdrücklich oder implizit, Gewähr für den Inhalt des Werkes, etwaige Fehler oder Äußerungen. Der Verlag bleibt im Hinblick auf geografische Zuordnungen und Gebietsbezeichnungen in veröffentlichten Karten und Institutionsadressen neutral.

Planung und Lektorat: Marion Krämer, Martina Mechler

Gedruckt auf säurefreiem und chlorfrei gebleichtem Papier

Springer ist Teil von Springer Nature
Die eingetragene Gesellschaft ist Springer-Verlag GmbH Deutschland
Die Anschrift der Gesellschaft ist: Heidelberger Platz 3, 14197 Berlin, Germany

Danksagung

Die Autoren danken den Herausgebern Felix C. Brodbeck, Erich Kirchler und Ralph Woschée für die Möglichkeit, einen Band zur Buchreihe *Die Wirtschaftspsychologie* beizutragen. Den Freunden und Kollegen Janina Enachescu, Julia Haas, Matthias Kasper, Erich Kirchler, Angelika Kunz, Jerome Olsen, Kunka Petkova und Johannes Zieser sei für die vielen hilfreichen Anmerkungen und Verbesserungsvorschläge zu einer früheren Version des Manuskripts gedankt. Bei Marion Krämer und Martina Mechler vom Springer-Verlag bedanken sich die Autoren für die freundliche Unterstützung und Zusammenarbeit.[1]

---

[1] Anmerkung zu den Formulierungen in diesem Band: Im vorliegenden Text wird – sofern nicht auf eines der Geschlechter explizit eingegangen wird – immer die männliche Formulierung für Personengruppen verwendet. Wenn etwa von Steuerzahlern, Bürgern oder Studienteilnehmern die Rede ist, sind damit immer Frauen und Männer gleichermaßen gemeint.

Inhaltsverzeichnis

1	Einleitung	1
	Stephan Mühlbacher	

2	Steuermoral: Zahlungsverhalten und Einstellungen	7
	Stephan Mühlbacher	
2.1	Steuerhinterziehung und Steuerumgehung	9
2.2	Einstellungen: Emotionen, Meinungen und Urteile	11
	Literatur	21

3	Persönliche Charakteristika und Steuermoral	23
	Stephan Mühlbacher	
3.1	Berufliche Selbstständigkeit	24
3.2	Geschlecht und Alter	29
3.3	Einkommen und Bildung	30
	Literatur	31

4	Soziale Normen: Einstellungen und Verhalten anderer Steuerzahler	35
	Maximilian Zieser	
4.1	Deskriptive und präskriptive Normen	40
4.2	Wahrnehmung und Kommunikation sozialer Normen	43
4.3	Identifikation mit der Gruppe	47
4.4	Kulturelle Unterschiede	48
	Literatur	49

5	Gerechtigkeit des Steuersystems	53
	Stephan Mühlbacher	
5.1	Verteilungsgerechtigkeit	56
5.2	Gerechtigkeit von Entscheidungsprozessen	58
5.3	Gerechtigkeit der Strafverfolgung	64
	Literatur	66

6	Theoretische Ansätze zur Erklärung des Steuerverhaltens	69
	Stephan Mühlbacher	
6.1	Das ökonomische Modell	70
6.2	Steuerhinterziehung als soziales Dilemma	82
6.3	Responsive Regulation	85
6.4	Slippery Slope Framework	89
	Literatur	95

7	**Strategien zur Verbesserung der Steuermoral**	99
	Stephan Mühlbacher	
7.1	**Maßnahmen zur Abschreckung**	100
7.2	**Vertrauensbildende Maßnahmen**	106
	Literatur	117
8	**Verhaltenslenkung durch Steuern und Nudging**	121
	Maximilian Zieser	
8.1	**Lenkungssteuern**	122
8.2	**Nudging: Ein Schubs in die richtige Richtung**	134
	Literatur	139
	Serviceteil	145
	Sachverzeichnis	146

Einleitung

Stephan Mühlbacher

> Die Schlagzeilen der letzten Jahre waren voll von Berichten über prominente Steuersünder. Es scheint um die Steuermoral von wohlhabenden Prominenten, von wirtschaftlich höchst erfolgreichen Unternehmen, aber auch von Durchschnittsbürgern schlecht bestellt zu sein. Dem Staat entgehen Einnahmen in Milliardenhöhe, weil sich Einzelne ungerecht behandelt fühlen und deshalb nicht kooperativ sind oder schlicht ihre egoistischen Interessen durchsetzen. Politik und Finanzbehörden zerbrechen sich den Kopf darüber, wie die Zahlungsmoral der Steuerpflichtigen gestärkt werden könnte. Braucht es strengere Gesetze und mehr Budget für mehr Steuerprüfungen, oder soll man sich um mehr Verständnis bei den Steuerzahlern für die Notwendigkeit des lästigen Übels bemühen?

Verschiedene wissenschaftliche Disziplinen befassen sich mit der Steuermoral und suchen nach Möglichkeiten, diese durch gesetzliche und behördliche Maßnahmen zu verbessern. Vor allem die Rechts- und Wirtschaftswissenschaften, die Soziologie und die Psychologie haben mit vielen theoretischen und empirischen Arbeiten dazu beigetragen, das Verhalten der Steuerzahler besser zu verstehen. Der traditionell ökonomisch geprägte Ansatz beschreibt Steuerhinterziehung als rationale Entscheidung, die nur durch die Androhung von Kontrollen und Strafen eingedämmt werden kann. Die psychologische Forschung zeigt aber, dass eine rein auf Abschreckung basierende Regulationsstrategie zu kurz greift. Das Verhalten der Steuerzahler hängt neben „harten" Faktoren, wie der Wahrscheinlichkeit einer Steuerprüfung oder dem Ausmaß der angedrohten Strafe, auch von vielen anderen Einflussvariablen ab, die schwerer zu erfassen und zu verändern sind.

Der vorliegende Band betrachtet die Phänomene Steuerhinterziehung und Steuermoral aus wirtschaftspsychologischer Sicht. Es werden verschiedene empirische Untersuchungen vorgestellt und diskutiert, die sich mit den psychologischen Mechanismen des Steuerzahlens beschäftigen. Zudem werden die wichtigsten Theorien zum Verhalten von Steuerzahlern erklärt und evidenzbasierte Vorschläge zur behördlichen Regulierung des Verhaltens der Steuerzahler diskutiert.

In Kap. 2 wird der Begriff *Steuermoral* als Bezeichnung für Verhalten und Einstellungen der Steuerzahler definiert. Auf der Verhaltensebene zeigt sich eine niedrige Steuermoral vor allem durch Steuerhinterziehung oder Steuerumgehung. Zu den Einstellungen zählen die Emotionen und die Motivation der Steuerzahler ebenso wie ihre Urteile und Meinungen zur Steuerpflicht, den Steuerbehörden und dem Steuersystem als solchem.

In Kap. 3 werden verschiedene soziodemografische und persönliche Merkmale der Steuerzahler vorgestellt, die mit der Steuermoral zusammenhängen. Vor allem junge, männliche Selbstständige scheinen dazu zu neigen, ihre Steuererklärungen zu manipulieren. Die Einkommenshöhe dürfte dafür ausschlaggebend sein, ob die Steuerlast mithilfe eines teuren Rechtsbeistands umgangen oder etwa durch Schwarzarbeit hinterzogen wird. Ein hohes Bildungsniveau und steuerrelevantes Wissen führen zumindest einigen Theorien zufolge zur Bereitschaft, freiwillig der Steuerpflicht nachzukommen.

Kap. 4 geht mit der Diskussion *sozialer Normen* auf einen speziellen Aspekt des sozialen Kontextes ein. Die Normen der sozialen Gruppe stellen eine Art informelles Regelwerk dar, das vorgibt, wie sich der Einzelne in bestimmten Situationen – etwa beim Bezahlen von Steuern – zu verhalten hat. In diesem Kapitel werden die unterschiedlichen Arten der sozialen Normen behandelt. Diese beziehen sich auf das in der Gruppe als üblich wahrgenommene Verhalten (deskriptive Normen) sowie auf die vorherrschenden Einstellungen in der Gruppe (präskriptive Normen). Es wird außerdem auf verschiedene psychologische Prozesse eingegangen, welche die Wirkung von sozialen Normen auf die Steuerehrlichkeit maßgeblich steuern. So spielt etwa die Identifikation mit der Gruppe eine entscheidende Rolle dabei, ob die sozialen Normen angenommen und befolgt werden. Schließlich wird auf die kulturellen Unterschiede in verschiedenen Ländern im Umgang mit der Steuerpflicht eingegangen, die zum Teil durch soziale Normen erklärbar sind.

Von besonderer Bedeutung für die Steuermoral ist die Wahrnehmung der Gerechtigkeit des Steuersystems. Diese wird in Kap. 5 behandelt. Die Gerechtigkeit des Systems beinhaltet die Fairness in Bezug darauf, wie die Steuerlast verteilt ist und welchen Nutzen die steuerfinanzierten öffentlichen Güter in einer Gesellschaft haben (*Verteilungsgerechtigkeit*), die Fairness in Bezug auf die Entscheidungsprozesse der Behörden (*prozedurale Gerechtigkeit*) und die wahrgenommene Gerechtigkeit des Kontroll- und Bestrafungssystems (*retributive Gerechtigkeit*).

In Kap. 6 werden vier theoretische Ansätze zur Steuermoral vorgestellt und die wichtigsten empirischen Untersuchungen zu den Annahmen der Theorien zusammengefasst. Im ersten der vorgestellten Ansätze, dem ökonomischen Modell, werden Kontrollen und Strafen sowie die Höhe des zu versteuernden Einkommens und der geltenden Steuersätze als Determinanten der Steuerehrlichkeit beschrieben. Empirische Untersuchungen zeigen aber, dass außer der Wahrscheinlichkeit einer Steuerprüfung keiner dieser Faktoren eindeutige Effekte auf die Steuerehrlichkeit hat und selbst eine hohe Wahrscheinlichkeit einer Steuerprüfung unerwartete Effekte auf Einstellungen und Verhalten haben kann. Im zweiten Ansatz wird die Entscheidungssituation von Steuerzahlern als *soziales Dilemma* beschrieben. Wenn Einzelne ihre Steuern hinterziehen, können sie ihr effektives Einkommen maximieren und trotzdem die steuerfinanzierten öffentlichen Leistungen in Anspruch nehmen. Wenn aber viele egoistisch handeln, wird der Schaden für die Allgemeinheit groß und die öffentlichen Leistungen sind nicht mehr finanzierbar. Dann wären alle besser beraten gewesen, miteinander zu kooperieren und ihre Steuern zu bezahlen. Der Ansatz des sozialen Dilemmas hebt die Bedeutung der durch Steuern finanzierten staatlichen Leistungen sowie die Rolle des sozialen Umfelds hervor. Als dritter in diesem Kapitel beschriebener Ansatz wird die *Responsive Regulation* vorgestellt. Dieses Regulationsmodell geht auf die unterschiedlichen Einstellungen und Verhaltensmotive der Steuerzahler ein. Diesem Ansatz folgend sollten die Steuerbehörden die Regulationsmaßnahmen an die individuellen Unterschiede anpassen. Kooperationsbereite Steuerzahler sollten von den Behörden durch effiziente Dienstleistungen unterstützt werden, und nicht jeder kleine Fehler sollte mit der vollen Härte des Gesetzes bestraft werden. Fehlt jedoch die Bereitschaft zur Kooperation, muss rigide kontrolliert und bestraft werden. Bei der vierten in diesem Kapitel vorgestellten Theorie – dem *Slippery Slope Framework* – wird neben den individuellen Unterschieden in den Einstellungen auch die Bedeutung der Wahrnehmung der Finanzbehörden durch die Steuerzahler und das Interaktionsklima betont. Hier wird angenommen, dass Steuerehrlichkeit entweder aus freiwilligen Motiven erfolgt und auf dem Vertrauen der Steuerzahler in die Behörden beruht oder durch behördliche Maßnahmen erzwungen werden muss. Das Slippery Slope Framework zeigt zwei grundsätzliche Möglichkeiten auf, die Steuermoral positiv zu beeinflussen und zu stabilisieren. Zum einen können Maßnahmen eingesetzt werden, um die von den Steuerzahlern wahrgenommene Macht der Behörden und ihre Möglichkeiten, Zwang auszuüben, zu steigern. Zum anderen können durch vertrauensbildende Maßnahmen kooperationsbereite Steuerzahler dabei unterstützt werden, ihren Pflichten vollständig und rechtzeitig nachzukommen. Dieser Einteilung in abschreckende und vertrauensbildende Maßnahmen wird auch im nächsten Kapitel über die verschiedenen Strategien zur Regulation gefolgt.

In Kap. 7 werden die den Steuerbehörden zur Verfügung stehenden Strategien beschrieben, mit denen die Zahlungsmoral gefördert werden kann. Im ersten Abschnitt des Kapitels wird der traditionelle Ansatz zur Bekämpfung von Steuerbetrug durch Kontrollen und Strafen erklärt. Die empirischen Befunde zu den Effekten der Wahrscheinlichkeit einer Steuerprüfung sind eindeutig. Da Steuerprüfungen aber kostspielig sind, wenden Steuerbehörden neben rein zufallsbasierten Kontrollen auch effizientere Prüfstrategien an, die auf den verfügbaren Informationen basieren. Die empirischen Studien zum Effekt der Höhe der angedrohten Strafen zeigen nur eine geringe Wirkung auf das Verhalten. Daher werden im Kapitel verschiedene Möglichkeiten diskutiert, wie die Abschreckungswirkung von Strafen erhöht werden kann. Im zweiten Abschnitt des Kapitels werden verschiedene Möglichkeiten beschrieben, um das Vertrauen der Steuerzahler zu gewinnen. Eine vertrauensbasierte Zusammenarbeit setzt die Überzeugung voraus, dass das Steuersystem gerecht ist. Für das Vertrauen der Steuerzahler dürfte vor allem entscheidend sein, dass behördliche Entscheidungsverfahren gerecht ablaufen. Außerdem sollten sich die Steuerbehörden auch als Dienstleister für die kooperationsbereiten Steuerzahler verstehen und ihnen mit ihrer Expertise und ihrem Fachwissen bei der Erfüllung der steuerlichen Pflichten serviceorientiert zur Seite stehen. Mit *Horizontal Monitoring* – zum Beispiel in den Niederlanden, in Slowenien und in Österreich bereits umgesetzt – wird in diesem Kapitel eine aktuelle Entwicklung in der behördlichen Regulationsarbeit vorgestellt, die auf wechselseitigem Vertrauen zwischen Steuerzahlern und -behörden basiert. Der Abschnitt zur vertrauensbasierten Regulation schließt mit einer Diskussion der Bedeutung sozialer Normen für das Vertrauen der Steuerzahler. Die Beobachtung, dass andere Steuerzahler nicht ganz so redlich bei der Erfüllung ihrer Steuerpflicht sind, führt nicht nur zu Misstrauen gegenüber den anderen, sondern lässt auch Zweifel an der effizienten Arbeit der Steuerbehörden aufkommen. Eine Behörde, die nicht in der Lage ist, die ehrlichen Steuerzahler vor den „schwarzen Schafen" der Gesellschaft zu schützen, verliert das Vertrauen der Bevölkerung und wird als ohnmächtig wahrgenommen.

Im letzten Kap. 8 werden die Lenkungseffekte von Steuern auf das Verbraucherverhalten diskutiert. Durch die Besteuerung von Einkommen, Umsatz und Konsum soll nicht nur die Finanzierung öffentlicher Güter gesichert und Wohlstand gerecht verteilt werden, es soll dadurch auch das Verhalten von Konsumenten und Unternehmen beeinflusst werden. Spezielle Steuern, beispielsweise auf Tabak und Alkohol, auf ungesundes Essen oder auf besondere Umweltbelastungen, sollen dazu beitragen, ungesundes oder umweltschädliches Verhalten zu reduzieren. Die in diesem Kapitel beschriebenen empirischen Untersuchungen zu den Effekten von Lenkungssteuern zeigen, dass Besteuerung ein durchaus effektives Mittel zur Beeinflussung des Konsumverhaltens darstellen kann. Lenkungssteuern können aber auch unerwünschte Nebeneffekte haben, wie das Ausweichen auf illegale Quellen oder auf alternative, aber ebenso schädliche Verhaltensweisen. Mit *Nudging* wird in diesem Kapitel ein neuer Ansatz zur Verhaltensregulation vorgestellt, der im Gegensatz zu Lenkungssteuern ohne finanziellen Druck funktioniert. Entscheidungssituationen von Verbrauchern sollen so gestaltet werden, dass die Verbraucher zwar in Richtung einer empfohlenen Alternative (z. B. gesündere Ernährung) gelenkt werden, aber stets die Freiheit behalten, sich auch anders zu entscheiden. Zum Beispiel kann eine grafische Hervorhebung der gesunden Optionen in einer Speisekarte ausreichen, um die Gäste zu einer besseren Ernährung zu verleiten. Der Nudging-Ansatz findet bereits in den unterschiedlichsten Bereichen Anwendung und kommt sogar bei der Beeinflussung der Steuermoral zum Einsatz.

Einleitung

Die Psychologie des Steuerzahlens ist komplex. Viele Zusammenhänge und Mechanismen sind noch nicht ausreichend untersucht. Dennoch tragen die psychologische Theorie und zahlreiche empirische Studien einiges zur Erklärung des Verhaltens von Steuerzahlern bei. Der vorliegenden Band bietet eine Einführung in diese psychologische Steuerforschung. Das Buch richtet sich an eine breite Leserschaft und ist auch ohne Fachkenntnisse leicht verständlich. Die Darstellung der Untersuchungen, die in den folgenden Kapiteln vorgestellt werden, hat keinen Anspruch auf Vollständigkeit. Vielmehr wurde darauf geachtet, neben den wichtigsten und am meisten untersuchten Bereichen der psychologischen Steuerforschung auch interessante neue Ansätze vorzustellen.

Steuermoral: Zahlungsverhalten und Einstellungen

Stephan Mühlbacher

2.1 Steuerhinterziehung und Steuerumgehung – 9

2.2 Einstellungen: Emotionen, Meinungen und Urteile – 11

Literatur – 21

> Die „Panama Papers" sind der bekannteste Fall der Enthüllung eines Steuerskandals. Es handelt sich um 11,5 Mio. Dokumente, die in jahrelanger Arbeit von einem internationalen Verbund investigativer Journalisten recherchiert wurden. Es ging um die Aufdeckung eines globalen Musters von Kriminalität und Korruption. Staatsoberhäuptern, Kriminellen und Prominenten wurde anhand von Millionen von Dokumenten nachgewiesen, dass sie geheime Verstecke in Steueroasen genutzt haben. Nach der genauen Überprüfung durch 400 Journalisten weltweit kam durch diese Dokumente ans Tageslicht, dass mehrere hundert Politiker und Personen des öffentlichen Lebens Anteile an Holdinggesellschaften in Übersee hatten. Dazu gehörten die Premierminister von Island und Pakistan, der Präsident der Ukraine und der König von Saudi-Arabien. Mehr als 214.000 Rechtskonstruktionen in Übersee kamen zum Vorschein, und Personen in mehr als 200 Ländern und Gebieten wurden mit diesen Aktivitäten in Verbindung gebracht.
>
> (Siehe Trautman 2016)

Der Begriff *Steuermoral* wird weder im alltäglichen Gebrauch noch im wissenschaftlichen Diskurs einheitlich verwendet. Mit schlechter Steuermoral können sowohl negative Einstellungen zu Steuern und dem Steuersystem gemeint sein als auch die Tatsache, dass Steuern schlicht nicht bezahlt werden – also das Verhalten von Steuerzahlern. Der Sozialökonom Günter Schmölders hat Steuermoral als die Einstellungen einer Gruppe von Steuerzahlern zu ihrer Steuerpflicht definiert. Diese seien wiederum von den Einstellungen zum Steuersystem und dessen Gerechtigkeit abhängig (Kirchler 2007). Für Otto Veit – einem weiteren Sozialökonomen und Pionier der Steuerforschung – war Steuermoral das Konglomerat aus Einstellungen und Verhalten der Steuerzahler (Schöbel 2005; Veit 1927). In seiner Definition haben jene Menschen eine hohe Steuermoral, die ihre Steuerschuld korrekt begleichen und außerdem Steuern gegenüber positiv eingestellt sind. Eine vorschriftsmäßige Steuererklärung muss nämlich nicht unbedingt das Resultat positiver Einstellungen sein. Wer Angst vor einer Steuerprüfung hat, könnte sich auch trotz negativer Einstellungen zu Steuern korrekt verhalten. Steuerehrlichkeit kann nach dieser Definition daher entweder freiwillig vorhanden sein oder durch die strafrechtlichen Mittel der Finanzverwaltung erzwungen werden (Kirchler et al. 2008; Veit 1927). Zur Abgrenzung von der Einstellungskomponente wird in der englischsprachigen Literatur für das Zahlungsverhalten häufig der Begriff *Tax Compliance* verwendet, im Deutschen entsprechen diesem Ausdruck am ehesten die Begriffe der Steuerehrlichkeit oder der Steuerdisziplin.

> Je nach Definition bezeichnet Steuermoral entweder nur die Einstellungen der Steuerzahler, die sich auf das Zahlungsverhalten auswirken, oder es sind beide Komponenten – Einstellungen und Zahlungsverhalten – damit gemeint.

Bei einer wissenschaftlichen Betrachtung der Steuermoral erscheint es jedenfalls sinnvoll, das Verhalten und die Einstellungen der Steuerzahler getrennt zu behandeln. Im Folgenden werden daher zuerst die Begriffe Steuerhinterziehung und Steuerumgehung definiert, bevor die Bedeutung der Einstellungen zum Steuerzahlen, zu den Finanzbehörden und zum Steuersystem an sich diskutiert wird.

2.1 Steuerhinterziehung und Steuerumgehung

Mit freundlicher Genehmigung von Glasbergen Cartoon Service, www.glasbergen.com

Unter dem Begriff der Steuerehrlichkeit wird allgemein die korrekte Einhaltung von steuerlichen Pflichten verstanden. Welches Verhalten als korrekt bezeichnet werden soll und wo die Grenze zum unmoralischen Handeln liegt, lässt sich jedoch nicht so einfach festlegen. In Gesetzestexten wird oftmals zwischen Steuervermeidung, Steuerumgehung und Steuerhinterziehung unterschieden (Wrede 1993). Hinterziehung stellt eindeutig ein strafbares Verhalten dar. Es wird gegen Gesetze verstoßen, indem zum Beispiel Einkünfte absichtlich verschwiegen oder falsch präsentiert werden. Unter Steuervermeidung wird hingegen eine breite Palette an legalen Möglichkeiten verstanden, um die eigene Steuerlast zu verringern. Zum Beispiel lassen sich in vielen Ländern Spenden an gemeinnützige Vereine, Ausgaben zur Wohnraumbeschaffung oder freiwillige Zuzahlungen zur Pensionsversicherung steuerlich absetzen. Mit Steuerumgehung ist schließlich eine Reihe an „kreativen" Lösungen zur Steuervermeidung gemeint, die zwar den Buchstaben, aber nicht dem Sinn des Gesetzes entsprechen. Dabei werden Lücken und Grauzonen der Gesetzestexte gezielt ausgenutzt, z. B. indem ein Tochterunternehmen überzogene Preise für steuerlich abschreibbare Leistungen vom Mutterunternehmen verlangt oder durch sogenannte Steuerflucht der Firmensitz in ein Niedrigsteuerland verlegt wird. Der Versuch, solche Gesetzeslücken zu schließen und rigidere Vorschriften zu erlassen, kann eine derart „kreative" Steuergestaltung sogar noch weiter fördern und als Ansporn zu einem Katz-und-Maus-Spiel mit den Behörden wirken (Kirchler 2007; McBarnet 2003). Beurteilt ein Gericht eine Steuervermeidung als illegitime Steuerumgehung, so muss die fehlende Steuerschuld zwar beglichen werden, eine Strafe droht dafür aber in der Regel nicht (Steuerumgehung 2013). Die Definitionen der OECD (Organisation für wirtschaftliche Zusammenarbeit und Entwicklung) für die Begriffe Steuerehrlichkeit (Tax Compliance), Steuerhinterziehung (Tax Evasion) und Steuervermeidung bzw. -umgehung (Tax Avoidance) sind im → Kasten „OECD-Definitionen von Steuerehrlichkeit, Steuerumgehung und Steuerhinterziehung" aufgeführt.

> **OECD-Definitionen von Steuerehrlichkeit, Steuerumgehung und Steuerhinterziehung**
> **Steuerehrlichkeit (Tax Compliance):** Das Ausmaß, mit dem ein Steuerzahler die Steuergesetze seines Landes befolgt, zum Beispiel indem das Einkommen deklariert, eine Steuererklärung abgegeben und die Steuerschuld fristgerecht beglichen wird.
> **Steuerumgehung (Tax Avoidance):** Der Begriff ist schwierig zu definieren. Er wird meist für bestimmte Arrangements von steuerlichen Angelegenheiten benutzt, die den Zweck haben, die Steuerschuld zu reduzieren. Obwohl diese Arrangements den gesetzlichen Regeln meistens völlig entsprechen, widersprechen sie aber typischerweise dem Sinn des Gesetzes.
> **Steuerhinterziehung (Tax Evasion):** Ein schwierig zu definierender Begriff, mit dem aber allgemein illegale Praktiken gemeint sind, bei denen eine Steuerschuld verschleiert oder ignoriert wird. Der Steuerzahler zahlt weniger Steuern als gesetzlich vorgeschrieben, indem ein Einkommen oder andere Informationen den Steuerbehörden verschwiegen werden.
> *Anmerkungen.* Aus OECD 2016, Übers. d. Verf.

Rechtlich gesehen handelt es sich also bei Steuerhinterziehung eindeutig um gesetzeswidriges Verhalten, während Steuervermeidung im Rahmen der gesetzlichen Möglichkeiten nicht bestraft werden kann. Die moralische Bewertung der beiden Verhaltensweisen ist allerdings nicht ganz so einfach. Manche Spielarten der Steuervermeidung können als gutes Recht der Steuerzahler angesehen werden, andere könnte man auch als legale Form von Steuerhinterziehung verstehen. Der norwegische Ökonom Agnar Sandmo (2005) beschreibt das Spannungsfeld zwischen Legalität und moralischer Verwerflichkeit so:

> Ein Maler, der sich durch Schwarzarbeit ein bisschen etwas hinzuverdient, bricht das Gesetz, während ein wohlhabender Investor, der einen Steueranwalt engagiert, um nach Steueroasen zu suchen, das nicht tut. Aus moralischer Sicht unterscheiden sich beide Verhaltensweisen aber nicht allzu sehr. Offensichtlich fällt die Grenze zwischen dem, was moralisch richtig und falsch ist, nicht immer mit der Grenze zwischen dem, was legal und illegal ist, zusammen (S. 646, Übers. v. Verf.).

Im Beispiel von Sandmo wird eine Verhaltensweise beschrieben, die manchmal auch als „Steuerhinterziehung des kleinen Mannes" bezeichnet wird – die Schwarzarbeit. Darunter versteht man *„die an sich legale Produktion von Gütern und Dienstleistungen [...], die aber den Behörden verheimlicht wird"* (Schneider 2015, S. 413). Neben anderen Motiven, wie der Umgehung von gesetzlichen Mindeststandards und der Vermeidung von Sozialabgaben, hat Schwarzarbeit auch zum Ziel, die direkten (z. B. Einkommensteuer) und indirekten Steuern (z. B. Umsatzsteuer) zu vermeiden (Schneider 2015). Indem die anfallenden Steuern „gespart" werden, kann Arbeitsleistung billiger angeboten und/oder ein höheres Einkommen erzielt werden.

Die meisten wissenschaftlichen Untersuchungen und Theorien befassen sich mit der Hinterziehung von Einkommenssteuern. Arbeiten zur Hinterziehung anderer Steuerarten wie der Umsatz- oder Erbschaftsteuer und zur Steuerumgehung sind rar, und es ist unklar, ob sich die Forschungsergebnisse zur Einkommensteuerhinterziehung auch auf andere Steuerarten übertragen lassen (Webley und Ashby 2010). Fest steht jedoch, dass das Verhalten der Steuerzahler stark mit ihren Einstellungen zusammenhängt, die im nächsten Abschnitt besprochen werden.

2.2 Einstellungen: Emotionen, Meinungen und Urteile

Die zweite Komponente der Steuermoral betrifft die Einstellungen der Steuerzahler. Ihre Urteile und Meinungen über die Gesetzgebung, die Steuerbehörden und über das Steuerzahlen an sich bestimmen, ob den steuerlichen Pflichten auch ohne strenge Kontrollen nachgekommen wird. In der Sozialpsychologie werden Einstellungen als globale Bewertungen von Personen, Objekten oder Ideen verstanden (Aronson et al. 2013), die auf Dimensionen wie gut/schlecht oder angenehm/unangenehm erfolgen (Ajzen 2001). Einstellungen basieren auf Erfahrungen und haben einen Einfluss darauf, wie auf ein bestimmtes Objekt, eine Person, eine Idee etc. reagiert wird (Hogg und Vaughan 2011). Unterschieden werden häufig drei Komponenten von Einstellungen, anhand derer sie auch beobachtet und empirisch erfasst werden können (Thomas 1991): (i) Affekte (Emotionen, die sich z. B. in Reaktionen des autonomen Nervensystems zeigen), (ii) Kognitionen (subjektive Urteile und Meinungen, die z. B. in Umfragen erhoben werden) und (iii) Verhaltensintentionen (der sogenannte konative Aspekt der Einstellungen; dieser kann durch Befragungen oder Beobachtungen erfasst werden). Auf der Verhaltensebene können sich die Einstellungen der Steuerzahler auf unterschiedliche Art zeigen. Neben der vorhin besprochenen Steuerhinterziehung bzw. -vermeidung können negative Einstellungen beispielsweise auch dazu führen, dass die Erledigung der Steuererklärung hinausgezögert wird oder Beschwerden und Kritik geäußert werden. Von einer besonders eindrücklichen Art eines indischen Steuerzahlers seine Ablehnung der Steuerbehörden auszudrücken, berichtet der Zeitungsausschnitt im → Kasten „Inder ließ giftige Kobras in Steuerbehörde frei". Die emotionalen Aspekte von steuerbezogenen Einstellungen werden im folgenden Abschnitt besprochen, danach folgt eine Diskussion der kognitiven Einstellungskomponente anhand der subjektiven Urteile und Meinungen von Steuerzahlern. Die Beurteilung der Gerechtigkeit des Steuersystems kann ebenfalls als Teil der kognitiven Komponente gesehen werden; auf diesen Aspekt wird in einem eigenen Buchkapitel (Kap. 5) eingegangen.

Inder ließ giftige Kobras in Steuerbehörde frei

Schlangenbeschwörer hatte zwei Jahre auf Antwort gewartet
Lucknow – Ein Schlangenbeschwörer hat in einer Steuerbehörde im Norden Indiens Dutzende Schlangen freigelassen, weil er nach seinem Empfinden zu lange auf eine Antwort auf einen Antrag gewartet hatte. „Er hatte eine Anfrage für ein Grundstück gestellt, um dort seine Schlangen zu halten", sagte ein Behördenmitarbeiter am Donnerstag. Es gebe dazu aber keine legale Möglichkeit. Anstatt auf eine schriftliche Antwort zu warten, habe er mit den Schlangen in der ganzen Dienststelle Panik verursacht. Die Angestellten seien voller Entsetzen auf die Tische gesprungen oder davongerannt, als der Mann die Schlangen, darunter auch giftige Kobras, aus drei Säcken geholt habe.

Nicht alle Schlangen eingefangen
Der Schlangenbeschwörer sagte, ein Mitarbeiter der Verwaltung in Harraiya im nördlichen Bundesstaat Uttar Pradesh habe ihm vor zwei Jahren ein Grundstück versprochen. „Nachdem ich so lange geduldig gewartet hatte, hatte ich keine andere Möglichkeit, als alle meine Schlangen in diesem Büro loszulassen", fügte er hinzu. Bei dem Vorfall wurde niemand verletzt. Die Polizei gab jedoch an, dass zunächst nicht alle Schlangen wieder eingefangen werden konnten. (APA)

Quelle: Aus derstandard.at. © APA Austria Presse Agentur. http://derstandard.at/1322531593883/Panik-am-Amt-Inder-liess-giftige-Kobras-in-Steuerbehoerde-frei

2.2.1 Affektive Komponente der Einstellungen

Emotionen gelten in der Psychologie als komplexes Phänomen, das in der Literatur nicht einheitlich definiert wird. Sie zeigen sich im subjektiven Erleben von Gefühlen, äußern sich aber auch in physiologischen Reaktionen (erhöhte Herzfrequenz, Schwitzen, Erröten der Haut), im Verhalten, der Mimik und Gestik, der Stimmlage und der Körperhaltung. Meist werden Freude, Trauer, Furcht, Ekel und Überraschung als sogenannte Basisemotionen von komplexen Emotionen unterschieden, die sich daraus zusammensetzen (Puca 2014). Die affektive Komponente der Einstellungen von Steuerzahlern ist relativ wenig untersucht. Emotionen dürften aber, wie die Ergebnisse aus ersten empirischen Untersuchungen vermuten lassen, einen wichtigen Aspekt der Steuermoral darstellen.

Stimmungen und Emotionen können die Zahlungsmoral der Steuerzahler beeinflussen, selbst wenn sie nicht direkt mit dem Steuerzahlen in Zusammenhang stehen. In einer experimentellen Studie wurden die Studienteilnehmer gebeten, über gefühlsgeladene Themen wie neugeborene Babys und unbeliebte Politiker nachzudenken. Als später eine Entscheidung darüber zu treffen war, ob man (hypothetisch) Steuern hinterziehen will oder nicht, berücksichtigten die Teilnehmer, die von ihren Gefühlen abgelenkt waren, rationale Faktoren kaum noch. Die Wahrscheinlichkeit einer Steuerprüfung und die Höhe der angedrohten Strafe spielte für die Teilnehmer, die auf die Emotionen fokussiert waren, keine Rolle mehr (Maciejovsky et al. 2012). Emotionen beim Steuerzahlen entstehen spätestens dann, wenn man beim Hinterziehen ertappt wurde. Die australische Psychologin Kristina Murphy befragte Steuerzahler, die gerade wegen Steuerbetrugs zu einer Geldstrafe verurteilt wurden. Fühlten sich die Befragten von der Behörde ungerecht behandelt, reagierten sie mit Wut und Ärger auf die ausgesprochene Strafe und meinten, dass sich ihre Emotionen auch negativ auf ihre Zahlungsmoral auswirken (Murphy und Tyler 2008). Auch Steuerexperten lassen sich, wie eine Studie an Wirtschaftsprüfern und Studierenden des Steuerrechts zeigt, bei ihren Urteilen und Entscheidungen von Gefühlen beeinflussen. In der hypothetischen Rolle eines Steuerberaters interpretierten die Teilnehmer steuerrelevante Informationen eher im Sinne ihres Klienten, wenn sie ihn sympathisch fanden. Außerdem schienen sie insbesondere, wenn sie in schlechter, betrübter Stimmung waren, vermeiden zu wollen, dass sie ihre Klienten enttäuschen oder gar verlieren. Daher waren sie bei schlechter Stimmung auch überoptimistisch in der Einschätzung, wie ein mögliches Gerichtsverfahren für ihren Klienten ausgehen könnte (Schultz et al. 2011).

Die von Emotionen verursachte körperliche Erregung kann auch mit psychophysiologischen Methoden, wie etwa der Messung des Hautwiderstandes, beobachtet werden. Dadurch wird die Intensität von Emotionen auch objektiv messbar, ohne dass man auf Eigenbeobachtungen der Versuchspersonen zurückgreifen muss. Bei körperlicher Erregung sinkt durch die vermehrte Schweißproduktion der natürliche Hautwiderstand. Entsprechend wurde in einem Laborexperiment auch ein geringerer Hautwiderstand beobachtet, wenn das experimentelle Einkommen nicht vollständig deklariert worden war. Je mehr hinterzogen wurde, desto höher war die bei den Probanden gemessene emotionale Erregung. Außerdem waren bei einer Steuerprüfung im Experiment die körperlichen Reaktionen umso intensiver, je höher die zu zahlende Strafe ausfiel. Die erste Steuerprüfung in einer Reihe von Kontrollen löste stärkere Reaktionen aus als die nachfolgenden. Die Teilnehmer schienen sich also an die Steuerprüfungen zu gewöhnen. Noch intensivere Reaktionen wurden beobachtet, wenn anstelle von Geldstrafen – wie

> **Steuersünder am Pranger – „Listen der Schande"**
>
> Das griechische Finanzministerium will Steuersünder und Bürger an den Pranger stellen, die Kapitalflucht begehen und in der Stunde der Not dem Land den Rücken kehren.
> Der griechische Finanzminister Evangelos Venizelos legte den Abgeordneten des Parlaments 2495 Namen von Bürgern vor, die Geld ins Ausland geschafft haben oder dem Staat große Summen schulden. Wer genau darauf steht, wurde zunächst nicht bekannt. Einsicht in die „Listen der Schande", wie Medien sie nennen, haben vorerst nur Abgeordnete. Was die Volksvertreter zu sehen bekamen, machte einige fassungslos. Auf der Liste stünden die Namen von 40 Menschen, die dem griechischen Staat jeweils mehr als 100 Millionen Euro Schulden. Einer habe ein Jahreseinkommen von 42.000 Euro angegeben, hatte aber im Ausland Geldeinlagen in Höhe von 104 Millionen Euro. 18 Menschen bekamen sogar Arbeitslosenunterstützung, obwohl jeder von ihnen im Ausland zwischen 1,0 und 1,5 Millionen Euro angelegt hat. Vergangene Woche gab sich der Finanzminister erstmals geschlagen: „Wir konnten die Steuerhinterziehung nicht erfassen", sagte Venizelos im Parlament. Für die elf Millionen Bürger des Landes bedeutet dies: eine Sonder-Immobiliensteuer in Höhe von durchschnittlich vier Euro pro Quadratmeter, die er besitzt; 20 Prozent weniger Geld für Staatsbedienstete und – erstmals nach 100 Jahren – Entlassungen. (dpa)
>
> Quelle: Aus Der Tagesspiegel, http://www.tagesspiegel.de/politik/steuersuender-am-pranger-listen-der-schande/5334806.html. Mit freundlicher Genehmigung der dpa Deutsche Presse Agentur

beim mittelalterlichen Pranger – ein Foto des Steuerhinterziehers am Computerbildschirm der anderen Versuchsteilnehmer gezeigt wurde (Coricelli et al. 2010).

Die Angst, durch öffentliche Zurschaustellung des eigenen Fehlverhaltens an Reputation zu verlieren und Scham ertragen zu müssen, scheint das Verhalten von Steuerzahlern zu beeinflussen (Forest und Kirchler 2010). Ebenso wichtig für die Zahlungsmoral dürfte auch sein, ob man sich als einmaliger Steuersünder wieder in die Gemeinschaft integrieren kann. In einem Laborexperiment hatte die Veröffentlichung von Porträtfotos der „schwarzen Schafe" nur dann langfristig positive Effekte, wenn diese für eine Spielrunde gezeigt und dann wieder entfernt wurden. Wurden die Fotos hingegen über die gesamte Dauer des Experiments gezeigt, so neigten die ertappten Steuerhinterzieher dazu, auch weiter zu hinterziehen. Gehandelt wurde also ganz nach dem Motto „Ist der Ruf erst ruiniert, lebt es sich ganz ungeniert". Wenn keine Chance besteht, dass das Fehlverhalten wieder vergessen und vergeben wird, scheint das Schamempfinden an Bedeutung zu verlieren (Coricelli et al. 2014). Manche Staaten haben die Idee bereits verwirklicht, Steuersünder anzuprangern und ihre Namen zu veröffentlichen. Solche „Listen der Schande" wurden beispielsweise schon von den USA, Kanada, der Schweiz oder Spanien herausgegeben (siehe dazu auch den Beitrag zu Griechenland im → Kasten „Steuersünder am Pranger"). Die Europäische Union will eine Liste internationaler Steuerparadiese publizieren, um Druck auf solche Staaten auszuüben (Guarascio 2016). Auch werden immer wieder einzelne Namen prominenter Persönlichkeiten und Unternehmen in „geleakten" Dokumenten veröffentlicht, wie etwa in den sogenannten *Panama Papers* (siehe auch Anfang des Kapitels, vgl. Trautman 2016). Die Ethik dieser Renaissance des mittelalterlichen Prangers lässt sich sicherlich ausgiebig diskutieren.

Auch wenn noch weiterer Forschungsbedarf zu den emotionalen Aspekten der Steuermoral besteht, scheint dennoch klar zu sein, dass den Emotionen bei der Erklärung des Steuerzahlverhaltens eine bedeutsame Rolle zukommt.

2.2.2 Kognitive Komponente der Einstellungen

Einen wesentlichen Teil der Einstellungen machen die Kognitionen aus. In der psychologischen Wissenschaft gilt Kognition als „*Sammelbegriff für bewusste und unbewusste mentale Prozesse, die von Wahrnehmung bis Denken reichen*" (Gigerenzer 2014, S. 886). Dazu zählen die Meinungen der Steuerzahler und ihre Urteile zum Steuersystem, zu den Behörden und zum Delikt der Steuerhinterziehung selbst.

Steuerzahlen und -hinterziehung

Steuerhinterziehung wird von vielen als Kavaliersdelikt wahrgenommen. Jeder scheint jemanden zu kennen, der schon einmal ein wenig bei der Steuererklärung getrickst hat. In einer Umfrage unter US-amerikanischen Steuerzahlern beurteilten 86 % den Diebstahl von 20 Dollar als moralisch verwerflich, aber nur 61 % waren derselben Meinung, wenn es um Steuerhinterziehung ging (Grasmick und Scott 1982). In einer anderen Studie aus den USA wurde das Delikt Steuerhinterziehung kaum schwerwiegender beurteilt als ein Fahrraddiebstahl (Song und Yarbrough 1978). Ähnlich haben das auch im Jahr 2007 befragte Steuerzahler aus Österreich gesehen. Sie sollten verschiedene Delikte hinsichtlich ihres Schweregrades beurteilen (siehe Abb. 2.1). Unter den zu bewertenden Delikten waren auch folgende drei Vergehen, bei denen es um die Steuermoral ging: Das Einkommen nicht vollständig zu deklarieren, private Rechnungen als Geschäftsausgaben abzuschreiben oder schwarz zu arbeiten, empfanden die Befragten als ähnliche Bagatellen wie Schwarzfahren mit öffentlichen Verkehrsmitteln oder Ladendiebstahl. Verwandte Delikte wie Sozialleistungsbetrug oder Versicherungsbetrug wurden als deutlich schwerere Vergehen angesehen als Steuerhinterziehung (Muehlbacher und Kirchler 2007, S. 13).

Ein differenzierteres Bild ergeben die in derselben Studie gesammelten Assoziationen der österreichischen Steuerzahler zu drei verschiedenen steuerbezogenen Begriffen: „Steuerhinterziehung", „Steuerumgehung" und „ehrlicher Steuerzahler" (die Ergebnisse zu einem vierten Stimuluswort, dem „Steuersystem", werden im nächsten Abschnitt dieses Kapitel vorgestellt). Die Teilnehmer sollten zu jedem Begriff notieren, was ihnen spontan in den Sinn kommt. Sie konnten bis zu fünf verschiedene Assoziationen nennen. Abb. 2.2a, b und c zeigen die häufigsten (von mindestens 3,5 % der Stichprobe genannten) Assoziationen und die durchschnittlichen Zeitpunkte, zu denen diese in der Assoziationskette aufgetreten sind. Häufigen und früh genannten Assoziationen wird höhere Bedeutung zugemessen als jenen, die den Teilnehmern erst etwas später im Assoziationsprozess einfielen. Abb. 2.2a zeigt die Assoziationen zum Begriff Steuerhinterziehung. Diese wird mit Betrug und Bestrafung assoziiert und ist somit eher negativ besetzt. Von einigen Befragten wird Hinterziehung aber auch als Kavaliersdelikt gesehen. Steuerumgehung ist dagegen relativ positiv besetzt (siehe Abb. 2.2b). Das legale Pendant zur Hinterziehung wird als clever bezeichnet und mit Expertise assoziiert. Dennoch fiel rund 5 % der Teilnehmer noch „ungerecht" zu diesem Verhalten ein. Zum typischen „ehrlichen Steuerzahler" wurde ganz gemäß dem Sprichwort „Der Ehrliche ist immer der Dumme" häufig „dumm" als Assoziation genannt (siehe Abb. 2.2c). Die ehrlichen Steuerzahler sind für die Befragten die „braven" Arbeitnehmer und stellen aus Sicht von manchen Teilnehmern die Mehrheit der Bevölkerung dar, während andere der Meinung sind, dass es diese nur sehr selten gibt (Muehlbacher und Kirchler 2007).

Die Meinungen scheinen also durchaus zu divergieren. Die einen sehen in Steuerhinterziehung den Betrug an der Gemeinschaft, für die anderen ist es ein Kavaliersdelikt. Auch wenn

2.2 · Einstellungen: Emotionen, Meinungen und Urteile

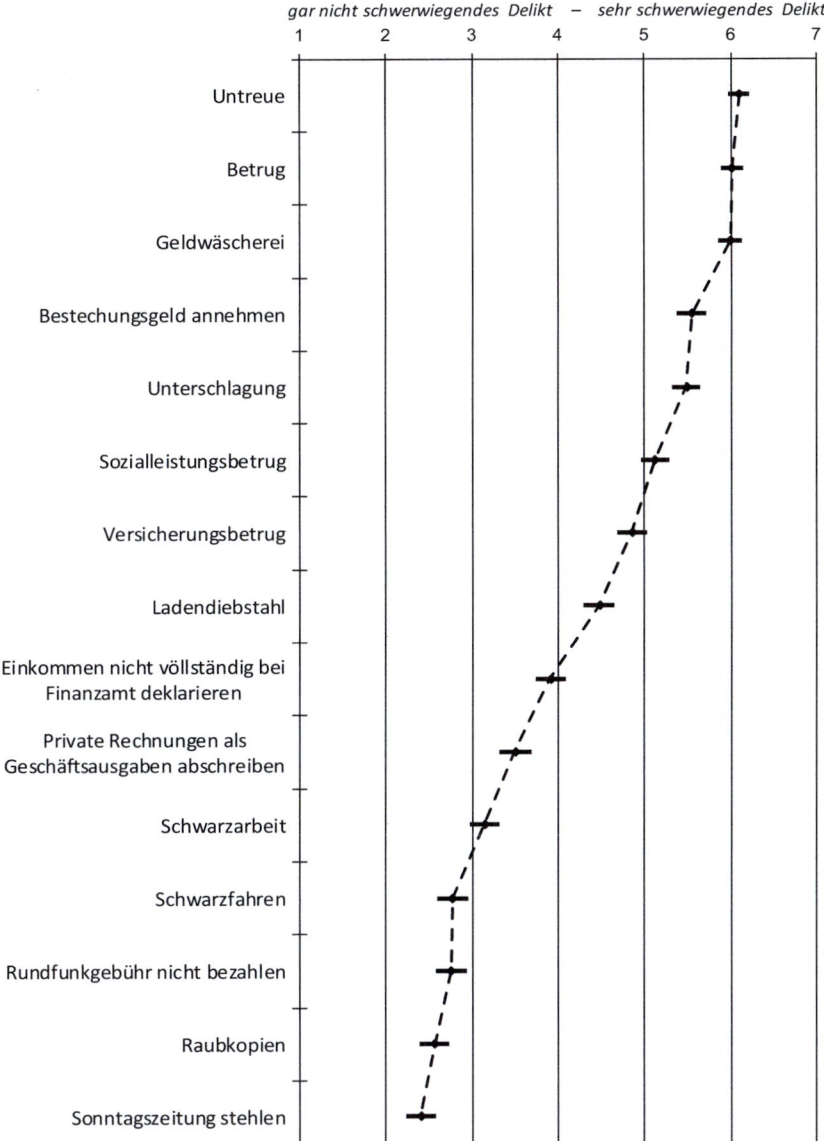

Abb. 2.1 Bewertung des Schweregrads verschiedener Delikte in einer Befragung aus Österreich. Die horizontalen Balken kennzeichnen die 95 % Konfidenzintervalle für die beobachteten Bewertungen verschiedener Delikte in einer Befragung von 338 österreichischen Steuerzahlern. Ein Wert von *1* (*ganz links*) bedeutet, dass das jeweilige Delikt im Durchschnitt als nicht sehr schwerwiegend beurteilt wird, ein Wert von *7* (*ganz rechts*) kennzeichnet hingegen ein als besonders schwer wahrgenommenes Delikt. (Daten für die Darstellung aus Muehlbacher und Kirchler 2007)

für viele Steuerhinterziehung ein Bagatelldelikt darzustellen scheint, hat dennoch die Mehrheit der Steuerzahler durchaus positive Einstellungen zum Zahlen von Steuern, wie die im nächsten Abschnitt vorgestellte Studie zeigt (Braithwaite 2003).

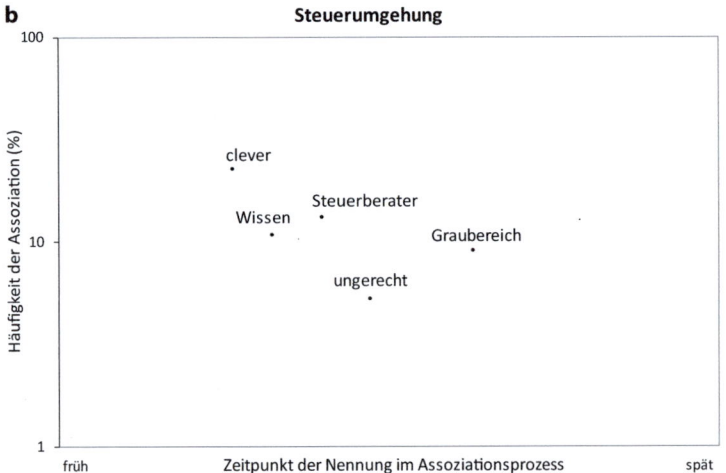
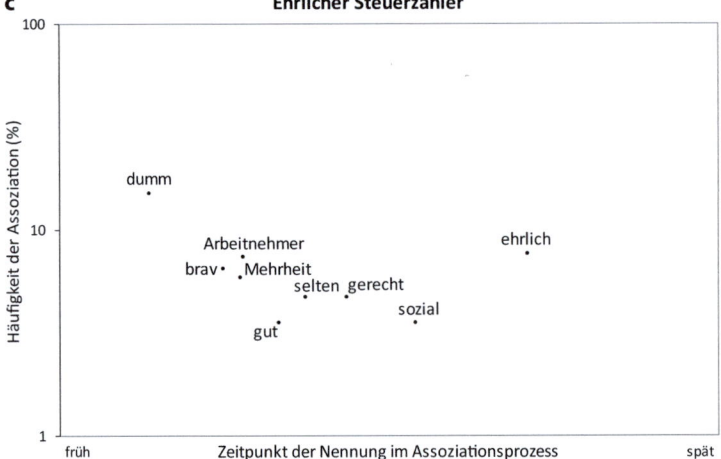

Abb. 2.2 Spontane Assoziationen zu den Begriffen Steuerhinterziehung, Steuerumgehung und ehrlicher Steuerzahler. Spontane Assoziationen von $N = 338$ österreichischen Steuerzahlern zu den Stimuli „Steuerhinterziehung", „Steuerumgehung" und „Ehrlicher Steuerzahler" (die von mindestens 3,5 % der Stichprobe genannt wurden). Die *vertikale Achse* zeigt die relativen Häufigkeiten der Assoziationen in Prozent, die *horizontale Achse* zeigt den mittleren Zeitpunkt der Nennung. Eine Assoziation kann früh in der Assoziationskette, beispielsweise als Erstes, genannt werden oder spät, beispielsweise als fünfte Nennung in der Befragung. Als bedeutsam werden vor allem jene Assoziationen erachtet, die häufig und früh im Assoziationsprozess genannt wurden. (Adaptiert nach Muehlbacher und Kirchler 2007)

> Steuerhinterziehung scheint für viele ein Bagatelldelikt darzustellen, dennoch sieht eine Mehrheit von Steuerzahlern das Zahlen von Steuern durchaus positiv.

Steuersystem und Steuerbehörde

In Australien wurden in einer groß angelegten Umfrage neben den Einstellungen zum Steuerzahlen auch jene zu den Steuerbehörden erhoben (Braithwaite 2003). Die Studienautorin unterscheidet insgesamt fünf Grundhaltungen von Steuerzahlern: Die beiden Haltungen *Commitment* und *Capitulation* umfassen positive Meinungen und Einstellungen. Mit Commitment ist das Empfinden von Verantwortung dafür gemeint, sich im Interesse der Gemeinschaft zu verhalten. Unter Capitulation wird die Bereitschaft verstanden, guten Willens zu kooperieren, auch wenn im Steuersystem nicht immer alles perfekt erscheint. Die restlichen drei Haltungen drücken die Ablehnung des Systems und eine Distanzierung von den Behörden aus: *Resistance* spiegelt Zweifel an den guten Absichten der Finanzbehörden oder der Regierung wider und beinhaltet den Aufruf, für seine Rechte als Steuerzahler zu kämpfen und sich nicht alles gefallen zu lassen. *Disengagement* drückt eine ähnlich widerständige Haltung aus. Die Ablehnung des Steuersystems ist bei dieser Einstellung aber bereits so weit fortgeschritten, dass der Kampf um die eigenen Rechte aufgegeben wurde und kein Sinn mehr darin gesehen wird, mit der Behörde zu kooperieren. *Game Playing* bezeichnet schließlich die Einstellung jener Steuerzahler, die das Gesetz als solches nicht respektieren. Regeln werden als sehr dehnbar angesehen, wenn es darum geht den eigenen Vorteil zu erlangen. Das gezielte Ausnützen von Grauzonen des Gesetzes – wie bei der Steuerumgehung – ist die Folge, wenn Spaß am Spiel mit den Behörden empfunden wird. Um die fünf motivationalen Grundhaltungen von Steuerzahlern empirisch zu erfassen, hat Braithwaite (2003) eigene Fragebogenitems entwickelt. Ein ins Deutsche übersetzter Auszug von Braithwaites Fragebogen wird in Tab. 2.1 wiedergegeben. Abb. 2.3 zeigt die Ergebnisse der Befragung von über 2000 australischen Steuerzahlern, bei der dieser Fragebogen zum Einsatz kam. Am stärksten ausgeprägt waren unter den Befragten demnach die positiven Haltungen Commitment und Capitulation. Der durchschnittliche Steuerzahler scheint also durchaus positive Einstellungen zum Steuersystem und seinen Behörden zu haben.

In der bereits im vorigen Abschnitt vorgestellten Untersuchung zu den Einstellungen von österreichischen Steuerzahlern wurden auch die Assoziationen der Teilnehmer zum Steuersystem an sich erhoben. Abb. 2.4 zeigt die am häufigsten genannten Begriffe. Vor allem die Ungerechtigkeit des Steuersystems wurde von den Befragten thematisiert, sowie die Tatsache, dass das System als komplex und undurchschaubar wahrgenommen wird. Das Problem der Komplexität der Gesetzgebung wird auch in der Fachliteratur stark thematisiert (siehe auch Abschn. 5.2, Gerechtigkeit von Entscheidungsprozessen). Sie entsteht aus dem Wunsch,

☐ **Tab. 2.1** Beschreibung der fünf motivationalen Grundhaltungen von Steuerzahlern und Fragebogenitems um diese empirisch zu erheben. (Aus Braithwaite 2003; deutsche Übersetzung der Items aus Rechberger et al. 2009, S. 34)

Motivational Posture	Beschreibung	Fragebogen-Items
Commitment	Commitment meint eine positive Einstellung zu den Autoritäten. Das Steuersystem, die Steuergesetze und die Erhebung der Steuern werden als wünschenswert und fair empfunden. Bei Commitment wird eine moralische Verpflichtung zum Steuerzahlen verspürt und darauf geachtet, im Interesse der Allgemeinheit zu agieren	Es gehört sich, seine Steuern zu bezahlen. Steuern zu bezahlen ist eine Verantwortung, die von allen Bürgern gerne akzeptiert werden sollte. Ich fühle mich moralisch verpflichtet, meine Steuern zu bezahlen. Wenn ich meine Steuern bezahle, nützt das letztendlich allen. Steuern zahlen hilft der Regierung, sinnvolle Dinge zu tun. Alles in allem zahle ich gerne meine Steuern. Ich ärgere mich, meine Steuern zahlen zu müssen (umkodiert). Ich sehe es als meine Verantwortung an, meinen Steueranteil zu bezahlen
Capitulation	Capitulation bedeutet eine grundsätzlich positive Einstellung und Akzeptanz der Behörden als legitimierte Kraft, um kollektive Interessen durchzusetzen. Die Finanzbehörden werden als unterstützende Kraft gesehen, solange sich alle an die Gesetze halten	Wenn ich mit der Steuerbehörde kooperiere, wird sie auch bereit sein, mir zu helfen. Auch wenn die Steuerbehörde herausfindet, dass ich etwas falsch gemacht habe, wird sie mich respektieren, solange ich meinen Fehler eingestehe. Die Steuerbehörde hilft jenen, die ohne Absicht ihre Steuererklärung falsch abgeben. Das Steuersystem mag nicht perfekt sein, aber für die meisten erfüllt es seinen Zweck gut genug. Die beste Strategie ist immer, mit der Steuerbehörde zu kooperieren, egal ob diese kooperativ ist oder nicht
Resistance	Resistance bezeichnet eine negative und ablehnende Haltung gegenüber den Finanzbehörden. Die Autorität der Beamten wird angezweifelt und als argwöhnisch kontrollierend wahrgenommen	Wenn ich nicht mit der Steuerbehörde kooperiere, wird sie härter mit mir umgehen. Die Steuerbehörde ist eher daran interessiert, mich zu ertappen, wenn ich etwas falsch gemacht habe, als mich dabei zu unterstützen, alles richtig zu machen. Es ist wichtig, sich nicht von der Steuerbehörde herumschubsen zu lassen. Es ist unmöglich, die Steuerbehörde vollkommen zufriedenzustellen. Wenn mich die Steuerbehörde einmal als Steuersünder eingestuft hat, wird sie ihre Meinung nicht mehr ändern. Als Gesellschaft brauchen wir mehr Menschen, die sich gegen die Steuerbehörde zur Wehr setzen

2.2 · Einstellungen: Emotionen, Meinungen und Urteile

Tab. 2.1 (Fortsetzung)

Motivational Posture	Beschreibung	Fragebogen-Items
Disengagement	Mit Disengagement ist ebenfalls eine negative Haltung gemeint, die eng mit der Grundhaltung Resistance zusammenhängt. Solche Steuerzahler haben sich bereits so weit von den Behörden distanziert, dass sie gar nicht mehr versuchen, diese herauszufordern	Wenn ich bemerke, dass ich nicht exakt das tue, was die Steuerbehörde von mir erwartet, bereitet mir das keine schlaflosen Nächte. Ich persönlich glaube nicht, dass die Steuerbehörde viel dagegen tun kann, wenn ich meine Steuern nicht bezahlen möchte. Mir ist es egal, wenn ich nicht das mache, was die Steuerbehörde von mir verlangt. Wenn die Steuerbehörde härter mit mir umgeht, werde ich weniger kooperieren. Ich weiß nicht wirklich, was die Steuerbehörde von mir erwartet, und ich werde auch nicht nachfragen
Game Playing	Game Playing drückt die Ansicht aus, dass die gesetzlichen Bestimmungen für die eigenen Zwecke durchaus etwas weiter interpretiert werden können. Der Sinn und die Prinzipien der Gesetze werden nicht respektiert. Es wird eine Art Katz-und-Maus-Spiel betrieben, bei dem jedes Schlupfloch der Gesetzgebung ausgenutzt wird, bis die Behörden es entdecken	Ich überlege gerne, welche Auswirkungen Veränderungen der Steuergesetzgebung auf mich haben könnten. Ich spreche gerne mit Freunden über die Lücken und Schlupflöcher im Steuersystem. Es macht mir Spaß, die Lücken und Grauzonen des Steuerrechts herauszufinden. Ich empfinde Vergnügen daran, einen Weg zu finden, wie ich meine Steuerzahlungen minimieren kann. Die Steuerbehörde respektiert Steuerzahler, die sich nicht so leicht unterkriegen lassen

Anmerkungen. Zur Erfassung der motivationalen Grundhaltungen werden die Items in der rechten Spalte auf einer Skala von *1 (trifft nicht zu)* bis *5 (trifft zu)* beurteilt

---

Regeln zu erstellen, die präzise sind und jede Eventualität berücksichtigen. Bei neuartigen Fallkonstruktionen und unvorhergesehenen Lücken werden die Regeln nachgebessert und mit jeder Novelle werden die Gesetzbücher dicker. Die Komplexität des Steuerrechts erzeugt Unsicherheit bei den Steuerzahlern. Die Interpretation der Regeln und das sich daraus ergebende Verhalten können sehr konträr ausfallen. Der Gesetzgeber muss daher darauf achten, dass der Sinn und die Absichten der Gesetze von allen verstanden und möglichst akzeptiert werden.

Die Einstellungen der Steuerzahler zum Steuersystem und zu den Behörden, ihr Vertrauen in diese und die wechselseitigen Vorurteile schlagen sich auch in der Kooperationsbereitschaft nieder und fanden deshalb Eingang in moderne Regulationskonzepte (Braithwaite 2007; Kirchler et al. 2008). In den Kap. 6 und 7 werden Beispiele für solche Ansätze wie *Responsive Regulation* und *Horizontal Monitoring* vorgestellt. Gemeinsam ist diesen Ansätzen, dass den Steuerbehörden eine Erweiterung ihrer Tätigkeiten und eine neue Rolle im Auftreten gegenüber ihren „Kunden" – den Steuerzahlern – abverlangt wird. Neben der zentralen Aufgabe, Verstöße gegen die Steuervorschriften aufzudecken, sollen sich die Steuerbehörden auch als Dienstleister verstehen, die die Steuerzahler durch Expertise und Informationen dabei unterstützen, alles richtig zu machen. Mit der Qualität des gebotenen Services steigt auch das

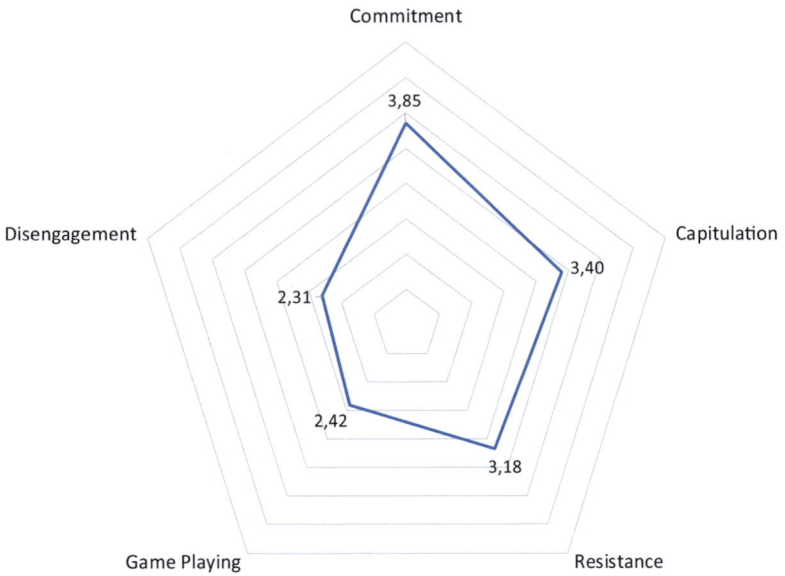

○ **Abb. 2.3** *Durchschnittliche Ausprägung der motivationalen Grundhaltungen in einer repräsentativen Stichprobe australischer Steuerzahler.* Die Zahlen drücken die in einer Umfrage unter 2040 australischen Steuerzahlern beobachtete Zustimmung zu den fünf motivationalen *Grundhaltungen* aus (*1* stimme gar nicht zu; *5* stimme voll zu). Eine Übersetzung der in dieser Umfrage verwendeten Fragebogen-Items ist in Tab. 2.1 nachzulesen. (Daten für die Darstellung aus Braithwaite 2003)

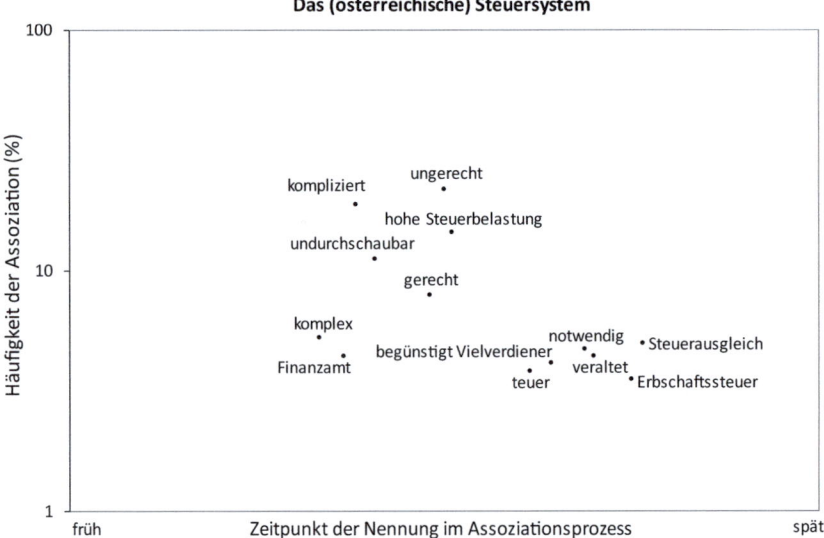

○ **Abb. 2.4** Assoziationen zum Begriff Steuersystem. Spontane Assoziationen von 338 österreichischen Steuerzahlern zum Stimulus „Das österreichische Steuersystem" (die von mindestens 3,5 % der Stichprobe genannt wurden). Die *vertikale Achse* zeigt die relativen Häufigkeiten der Assoziationen in Prozent, die *horizontale Achse* zeigt den mittleren Zeitpunkt der Nennung. Eine Assoziation kann früh in der Assoziationskette, beispielsweise als Erstes, genannt werden, oder spät, beispielsweise als fünfte Nennung in der Befragung. Als bedeutsam werden vor allem jene Assoziationen erachtet, die häufig und früh im Assoziationsprozess genannt wurden. (Adaptiert nach Muehlbacher und Kirchler 2007)

Vertrauen der Steuerzahler in die Behörden und ihre Bereitschaft zur Kooperation (Gangl et al. 2013).

Zusammenfassung
Steuermoral wird in der Literatur sehr unterschiedlich definiert. Gemeint ist damit entweder das Verhalten der Steuerzahler (Steuerhinterziehung und -umgehung), ihre Einstellungen zum Steuerzahlen, den Steuerbehörden und dem Steuersystem oder die Kombination aus Einstellungen und Verhalten. Während Steuerhinterziehung eindeutig gegen Gesetze verstößt, werden bei Steuerumgehung Grauzonen der Gesetzgebung kreativ ausgenutzt. Daher ist Steuerumgehung auch meistens nicht strafbar. Das Verhalten der Steuerzahler wird von ihren Einstellungen beeinflusst. Die Einstellungen zeigen sich außerdem in den Emotionen, den Meinungen und den Urteilen der Steuerzahler. Zum Beispiel wird Steuerhinterziehung meist als Kavaliersdelikt und das Steuersystem als zu komplex wahrgenommen.

Literatur

Ajzen, I. (2001). Nature and operation of attitudes. *Annual Review of Psychology*, *52*(27), 27–58.
Aronson, E., Wilson, T. D., & Akert, R. M. (2013). *Social psychology* (8. Aufl.). Boston: Pearson.
Braithwaite, V. (2003). Dancing with tax authorities: Motivational postures and non-compliant actions. In V. Braithwaite (Hrsg.), *Taxing democracy* (S. 15–39). Aldershot: Ashgate.
Braithwaite, V. (2007). Responsive regulation and taxation: introduction. *Law & Policy*, *29*(1), 3–10.
Coricelli, G., Joffily, M., Montmarquette, C., & Villeval, M. C. (2010). Cheating, emotions, and rationality: an experiment on tax evasion. *Experimental Economics*, *13*(2), 226–247.
Coricelli, G., Rusconi, E., & Villeval, M. C. (2014). Tax evasion and emotions: an empirical test of re-integrative shaming theory. *Journal of Economic Psychology*, *40*, 49–61.
Forest, A., & Kirchler, E. (2010). Targeting occupations with varying reputations to increase tax revenue. *Journal of Socio-Economics*, *39*(3), 400–406.
Gangl, K., Muehlbacher, S., de Groot, M., Goslinga, S., Hofmann, E., Kogler, C., Antonides, G., & Kirchler, E. (2013). "How can i help you?" Perceived service orientation of tax authorities and tax compliance. *FinanzArchiv: Public Finance Analysis*, *69*(4), 487–510.
Gigerenzer, G. (2014). Kognition. In M. A. Wirtz (Hrsg.), *Dorsch – Lexikon der Psychologie* (17. Aufl. S. 886–887). Bern: Huber.
Grasmick, H. G., & Scott, W. J. (1982). Tax evasion and mechanisms of social control: a comparison with grand and petty theft. *Journal of Economic Psychology*, *2*(3), 213–230.
Guarascio, F. (2016). EU to compile common blacklist of tax havens, sanctions against them. *Reuters*. http://uk.reuters.com/article/us-global-taxavoidance-eu-idUKKCN0YA18W. Zugegriffen: 19. Mai 2017.
Hogg, M. A., & Vaughan, G. M. (2011). *Social psychology* (6. Aufl.). Harlow: Pearson.
Kirchler, E. (2007). *The economic psychology of tax behaviour*. Cambridge: Cambridge University Press.
Kirchler, E., Hoelzl, E., & Wahl, I. (2008). Enforced versus voluntary tax compliance: the "slippery slope" framework. *Journal of Economic Psychology*, *29*(2), 210–225.
Maciejovsky, B., Schwarzenberger, H., & Kirchler, E. (2012). Rationality versus emotions: the case of tax ethics and compliance. *Journal of Business Ethics*, *109*(3), 339–350.
McBarnet, D. (2003). When compliance is not the solution but the problem: From changes in law to changes in attitude. In V. Braithwaite (Hrsg.), *Taxing democracy* (S. 229–243). Aldershot: Ashgate.
Muehlbacher, S. & Kirchler, E. (2007). *Rechtspsychologische Betrachtung der Bestrafung von Steuerhinterziehung*. Unveröffentlichter Projektbericht. Fakultät für Psychologie, Universität Wien.
Murphy, K., & Tyler, T. (2008). Procedural justice and compliance behaviour: the mediating role of emotions. *European Journal of Social Psychology*, *38*(4), 652–668.
OECD (2016). Glossary of tax terms. http://www.oecd.org/ctp/glossaryoftaxterms.htm. Zugegriffen: 19. Mai 2017.
Puca, R. M. (2014). Emotionen. In M. A. Wirtz (Hrsg.), *Dorsch – Lexikon der Psychologie* (17. Aufl. S. 464). Bern: Huber.
Rechberger, S., Hartner, M., & Kirchler, E. (2009). SIT-Tax: Duale soziale Identität, Gerechtigkeit, Normen und Steuern: Fragebogen, Datenerhebung und Stichprobe (Working Paper, Januar 2009). Fakultät für Psychologie, Universität Wien. http://www.univie.ac.at/sittax/pdf/Working%20Paper%202.pdf. Zugegriffen: 19. Mai 2017.
Sandmo, A. (2005). The theory of tax evasion: a retrospective view. *National Tax Journal*, *58*(4), 643–663.

Schneider, F. (2015). Schwarzarbeit, Steuerhinterziehung und Korruption: Was ökonomische und nicht-ökonomische Faktoren zur Erklärung beitragen. *Perspektiven der Wirtschaftspolitik*, *16*(4), 412–425.

Schöbel, E. (2005). Otto Veit and subsequent developments of tax morality. In J. G. Backhaus (Hrsg.), *Essays on fiscal sociology* (S. 187–210). Frankfurt am Main: Peter Lang.

Schultz, J. J., Schafer, B. A., & Schafer, J. K. (2011). Mood and likeability: the impact of two affect types on tax judgment. *Advances in Accounting*, *27*(1), 81–89.

Song, Y., & Yarbrough, T. E. (1978). Tax ethics and taxpayer attitudes: a survey. *Public Administration Review*, *38*(5), 442–452.

Steuerumgehung. (2013). In Springer Fachmedien Wiesbaden (Hrsg.), *Kompakt-Lexikon Steuerlehre und Wirtschaftsprüfung: 2.400 Begriffe nachschlagen, verstehen, anwenden*. Wiesbaden: Springer Gabler.

Thomas, A. (1991). *Grundlegende Begriffe und Prozesse*. Grundriß der Sozialpsychologie, Bd. 1. Göttingen: Hogrefe.

Trautman, L. J. (2016). Following the money: lessons from the Panama papers part 1: tip of the iceberg. https://ssrn.com/abstract=2783503. Zugegriffen: 19. Mai 2017.

Veit, O. (1927). Grundlagen der Steuermoral. Eine finanzsoziologische Studie. *Zeitschrift für die gesamte Staatswissenschaft*, *83*(2), 317–349.

Webley, P., & Ashby, J. (2010). The economic psychology of value added tax compliance. In J. Alm, J. Martinez-Vazquez & B. Torgler (Hrsg.), *Developing alternative frameworks for explaining tax compliance* (S. 238–259). Abingdon: Routledge.

Wrede, M. (1993). *Ökonomische Theorie des Steuerentzuges: Steuervermeidung, -umgehung und -hinterziehung*. Berlin: Springer.

Persönliche Charakteristika und Steuermoral

Stephan Mühlbacher

3.1　Berufliche Selbstständigkeit – 24

3.2　Geschlecht und Alter – 29

3.3　Einkommen und Bildung – 30

　　　Literatur – 31

© Springer-Verlag GmbH Deutschland 2018
S. Mühlbacher und M. Zieser, *Die Psychologie des Steuerzahlens*, Die Wirtschaftspsychologie
https://doi.org/10.1007/978-3-662-53846-3_3

> **Ein Reichsbürger weigert sich, Steuern zu zahlen – die Reaktion des Staatsanwalts ist großartig**
>
> Wie die „Neue Osnabrücker Zeitung" berichtet, weigerte sich ein selbsternannter Reichsbürger, seine Steuern zu bezahlen. Als zwei Beamte des Hauptzollamtes Osnabrück das Geld eintreiben wollten und bei ihm zu Hause aufschlugen, hatte der dafür gar kein Verständnis.
> Kurzum wandte sich der Mann an die Staatsanwaltschaft. Richtig – er beauftragte das Rechtssystem eines Staates, der seiner Meinung nach nicht existiert. Seine Vorwürfe: Amtsanmaßung und Rechtsbeugung.
> Der Staatsanwaltschaft Osnabrück reagierte – sagen wir es vorsichtig – gelassen und mit viel Humor. Denn egal wie absurd die Strafanzeige auch scheint, die Staatsanwaltschaft muss ihr nachgehen und überprüfen, ob ein Anfangsverdacht besteht.
> Beschweren möchte sich der Mann doch bitte beim König von Preußen. Alternativ nehme sich die Staatsanwaltschaft auch der Beschwerde an, sollte der Monarch verhindert sein. Im Übrigen solle er doch bitte einfach seine Steuern zahlen.
> Quelle: Aus HuffPost, http://www.huffingtonpost.de/2015/07/13/staatsanwalt-antwort-reichsburger_n_7784992.html. Mit freundlicher Genehmigung

Die Steuermoral wird zum Teil durch situative Eigenschaften und Bedingungen der Umwelt bestimmt. Sie kann sich durch das Risiko einer Kontrolle, durch das Verhalten der anderen oder durch als unfair empfundene behördliche Maßnahmen, um einige Beispiele zu nennen, verändern. Verschiedene Personen reagieren jedoch nicht gleich auf diese äußeren Einflüsse. Je nach der individuellen kognitiven Verarbeitung können äußere Einflüsse mehr oder weniger stark auf die Steuermoral wirken (siehe dazu auch Kap. 6 zu den theoretischen Ansätzen zur Erklärung des Steuerverhaltens). Zudem können die persönliche Situation sowie die individuellen Eigenschaften der Steuerzahler eine entscheidende Rolle spielen. Im Folgenden werden die Auswirkungen solcher persönlichen Aspekte wie berufliche Selbstständigkeit, Geschlecht, Alter, Einkommen und Bildungsgrad vorgestellt. Es werden außerdem einige kognitive Faktoren der Steuermoral erläutert, wie die sogenannte *Verlustaversion* oder die *mentale Buchführung*.

3.1 Berufliche Selbstständigkeit

Eine der wichtigsten Einflussfaktoren auf die Steuerehrlichkeit ist die Form der Erwerbstätigkeit. Bei selbstständigen Steuerzahlern wird meistens eine geringere Steuermoral beobachtet als bei Angestellten (z. B. Doerrenberg und Peichl 2013; Kirchler 1998). Selbstständige haben im Vergleich zu Angestellten deutlich mehr Möglichkeiten, Steuern zu hinterziehen und ihre Steuererklärung „kreativ" zu gestalten (Kirchler 2007; Kleven et al. 2011; Slemrod 2007). Zudem sind Selbstständige typischerweise eher dazu bereit, Risiken einzugehen (Cramer et al. 2002).

Im Unterschied zu Selbstständigen beziehen Angestellte in den meisten Ländern ein Nettogehalt, von dem die Steuern bereits abgezogen wurden. Die Steuern werden vom Arbeitgeber direkt an den Staat abgeführt. Selbstständige hingegen erhalten von ihren Auftraggebern Bruttobeträge, von denen später noch die Steuern bezahlt werden müssen. Die Steuern selbst aktiv abführen zu müssen und „aus eigener Tasche" zu bezahlen verstärkt das Gefühl, einen Verlust zu erleben, und macht die Steuerzahlung emotional besonders schmerzhaft (Kirchler und Maciejovsky 2001; Kirchler 2007). Auf Verluste reagieren Menschen üblicherweise stärker als auf Gewinne. Dieses als *Verlustaversion* bezeichnete Phänomen ist bei den meisten Personen sehr stark ausgeprägt. Der Ärger über den Verlust eines bestimmten Geldbetrags ist beispielsweise etwa doppelt so groß wie die Freude über den Gewinn des gleichen Betrages. Wenn Verluste drohen, handelt man auch eher auf riskante Weise, um sie zu vermeiden beziehungsweise wieder auszugleichen. In Gewinnsituationen hingegen verhalten sich Menschen vergleichsweise risikoscheu. Ob etwas als Verlust wahrgenommen wird, hängt aber stark von äußeren (z. B. im Vergleich mit anderen) und in der Person selbst liegenden Einflüssen (z. B. Erwartungen) ab (Kahneman und Tversky 1979; Tversky und Kahneman 1992). Ob Gewinne oder Verluste zu erwarten sind, verändert auch bei Selbstständigen die Risikobereitschaft und damit ihre Zahlungsmoral. Das sogenannte *Withholding Phenomenon* (Einbehaltungsphänomen) beschreibt die starke Neigung zur Steuerhinterziehung, wenn zu Ende des Jahres eine Steuernachzahlung droht. Wenn hingegen die Vorauszahlungen, die während des Geschäftsjahres getätigt wurden, die tatsächliche Steuerschuld überschritten haben und eine Rückzahlung durch das Finanzamt zu erwarten ist, dann wird in der Steuererklärung auch weniger getrickst. Anscheinend wird bei einer drohenden Steuernachzahlung versucht, die unerwarteten Verluste durch Steuerhinterziehung abzuwenden. Es ist hingegen weniger wahrscheinlich, dass man einen Zugewinn, der durch eine Steuerrückzahlung in Aussicht gestellt wird, aufs Spiel setzt. Bemerkenswert ist, dass objektiv betrachtet in beiden Fällen die endgültig gezahlte Steuersumme gleich hoch ist. Ob die Vorauszahlungen zu hoch waren und am Ende des Jahres eine Rückzahlung erfolgt oder umgekehrt die Vorauszahlungen zu niedrig und am Ende eine Nachzahlung gemacht werden muss, sollte eigentlich keinen Unterschied machen (Martinez-Vazquez et al. 1992; Schepanski und Kelsey 1990; Schepanski und Shearer 1995).

> Die Steuern selbst „aus eigener Tasche" zu bezahlen verstärkt das Gefühl, einen Verlust zu erleben, und macht die Steuerzahlung emotional besonders schmerzhaft.

Aus Sicht von Selbstständigen werden Steuern häufig als Einschränkung der unternehmerischen Freiheit beklagt. Die Abwehrreaktion auf das Erleben von Freiheitseinschränkungen wird in der Psychologie als *Reaktanz* bezeichnet (Brehm 1966). Vor allem ganz zu Beginn einer unternehmerischen Laufbahn – bei der Unternehmensgründung – ist die Reaktanz wegen der fälligen Steuern besonders stark und beeinflusst die Steuermoral negativ. Mit größerer Erfahrung scheinen sich die selbstständigen Steuerzahler jedoch an die Steuerpflicht zu gewöhnen. Die Freiheitseinschränkung wird dann als nicht mehr so gravierend erlebt, und die Bereitschaft steigt, die Steuern ordnungsgemäß abzuführen. Die Reaktanz nimmt also über die Jahre ab, wodurch die Steuermoral mit der Erfahrung steigt (Kirchler 1999).

Die Administration der Steuerzahlungen benötigt eine vollständige und korrekte Buchhaltung. Gerade dann, wenn keine ordentliche Buchführung erfolgt, können kognitionspsychologische Prozesse die Wahrnehmung und Verarbeitung von Informationen beeinflussen und damit die Steuermoral verändern. Diese kognitiven Prozesse werden als *Mental Accounting* (mentale Buchführung) bezeichnet. Der Begründer der Theorie, Richard Thaler, definiert mentale Buchführung als *„[…] eine Reihe kognitiver Techniken, die von Individuen und Haushalten dazu eingesetzt werden, finanzielle Aktivitäten zu organisieren, zu evaluieren und den Überblick über ihre Finanzen zu behalten"* (Thaler 1999, S. 183, Übers. d. Verf.). In der Mental-Accounting-Theorie wird unter anderem angenommen, dass das verfügbare Budget auf verschiedene mentale Konten aufgeteilt wird, die einem spezifischen Zweck (z. B. Strom und Gas, Lebensmittel, Unterhaltung) gewidmet sind. Durch die separate Betrachtung der verschiedenen Ausgabenbereiche und die getrennte mentale Buchführung soll es leichter werden, den Überblick über die finanziellen Aktivitäten zu bewahren. Damit wird verhindert, dass zu viel in Bereichen ausgegeben wird, die Freude bereiten, und nicht genug Geld für andere notwendige Ausgaben übrig bleibt, wie zum Beispiel für die Stromrechnung oder Steuern (Muehlbacher et al. 2017; Muehlbacher und Kirchler 2013; Thaler 1999). Speziell bei selbstständigen Steuerzahlern, die ihre Einnahmen, Ausgaben und Steuerzahlungen selbst verwalten müssen, dürfte die mentale Buchführung eine Rolle für ihre Steuermoral spielen. In Interview- und Fragebogenstudien wurde beobachtet, dass sich Selbstständige stark darin unterscheiden, wie sie ihren Umsatz und ihr Bruttoeinkommen wahrnehmen. Manche trennen gedanklich den Steueranteil, der gezahlt werden muss, vom erzielten Umsatz. Ihnen ist klar, dass nur das Nettoeinkommen für ihre privaten Ausgaben zur Verfügung steht, und sie haben eine eher positive Einstellung zum Steuerzahlen. Andere verstehen aber den gesamten Bruttobetrag als ihr verfügbares Budget, von dem neben anderen Ausgaben auch die Steuerschuld beglichen werden muss (Adams und Webley 2001; Muehlbacher und Kirchler 2013). Besonders bei der Umsatzsteuer müsste die mentale Trennung von Steueranteil und Nettoumsatz leichtfallen. Schließlich stellt diese Steuerart aus Sicht eines Unternehmers eigentlich nur einen Durchlaufposten dar, der im Endeffekt von den Kunden bezahlt wird. In einem Interview zur Umsatzsteuer drückt ein britischer Unternehmer seine Wahrnehmung so aus: *„Die Umsatzsteuer verursacht keine Kosten für mein Unternehmen, wir achten nur auf das Geld im Auftrag der Regierung. Sie zu bezahlen stört mich gar nicht, es ist ihr Geld"* (Adams und Webley 2001, S. 208–209, Übers. d. Verf.). Doch nicht alle Befragten teilten diese Ansicht. Andere Unternehmer sahen es eher so, dass die Umsatzsteuer von ihrem hart verdienten Geld bezahlt werden muss, und meinten, dass ihnen das ehrliche Abführen der Steuer sehr schwer fallen würde (Adams und Webley 2001). Die Form der mentalen Buchführung hängt auch bei anderen Steuerarten, wie beispielsweise der Einkommensteuer, mit der Steuermoral zusammen. In Interviews, die mit Selbstständigen aus Österreich zu verschiedenen Steuerarten geführt wurden, zeigten sich ähnliche Unterschiede in der Wahrnehmung der Befragten, wie sie in der britischen Studie zur Umsatzsteuer gefunden wurden (→ Kasten „In Interviews gesammelte Aussagen von Selbständigen zu ihrer mentalen Buchführung"). Ein Teil der befragten Selbstständigen scheint den Steueranteil gedanklich vom Nettoeinkommen zu trennen. Manchmal werden die Steuern sogar physisch vom Einkommen getrennt, indem bei jeder Einnahme sofort der später anfallende Steueranteil auf ein eigenes Bankkonto transferiert wird. Der andere Teil der befragten Selbstständigen scheint nicht von sich aus an die Steuer zu denken und legt daher auch den dafür notwendigen Betrag nicht rechtzeitig zur Seite. Sie führen weder ein separates mentales noch ein getrenntes reales Konto für die Steuerzahlungen und bezahlen diese vom allgemeinen Budget, von dem auch andere Ausgaben beglichen werden. Eine solche Buchführungsstrategie erschwert es, den Überblick über alle Ausgabenbereiche und die anfallenden Steuerzahlungen zu bewahren, und ist mit negativen Einstellungen zum Steuerzahlen verbunden (Muehlbacher und Kirchler 2013).

In derselben Studie wurde aus den in den Interviews gesammelten Aussagen eine Fragebogenskala entwickelt, mit der die mentale Buchführung von Steuern empirisch erhoben werden kann. Die insgesamt 10 Items dieser Skala sind im → Kasten „Fragebogenskala zur Erfassung der mentalen Buchführung von Selbstständigen" aufgeführt. In den Items des Fragebogens sollen die Befragten angeben, wie stark sie den genannten Aussagen zustimmen. Die Angaben werden schließlich zu einem Wert zusammengefasst, der ausdrückt, wie sehr der Befragte dazu tendiert, den Steuer- und den Nettoanteil des Einkommens voneinander zu trennen (mentale Segregation). Drei Aspekte der mentalen Buchführung werden in der Fragebogenskala berücksichtigt: (i) Die mentale Segregation von Steuer- und Nettoanteil des Einkommens, (ii) die physische Trennung in Form eines eigenen Bankkontos für die Steuerschuld und (iii) ob die

Wahrnehmung vorliegt, dass die Steuern ohnehin dem Kunden verrechnet werden und das Unternehmen daher auch nicht belasten.

Bei einer Befragung von Selbstständigen aus Österreich wurden die Zusammenhänge mentaler Buchführung mit anderen Merkmalen der Steuerzahler untersucht. Die Ergebnisse zeigen, dass vor allem die jüngeren und schlecht verdienenden Studienteilnehmer dazu neigen, den Steueranteil weder gedanklich noch physisch vom restlichen Budget zu trennen. Bei dieser Art der Buchführung waren die Einstellungen zum Steuerzahlen und den Behörden negativ, und es wurde auch häufiger zugegeben, schon einmal Steuern hinterzogen zu haben (Muehlbacher und Kirchler 2013). Ähnliche Beobachtungen wurden in einem Laborexperiment gemacht, in dem die Angaben in der Fragebogenskala zur mentalen Buchführung mit den Steuerzahlungen im Experiment korrelierten. In dieser Studie verdienten die Teilnehmer über mehrere Spielrunden hinweg ihr Einkommen und bekamen verschiedene Optionen angeboten, das eingenommene Geld wieder auszugeben. Am Ende jeder Periode musste vom erzielten Einkommen jedoch noch Einkommenssteuer bezahlt werden. Die Zahlungen wurden mit einer gegebenen Wahrscheinlichkeit überprüft, und bei Steuerhinterziehung war eine Strafe zu bezahlen. Teilnehmer, die auf der Skala zur mentalen Buchführung angaben, dass sie nicht an die Steuern denken und nicht darauf achten, etwas für die späteren Steuerzahlungen beiseite zu legen, gaben häufiger zu viel Geld während des Experiments aus und konnten später ihre Steuerschuld nicht mehr begleichen. Jene Teilnehmer aber, die angaben, den Steuer- und Nettoanteil des Einkommens gedanklich zu trennen, waren auch steuerehrlicher. Bemerkenswert an den Ergebnissen ist, dass die mentale Verarbeitung der Steuern nur dann eine Rolle für die Steuerehrlichkeit spielte, wenn – wie bei Selbstständigen üblich – das Bruttoeinkommen vollständig selbst zu verwalten war. Wenn aber die später anfallende Steuerschuld vom Computer

---

In Interviews gesammelte Aussagen von Selbstständigen zu ihrer mentalen Buchführung

Mentale Segregation des Nettoanteils vom Bruttoeinkommen
„Wichtig bzw. entscheidend als Selbstständiger ist, dass du das Geld, welches bei Projekten hereinkommt, nicht als dein eigenes ansiehst, da du ja hier noch allerhand abziehen musst." (Person Nr. 29)
„Einnahme ist gleich verfügbares Kapital – das stimmt leider nicht und birgt oft große Probleme in sich." (Person Nr. 22)
„Aus den vergangenen Jahren weiß ich so in etwa, wie viel Geld ich für die Steuer beiseitelegen muss." (Person Nr. 23)
„Von den eingehenden Umsätzen zahle ich rund 40 % sofort auf ein Steuer- bzw. Sozialversicherungskonto ein, um nicht vor unliebsamen Überraschungen zu stehen." (Person Nr. 22)

Mentale Integration von Nettoanteil und Steuern
„Ich lege meine Steuern für jeden Monat auch nicht beiseite, sondern entnehme am Ende des Jahres den Betrag, den ich zu zahlen habe, aus dem Firmenkapital als Privatentnahme." (Person Nr. 21)
„Also das Steuerthema ist, wenn die Einnahme jetzt kommt, nicht wirklich präsent." (Person Nr. 8)
„Ja, am Anfang haben wir wirklich das Geld einfach ausgegeben. Also kaum haben wir etwas gehabt, haben wir gedacht, cool, da können wir einen Urlaub machen. Also so naiv fängt man keine Firma an wie wir ..." (Person Nr. 14)
„Es gibt ein Firmenkonto, und da gehen die Buchungen ein und aus. Ende. Und das war es dann einfach. Und was man zum Leben braucht, das nimmt man dann einfach weg und Ende." (Person Nr. 9)

Anmerkungen. Originalversion der in Interviews mit 30 österreichischen Selbstständigen gesammelten Aussagen, die Rückschlüsse auf die mentale Buchführung der Befragten erlauben. Eine englische Übersetzung dieser Interviewergebnisse wurde in Muehlbacher und Kirchler (2013, S. 419) veröffentlicht.

Fragebogenskala zur Erfassung der mentalen Buchführung von Selbstständigen

Kennzeichnen Sie bitte im Folgenden, inwiefern die jeweilige Aussage auf Sie zutrifft (von 1 = „Trifft überhaupt nicht zu" bis 7 = „Trifft sehr zu")

		1	2	3	4	5	6	7
Mentale Segregation								
MA1	Ich überlege bereits zu Beginn jedes Geschäftsjahres bei meiner Umsatzplanung, wie viel Fixkosten und wie viel Steuern anfallen werden	○	○	○	○	○	○	○
MA2	Wenn ich Geld einnehme, denke ich automatisch an die später anfallenden Steuern	○	○	○	○	○	○	○
MA3	Beim Kalkulieren meiner Preise berechne ich immer exakt, wie viel nach Abzug meiner Fixkosten und der Einkommenssteuer für mich privat übrig bleibt	○	○	○	○	○	○	○
MA4	Ich weiß relativ genau, wie viel Geld ich für die Einkommenssteuer beiseitelegen muss	○	○	○	○	○	○	○
MA5	Um bei Nachforderungen bzw. Bescheiden der Steuerbehörden liquide zu sein, lege ich mir immer etwas Geld beiseite	○	○	○	○	○	○	○
MA6	Sofort wenn ein Kunde bezahlt, ziehe ich gedanklich ungefähr den Anteil ab, den ich als Steuern zahlen muss	○	○	○	○	○	○	○
Physische Segregation								
MA7	Ich finde, es ist notwendig, sich zeitgerecht einen entsprechenden Geldbetrag extra für die Einkommenssteuer zur Seite zu legen	○	○	○	○	○	○	○
MA8	Meiner Erfahrung nach ist es gut, ein eigenes Konto zu haben, auf dem man sich einen bestimmten Betrag für die Einkommenssteuer zur Seite legt	○	○	○	○	○	○	○
Wahrnehmung des Steueranteils								
MA9	Das Geld, das ich dem Staat als Einkommenssteuer zahle, habe ich nie wirklich als mein Geld gesehen	○	○	○	○	○	○	○
MA10	Die Einkommenssteuer ist ja eigentlich nur Geld, das wir Selbstständige für die Regierung einnehmen und weiterleiten; bezahlen müssen diese meine Kunden	○	○	○	○	○	○	○

Anmerkungen. Deutsche Version der in der Studie von Muehlbacher und Kirchler (2013, S. 427) eingesetzten Fragebogenskala.

automatisch berechnet und auf den Bildschirmen extra ausgewiesen wurde, hatte die mentale Buchführung kaum Einfluss auf die Steuerehrlichkeit. Externe Hilfestellungen und Dienstleistungen können demnach die negativen Effekte einer nachlässigen Buchführung minimieren (Muehlbacher et al. 2017). Die Buchhaltungsstrategien, die für erfolgreiche Unternehmensführung notwendig sind, und die verschiedenen Formen der mentalen Buchführung können Unternehmensgründern in speziellen Schulungen vermittelt werden. Rechtzeitig an die anfallenden Steuerkosten zu denken, lässt den durch die Steuern verursachten Verlust weniger schmerzhaft erscheinen, führt zu einer besseren Steuermoral und kann letztlich sogar vor dem Bankrott bewahren (Adams und Webley 2001; Kirchler 2007; Muehlbacher et al. 2017; Muehlbacher und Kirchler 2013).

> Buchhaltungsstrategien und verschiedene Formen der mentalen Buchführung können Selbstständigen helfen, rechtzeitig an anfallende Steuerkosten zu denken, was den durch Steuern verursachten Verlust weniger schmerzhaft erscheinen lässt und zu einer besseren Steuermoral führen kann.

3.2 Geschlecht und Alter

Der Zusammenhang von Geschlecht und Steuermoral ist bisher nicht eindeutig geklärt. In vielen Studien wurde beobachtet, dass Frauen eine höhere Steuermoral als Männer haben (Alm et al. 2010; Baldry 1987; Gerxhani 2007; Hasseldine und Hite 2003; Jackson und Milliron 1986; Webley et al. 1991). In anderen Untersuchungen wurden aber auch gar kein oder sogar ein entgegengesetzter Zusammenhang zwischen Geschlecht und Steuermoral gefunden (Friedland et al. 1978; Gangl et al. 2013; Kirchler und Maciejovsky 2001; Muehlbacher et al. 2017). Wurden Geschlechtsunterschiede beobachtet, werden sie sehr unterschiedlich erklärt. Frauen sollen etwa höhere ethische Standards haben und Hinterziehung daher eher verwerflich finden als Männer (Grasso und Kaplan 1998). Außerdem scheinen Frauen eine andere Einstellung zu Risiko zu haben als Männer (Byrnes et al. 1999) und die Wahrscheinlichkeit einer Steuerprüfung noch stärker zu überschätzen als Männer (Hasseldine 1999). Dass nicht in allen Untersuchungen Geschlechtsunterschiede beobachtet wurden, liegt möglicherweise daran, dass neben dem biologischen Geschlecht auch das soziokulturelle Geschlecht eine entscheidende Rolle für das Steuerverhalten spielt. In einem Laborexperiment wurde diese Unterscheidung zwischen biologischem und soziokulturellem Geschlecht gemacht. Die beobachtete Steuermoral war bei weiblichen Versuchsteilnehmern zwar grundsätzlich etwas höher als bei männlichen, der entscheidende Faktor war jedoch, ob sich die Teilnehmer im Fragebogen nach dem Experiment Eigenschaften zuschrieben, die eher als stereotyp feminin oder als stereotyp maskulin gelten (Kastlunger et al. 2010). Auch die Ergebnisse einer Umfrage, die in den Niederlanden durchgeführt wurde, belegen die Bedeutung des soziokulturellen Geschlechts für die Steuermoral. In der Untersuchung wurden repräsentative Stichproben von selbstständigen und angestellten Steuerzahlern befragt. Unter den Angestellten wurde in der Befragung wie in vielen anderen Studien beobachtet, dass Frauen eine bessere Steuermoral hatten als Männer. Bei den befragten Unternehmern konnte allerdings in Bezug auf die Steuerehrlichkeit kein Zusammenhang mit dem biologischen Geschlecht festgestellt werden. Eine mögliche Erklärung für die in dieser Umfrage beobachten Unterschiede in Bezug auf den Einfluss des Geschlechts wäre, dass Unternehmer unabhängig von ihrem biologischen Geschlecht bestimmte Persönlichkeitseigenschaften haben, wie beispielsweise Risikofreudigkeit oder Durchsetzungskraft, die dem

Stereotyp nach als maskulin gelten und ihre Steuermoral beeinflussen. Deshalb weisen möglicherweise weibliche und männliche Unternehmer auch eine höhere Ähnlichkeit in Bezug auf die Steuermoral auf als weibliche und männliche Angestellte (Gangl et al. 2013). Um den Einfluss des Geschlechts auf die Steuermoral zu verstehen, ist auf jeden Fall noch mehr Forschung erforderlich. Frauen dürften zwar generell eine etwas positivere Haltung zum Steuerzahlen haben als Männer, eine Unterscheidung von biologischen und soziokulturellem Geschlecht wird in den empirischen Untersuchungen aber nur selten getroffen, obwohl die Differenzierung äußerst bedeutsam zu sein scheint. Die Geschlechter haben sich im Durchschnitt allerdings in Bezug auf die Selbstwahrnehmung in den letzten Jahrzehnten stark aneinander angenähert (Abele 2014); daher könnten sich auch die Unterschiede zwischen den Geschlechtern im Steuerverhalten weiter verringern.

> Neben dem biologischen Geschlecht spielt auch das soziokulturelle Geschlecht eine entscheidende Rolle für das Steuerverhalten.

Neben dem Geschlecht hängt auch das Alter der Steuerzahler mit ihren Einstellungen und der Zahlungsmoral zusammen. Ältere Menschen haben meist positivere Einstellungen und sind steuerehrlicher als junge Steuerzahler (z. B. Andreoni et al. 1998; Muehlbacher et al. 2017; Spicer und Lundstedt 1976; Torgler 2003; Vogel 1974; Wärneryd und Walerud 1982). In der Fachliteratur werden verschiedene Erklärungen für diesen Zusammenhang diskutiert. Argumentiert wird zum Beispiel, dass sich die Wertvorstellungen zwischen den Generationen unterscheiden. Junge Unternehmer legen Wert auf ihren beruflichen Werdegang und ihre wirtschaftliche Unabhängigkeit, Älteren ist eher das Funktionieren von Sozialstaat und Pensionssystem wichtig (Strümpel 1966). Ältere Personen haben außerdem ein größeres soziales Netzwerk und sind stärker in die Gesellschaft eingebunden, wodurch die Bereitschaft steigt, etwas zur Gemeinschaft beizutragen (Tittle 1980). Zudem haben jüngere Steuerzahler weniger Fachwissen über Steuern, sie haben eher negative Einstellungen zum Steuerzahlen und sind risikobereiter als ältere (Braithwaite et al. 2010). Mit dem Alter und der beruflichen Erfahrung verbessern sich die Einstellungen der Steuerzahler, das Gefühl, durch die Besteuerung in der persönlichen Freiheit eingeschränkt zu werden, nimmt ab, und es werden weniger steuervermeidende Handlungen eingesetzt (Kirchler 1999). Typischerweise steigen mit dem Alter auch das Einkommen und das Bildungsniveau. Die Effekte dieser beiden Variablen werden im nächsten Abschnitt besprochen.

> Alter und berufliche Erfahrung wirken sich positiv auf die Steuermoral aus und führen zu weniger steuervermeidenden Handlungen.

3.3 Einkommen und Bildung

Ob und wie die Höhe des Einkommens die Zahlungsmoral beeinflusst, ist unklar. In empirischen Untersuchungen wurde sowohl ein positiver, ein negativer als auch gar kein Zusammenhang beobachtet (Kirchler et al. 2010; siehe auch Abschn. 6.1.3). Einkommensstarke Steuerzahler haben umfangreichere Möglichkeiten, die Steuerlast zu minimieren, beispielsweise indem sie Steuerberater mit der „Optimierung" ihrer Steuerstrategien beauftragen. Dadurch müssen sie gar keine Gesetze brechen, um weniger Steuern zu zahlen. Umgekehrt gilt Schwarzarbeit als „Steuerhinterziehung des kleinen Mannes". Diese aufzudecken und nachzuweisen, ist jedoch äußerst schwierig, da sie per Definition außerhalb des Erfassungsbereiches behördlicher Aufzeichnungen stattfindet. Neben den verschiedenen Arten der Steuerhinterziehung könnten die konträren Befunde zu den Einkommenseffekten auch durch ein mögliches Zusammenspiel von Einkommenshöhe und investiertem Arbeitsaufwand erklärt werden. Mit dem Arbeitsaufwand, der in ein berufliches Projekt gesteckt wird, steigen die Erwartungen an die finanzielle Kompensation der Mühen, und die Versuchung könnte zunehmen, durch eine Verringerung der Steuern noch besser zu verdienen. Auf der anderen Seite will man mit dem hart verdienten Geld aber auch keine hohen Strafen riskieren. Eine Strafe würde nämlich bedeuten, noch mehr zu verlieren als bei ehrlicher Deklaration. In empirischen Untersuchungen zur Wirkung des Arbeitsaufwands auf die Steuermoral kam Folgendes heraus: Bei harter Arbeit und hohem Aufwand war die Steuerehrlichkeit stärker ausgeprägt, als wenn leicht verdientes Geld versteuert werden musste (Kirchler et al. 2009; Muehlbacher et al. 2008; Muehlbacher und Kirchler 2008). Demnach könnte sich die Höhe des Einkommens positiv oder negativ auf die Steuerehrlichkeit auswirken, je nachdem, ob es mit hohem Arbeitsaufwand oder leicht verdient wurde.

Es ist außerdem anzunehmen, dass die Höhe des Einkommens mit dem Grad der Ausbildung und dem Wissen über das Steuersystem korreliert. Beide hängen positiv mit den Einstellungen und der Bereitschaft zusammen, freiwillig mit den Finanzbehörden zu kooperieren (Eriksen und Fallan 1996; Kirchler und Maciejovsky 2001; Muehlbacher et al. 2011). Das Steuerrecht ist äußerst komplex und beinhaltet viele juristische Fachbegriffe. Zum Verständnis der Gesetze ist spezifisches Fachwissen notwendig, das die meisten Steuerzahler nicht haben. Es treten nicht nur Schwierigkeiten beim Verständnis der Gesetzestexte auf, vielen fehlt auch das Wissen über grundsätzliche Eigenschaften des Steuersystems, wie zum Beispiel über die bestehenden Steuersätze. Diese werden unter- oder überschätzt, und die Konsequenzen progressiver Steuersätze werden nicht vollständig verstanden. Mangelndes Wissen kann zu Misstrauen und negativen Einstellungen führen und so auf die Steuermoral wirken (Hofmann et al. 2008).

Zusammenfassung

Das Verhalten der Steuerzahler wird außer durch situative Faktoren auch durch bestimmte persönliche Charakteristika der Steuerzahler beeinflusst. Die Form der Berufstätigkeit bestimmt beispielsweise, welche Möglichkeiten überhaupt bestehen, die Steuerlast zu minimieren. Besonders bei Selbstständigen verursacht die Versteuerung des Einkommens enormen Aufwand und bedarf einer sorgfältigen Buchführung der Einnahmen und Ausgaben. Welche Rolle das Geschlecht für die Steuermoral spielt, ist noch nicht hinreichend geklärt; Frauen dürften aber etwas ehrlicher sein als Männer. Alter, Bildung und vor allem spezifisches Wissen über Steuern wirken sich positiv auf die Steuermoral aus, die Effekte des Einkommens sind weniger eindeutig.

Literatur

Abele, A. E. (2014). Geschlechterrolle. In M. A. Wirtz (Hrsg.), *Dorsch – Lexikon der Psychologie* (17. Aufl. S. 653). Bern: Huber.

Adams, C., & Webley, P. (2001). Small business owners' attitudes on VAT compliance in the UK. *Journal of Economic Psychology*, 22(2), 195–216.

Alm, J., Cherry, T., Jones, M., & McKee, M. (2010). Taxpayer information assistance services and tax compliance behavior. *Journal of Economic Psychology*, 31(4), 577–586.

Andreoni, J., Erard, B., & Feinstein, J. (1998). Tax compliance. *Journal of Economic Literature*, 36(2), 818–860.

Baldry, J. C. (1987). Income tax evasion and the tax schedule: some experimental results. *Public Finance*, 42(3), 357–383.

Braithwaite, V., Reinhart, M., & Smart, M. (2010). Tax non-compliance among the under-30s: knowledge, obligation or scepticism. In J. Alm, J. Martinez-Vazquez & B. Torgler (Hrsg.), *Developing alternative frameworks for explaining tax compliance* (S. 217–237). Abingdon: Routledge.
Brehm, J. W. (1966). *A theory of psychological reactance*. New York: Academic Press.
Byrnes, J. P., Miller, D. C., & Schafer, W. D. (1999). Gender differences in risk taking: a meta-analysis. *Psychological Bulletin, 125*(3), 367–383.
Cramer, J. S., Hartog, J., Jonker, N., & Van Praag, C. M. (2002). Low risk aversion encourages the choice for entrepreneurship: an empirical test of a truism. *Journal of Economic Behavior & Organization, 48*(1), 29–36.
Doerrenberg, P., & Peichl, A. (2013). Progressive taxation and tax morale. *Public Choice, 155*(3–4), 293–316.
Eriksen, K., & Fallan, L. (1996). Tax knowledge and attitudes towards taxation: a report on a quasi-experiment. *Journal of Economic Psychology, 17*(3), 387–402.
Friedland, N., Maital, S., & Rutenberg, A. (1978). A simulation study of income tax evasion. *Journal of Public Economics, 10*(1), 107–116.
Gangl, K., Muehlbacher, S., de Groot, M., Goslinga, S., Hofmann, E., Kogler, C., Antonides, G., & Kirchler, E. (2013). "How can I help you?" Perceived service orientation of tax authorities and tax compliance. *FinanzArchiv: Public Finance Analysis, 69*(4), 487–510.
Gerxhani, K. (2007). Explaining gender differences in tax evasion: the case of Tirana, Albania. *Feminist Economics, 13*(2), 119–155.
Grasso, L. P., & Kaplan, S. E. (1998). An examination of ethical standards for tax issues. *Journal of Accounting Education, 16*(1), 85–100.
Hasseldine, J. (1999). Gender differences in tax compliance. *Asia-Pacific Journal of Taxation, 3*(2), 73–89.
Hasseldine, J., & Hite, P. A. (2003). Framing, gender and tax compliance. *Journal of Economic Psychology, 24*(4), 517–533.
Hofmann, E., Hoelzl, E., & Kirchler, E. (2008). Preconditions of voluntary tax compliance: Knowledge and evaluation of taxation, norms, fairness, and motivation to cooperate. *Zeitschrift für Psychologie, 216*(4), 209–217.
Jackson, B. R., & Milliron, V. C. (1986). Tax compliance research: findings, problems, and prospects. *Journal of Accounting Literature, 5*(1), 125–165.
Kahneman, D., & Tversky, A. (1979). Prospect theory: an analysis of decision under risk. *Econometrica, 47*(2), 263–292.
Kastlunger, B., Dressler, S. G., Kirchler, E., Mittone, L., & Voracek, M. (2010). Sex differences in tax compliance: differentiating between demographic sex, gender-role orientation, and prenatal masculinization (2D: 4D). *Journal of Economic Psychology, 31*(4), 542–552.
Kirchler, E. (1998). Differential representations of taxes: analysis of free associations and judgments of five employment groups. *The Journal of Socio-Economics, 27*(1), 117–131.
Kirchler, E. (1999). Reactance to taxation: employers' attitudes towards taxes. *Journal of Socio-Economics, 28*(2), 131–138.
Kirchler, E. (2007). *The economic psychology of tax behaviour*. Cambridge: Cambridge University Press.
Kirchler, E., & Maciejovsky, B. (2001). Tax compliance within the context of gain and loss situations, expected and current asset position, and profession. *Journal of Economic Psychology, 22*(2), 179–194.
Kirchler, E., Muehlbacher, S., Hoelzl, E., & Webley, P. (2009). Effort and aspirations in tax evasion: experimental evidence. *Applied Psychology, 58*(3), 488–507.
Kirchler, E., Muehlbacher, S., Kastlunger, B., & Wahl, I. (2010). Why pay taxes? A review of tax compliance decisions. In J. Alm, J. Martinez-Vazquez & B. Torgler (Hrsg.), *Developing alternative frameworks for explaining tax compliance* (S. 15–31). Abingdon: Routledge.
Kleven, H. J., Knudsen, M. B., Kreiner, C. T., Pedersen, S., & Saez, E. (2011). Unwilling or unable to cheat? Evidence from a tax audit experiment in Denmark. *Econometrica, 79*(3), 651–692.
Martinez-Vazquez, J., Harwood, G. B., & Larkins, E. R. (1992). Withholding position and income tax compliance: some experimental evidence. *Public Finance Review, 20*(2), 152–174.
Muehlbacher, S., & Kirchler, E. (2008). Arbeitsaufwand, Anspruchsniveau und Steuerehrlichkeit. *Zeitschrift für Arbeits- und Organisationspsychologie, 52*(2), 91–96.
Muehlbacher, S., & Kirchler, E. (2013). Mental accounting of self-employed taxpayers: on the mental segregation of the net income and the tax due. *FinanzArchiv: Public Finance Analysis, 69*(4), 412–438.
Muehlbacher, S., Kirchler, E., Hoelzl, E., Ashby, J., Berti, C., Job, J., et al. (2008). Hard-earned income and tax compliance: a survey in eight nations. *European Psychologist, 13*(4), 298–304.
Muehlbacher, S., Kirchler, E., & Schwarzenberger, H. (2011). Voluntary versus enforced tax compliance: empirical evidence for the "slippery slope" framework. *European Journal of Law and Economics, 32*(1), 89–97.

Muehlbacher, S., Hartl, B., & Kirchler, E. (2017). Mental accounting and tax compliance: experimental evidence for the effect of mental segregation of tax due and revenue on compliance. *Public Finance Review*, *45*(1), 118–139.

Schepanski, A., & Kelsey, D. (1990). Testing for framing effects in taxpayer compliance decisions. *Journal of the American Taxation Association*, *12*(1), 60–77.

Schepanski, A., & Shearer, T. (1995). A prospect theory account of the income tax withholding phenomenon. *Organizational Behavior and Human Decision Processes*, *63*(2), 174–186.

Slemrod, J. (2007). Cheating ourselves: the economics of tax evasion. *The Journal of Economic Perspectives*, *21*(1), 25–48.

Spicer, M. W., & Lundstedt, S. B. (1976). Understanding tax evasion. *Public Finance*, *21*(2), 295–305.

Strümpel, B. (1966). *Steuermoral und Steuerwiderstand der deutschen Selbständigen*. Köln: Westdeutscher Verlag.

Thaler, R. H. (1999). Mental accounting matters. *Journal of Behavioral Decision Making*, *12*(3), 183–206.

Tittle, C. (1980). *Sanctions and social deviance: the question of deterrence*. New York: Praeger.

Torgler, B. (2003). Tax morale in transition countries. *Post-Communist Economies*, *15*(3), 357–381.

Tversky, A., & Kahneman, D. (1992). Advances in prospect theory: cumulative representation of uncertainty. *Journal of Risk and Uncertainty*, *5*(4), 297–323.

Vogel, J. (1974). Taxation and public opinion in Sweden: an interpretation of recent survey data. *National Tax Journal*, *27*(4), 499–513.

Wärneryd, K.-E., & Walerud, B. (1982). Taxes and economic behavior: some interview data on tax evasion in Sweden. *Journal of Economic Psychology*, *2*(3), 187–211.

Webley, P., Robben, H. S. J., Elffers, H., & Hessing, D. J. (1991). *Tax evasion: an experimental approach*. Cambridge: Cambridge University Press.

Soziale Normen: Einstellungen und Verhalten anderer Steuerzahler

Maximilian Zieser

4.1 Deskriptive und präskriptive Normen – 40

4.2 Wahrnehmung und Kommunikation sozialer Normen – 43

4.3 Identifikation mit der Gruppe – 47

4.4 Kulturelle Unterschiede – 48

Literatur – 49

> **Der Einfluss der anderen – ein Feldexperiment**
>
> Das Verhalten unserer Mitmenschen kann stark beeinflussen, wie wir uns selbst verhalten. Ein Feldexeriment in den Niederlanden zeigt etwa, wie die Bereitschaft, Müll sachgerecht zu entsorgen, vom Verhalten anderer beeinflusst wird. An einer Hauswand, an der viele Fahrräder abgestellt werden, wurden für das Experiment zwei Versuchsbedingungen umgesetzt. Die Wand war in der einen Bedingung voll mit Graffiti, in der anderen war sie frisch gestrichen und (noch) nicht mit Sprayereien „verziert". In beiden Situationen machte ein Verbotsschild deutlich, dass Graffiti einen Regelverstoß darstellte. Die Versuchsleiter befestigten in beiden Bedingungen Flyer an den Lenkern der abgestellten Fahrräder und notierten daraufhin, wie viele der Fahrradbesitzer den Flyer mitnahmen und wie viele ihn einfach auf den Boden warfen. Es zeigte sich, dass der Flyer vor der vollgesprayten Hauswand deutlich öfter einfach auf den Boden geworfen wurde als in der Kontrollbedingung. Durch das Graffiti schien der Eindruck zu entstehen, dass es die anderen Benutzer der Fahrradabstellplätze mit der Sauberkeit und den Regeln nicht so genau nehmen, wodurch sich offenbar viele der beobachteten Fahrradfahrer beeinflussen ließen. Das Verhalten der anderen und die Wahrnehmung der sozialen Normen spielen auch für die Steuerehrlichkeit eine große Rolle, wie in diesem Kapitel erläutert wird.
>
> Quelle: Keizer et al. 2008

Es gibt kaum Entscheidungssituationen, in denen man nicht in irgendeiner Art und Weise von seinem sozialen Umfeld beeinflusst wird. Bei Kaufentscheidungen spielen etwa die Meinungen und das Einkaufverhalten von Freunden und der Familie eine wichtige Rolle (z. B. Childers und Rao 1992). Auch soziale Medien wie Twitter nehmen immer stärkeren Einfluss auf Konsumenten (Jansen et al. 2009). Sozialpsychologische Experimente zur Konformität in Gruppen zeigten bereits sehr früh in der Geschichte der empirischen Psychologie, wie das soziale Umfeld die Entscheidungen und das Verhalten von Individuen maßgeblich beeinflussen kann. Zum Beispiel sollten in einem berühmten Experiment von Asch (1956) die Teilnehmer angeben, ob verschiedene Linien die gleiche Länge haben oder unterschiedlich lang sind. Die einfache Aufgabe stellte in der Kontrollbedingung kein Problem für die Teilnehmer dar. In der Versuchsbedingung saßen die Teilnehmer jedoch mit einer Gruppe von Eingeweihten des Versuchsleiters an einem Tisch, die absichtlich fehlerhafte Einschätzungen zur Länge der Linien gaben. Viele gaben dem dadurch entstandenen sozialen Druck nach und schlossen sich der falschen Meinung an.

Die Meinungen und Verhaltensweisen der sozialen Gruppe können eine Art implizites Regelwerk darstellen, das bestimmt, welche Verhaltensweisen in welchen Situationen als angemessen oder erwünscht gelten. Solche impliziten Regeln und Standards einer Gruppe nennt man *soziale Normen*. Sie können unterschiedlichste Verhaltensweisen beeinflussen, wie etwa die Bereitschaft, Energie zu sparen (Schultz et al. 2007), Abfälle auf die Straße zu werfen (Reno et al. 1993) oder sich gesund zu ernähren (Stok et al. 2014). Wie das in der Einstiegsbox „Der Einfluss der anderen – ein Feldexperiment" dargestellte Experiment zeigt, können soziale Normen auch beeinflussen, inwieweit Menschen bereit sind, Regeln zu befolgen. Soziale Normen spielen daher auch für die Steuerehrlichkeit eine wichtige Rolle. Wenn Menschen pflichtbewusst ihre Steuern zahlen, schaffen sie damit positive soziale Normen und können so auch die Steuermoral anderer Steuerzahler beeinflussen. In den folgenden Abschnitten werden verschiedene Arten sozialer Normen erläutert, empirische Untersuchungen und Feldexperimente zu ihren Effekten auf die Steuermoral vorgestellt sowie ihre Wirkmechanismen diskutiert.

4

Soziale Normen: Einstellungen und Verhalten anderer Steuerzahler

> Implizite Regeln, die bestimmen, welche Verhaltensweisen in welchen Situationen als angemessen oder erwünscht gelten, und Standards einer Gruppe nennt man soziale Normen.

Bei der Erforschung von Steuerehrlichkeit gibt es keine einheitliche Definition für soziale Normen. Die methodischen Herangehensweisen in empirischen Untersuchungen sind deshalb sehr unterschiedlich (Kirchler 2007). In diesem Zusammenhang werden soziale Normen meist als die wahrgenommene Häufigkeit oder Akzeptanz von Steuerhinterziehung in einer Referenzgruppe gesehen (Wenzel 2005b). Diese Definition bezieht sich auf die Wahrnehmung der sozialen Normen anstatt auf die tatsächlichen Begebenheiten und trifft eine wichtige Unterscheidung ihrer Inhalte. Sie bezieht sich sowohl auf die Bewertung des Verhaltens durch andere als auch auf die Häufigkeit, mit der dieses im sozialen Umfeld wahrgenommen wird. Die wahrgenommenen Verhaltensweisen anderer Menschen – etwa die Häufigkeit von Steuerhinterziehung – werden *deskriptive Normen* oder „Ist-Norm" (norms of "is") genannt. Die in einer Gruppe vorherrschenden Bewertungen dieser Verhaltensweisen – was also als sozial akzeptiert gilt und was nicht – werden *präskriptive Normen* (*injunctive norms*) oder „Soll-Norm" (norms of "ought") genannt (Cialdini et al. 1991).

Normen zum Steuerzahlen können nach der sozialen Ebene beziehungsweise der Nähe zum Individuum unterschieden werden (Kirchler 2007). Sie zeigen sich etwa auf der persönlichen Ebene des Einzelnen. Diese *persönlichen Normen* beinhalten das eigene Verhalten und die Einstellungen zum Bezahlen von Steuern (Bobek et al. 2013) und sind dem Konzept der Steuermoral sehr ähnlich (siehe auch Kap. 2). Auf der Gruppenebene bezeichnen soziale Normen die Wahrnehmung der allgemein üblichen Verhaltensweisen und die Vorstellungen darüber,

Ein Experiment

Ein Experiment, das in einem US-amerikanischen Hotel durchgeführt worden ist, zeigt anschaulich, wie soziale Normen das Verhalten beeinflussen können. Die Hotelgäste fanden in ihren Zimmern verschieden gestaltete Hinweisschilder vor, die dazu aufforderten, einmal benutzte Handtücher auch weiter zu verwenden. Ein Teil der Hinweisschilder enthielt nur die in vielen Hotels übliche Aufforderung, durch das erneute Verwenden der Handtücher einen Beitrag zum Umweltschutz zu leisten. In den anderen Nachrichten wurde zusätzlich darauf hingewiesen, wie viele andere Gäste ihre gebrauchten Handtücher wiederverwendeten. Zum Beispiel war auf den Hinweisschildern zu lesen, dass 75 % der Hotelgäste ihre Handtücher öfter als einmal benutzen. Variiert wurde außerdem die Bezugsgruppe dieser deskriptiven sozialen Normen. Die Angaben bezogen sich entweder auf andere Hotelgäste generell, auf Gäste desselben Hotelzimmers, auf Personen derselben Nationalität, oder sie waren nach Geschlecht aufgeschlüsselt. Die manipulierten Nachrichten und ihre Effekte auf die Wiederverwendungshäufigkeit der Handtücher sind in Tab. 4.2 dargestellt. Es zeigte sich, dass die Hinweise auf die soziale Norm umso wirkungsvoller waren, je konkreter die soziale Gruppe war, auf die sie sich bezogen. Je ähnlicher die soziale Gruppe den Hotelgästen war, desto stärker war auch der Effekt der sozialen Norm. Am stärksten wirkte der Hinweis darauf, dass der Großteil der vorigen Benutzer desselben Hotelzimmers ihre Handtücher mehr als einmal benutzt habe. Um die Wirkmechanismen der sozialen Normen zu untersuchen, wurde eine unabhängige Gruppe von Versuchspersonen befragt, welche der Nachrichten sie für ihre eigene soziale Identität als am relevantesten wahrnahmen. Es stellte sich überraschenderweise heraus, dass gerade die beiden im Hauptexperiment wirkungsvollsten Nachrichten (Gäste desselben Zimmers und andere Hotelgäste) die geringste Relevanz für die eigene soziale Identität aufwiesen. Die Ergebnisse legen nahe, dass soziale Normen von Gruppen mit situationsbedingten Gemeinsamkeiten – wie etwa dasselbe Hotelzimmer – den stärksten Effekt auf das Verhalten haben können, selbst wenn diese nur oberflächlich und für die eigene soziale Identität irrelevant erscheinen (Goldstein et al. 2008).

Tab. 4.1 Vier Arten von Normen: deskriptive, präskriptive, subjektive und persönliche Normen. (Adaptiert nach Bobek et al. 2007, S. 52, Übers. d. Verf.)

	Beschreibung	Wirkmechanismen
Deskriptive Normen	… beziehen sich auf die Wahrnehmung des *Verhaltens* anderer Personen. Das Verhalten der anderen gibt Informationen darüber, welche Verhaltensweisen in einer neuartigen oder mehrdeutigen Situation als „normal" anzusehen sind	Das Verhalten der anderen dient als Hinweis darauf, welche Verhaltensweisen zum besten Ergebnis führen. Die Normen sind besonders dann relevant, wenn eine hohe Ähnlichkeit zur Referenzgruppe besteht
Präskriptive Normen	… umfassen die Wahrnehmung, wie man sich nach Meinung der anderen verhalten *sollte*. Die präskriptiven Normen bilden die wahrgenommenen moralischen Regeln der Gruppe und spiegeln wider, welche Verhaltensweisen akzeptiert werden	Sie motivieren Verhaltensweisen, indem sie soziale Belohnung oder Bestrafung erwarten lassen. Die Normen müssen nicht explizit ausgedrückt werden, um Verhalten zu beeinflussen; sie sind aber wirkungsvoller, wenn sie bewusst gemacht werden
Subjektive Normen	… beschreiben die Wahrnehmung dessen, wie man sich selbst nach Meinung *nahestehender* und *relevanter* Mitmenschen verhalten sollte. Subjektive Normen sind die präskriptiven Normen jener Personen, deren Meinungen für einen selbst am wichtigsten sind	Sie werden eingehalten, um soziale Beziehungen aufzubauen und aufrechtzuerhalten
Persönliche Normen	… sind individuelle Standards und Erwartungen für das eigene Verhalten und stellen etwa die *eigenen Einschätzungen* dar, wie man sich in bestimmten Situationen verhalten sollte. Sie entwickeln sich aus internalisierten Wertvorstellungen	Das Einhalten von persönlichen Normen dient der Regulierung des Selbstkonzeptes bzw. Selbstwertes. Die Normen wirken durch die Erwartung von „Selbstverstärkung" und „Selbstabwertung"

welches Verhalten als richtig und welches als falsch angesehen wird. Zur Abgrenzung der Normen von allgemeinen, größeren Gruppen werden die Ansichten und das Verhalten relevanter Personen wie Familienmitgliedern, Freunden oder Kollegen manchmal auch als *subjektive Normen* bezeichnet. Die Wahrnehmung der Normen des engeren sozialen Umfelds haben einen besonderen Einfluss und wirken direkt auf die individuelle Steuermoral (Bobek et al. 2013). Soziale Normen können auch auf nationaler beziehungsweise kollektiver Ebene beschrieben werden. Diese gesellschaftlichen Normen reflektieren die kulturellen Unterschiede zwischen Ländern oder Regionen und können ebenfalls auf die individuelle Zahlungsmoral Einfluss nehmen (Alm und Torgler 2006). Die verschiedenen Ebenen der sozialen Normen sind nicht voneinander unabhängig, sondern beeinflussen sich gegenseitig. Die persönlichen Normen – also die individuellen Einstellungen zum Steuerzahlen – werden durch die Einstellungen und Urteile der Gruppe verändert, die im Extremfall völlig internalisiert werden. Die Meinungen der anderen werden so auch zu den eigenen und führen zu einer Anpassung des Verhaltens (Wenzel 2004a).

In Tab. 4.1 sind Definitionen der deskriptiven, präskriptiven, subjektiven und persönlichen Normen und eine kurze Erläuterung ihrer Wirkmechanismen aufgeführt.

◘ **Tab. 4.2** Effekte von verschiedenen Nachrichten zur sozialen Norm auf die Wiederverwendung von Handtüchern

Referenzgruppe	Nachricht	Wiederverwendungsrate (in %)
Keine (Standardnachricht)	HELFEN SIE MIT, DIE UMWELT ZU SCHÜTZEN. Sie können ihren Respekt vor der Natur zeigen und helfen, die Umwelt zu schützen, indem Sie Handtücher während Ihres Aufenthaltes wiederverwenden.	37,2
Frauen und Männer	SCHLIESSEN SIE SICH DEN MÄNNERN UND FRAUEN AN, DIE MITHELFEN, DIE UMWELT ZU SCHÜTZEN. In einer Studie aus dem Herbst 2003 nahmen 76 % der Frauen und 74 % der Männer an unserem neuen Programm zur Schonung von Ressourcen teil, indem sie ihre Handtücher mehr als einmal verwendeten. Sie können sich den anderen Männern und Frauen anschließen, indem Sie Ihre Handtücher während Ihres Aufenthaltes wiederverwenden.	40,9
Mitbürger	SCHLIESSEN SIE SICH IHREN MITBÜRGERN AN, UM DIE UMWELT ZU SCHÜTZEN. In einer Studie aus dem Herbst 2003 nahmen 75 % der Gäste an unserem neuen Programm zur Schonung von Ressourcen teil, indem sie ihre Handtücher mehr als einmal verwendeten. Sie können sich Ihren Mitbürgern anschließen, indem Sie Ihre Handtücher während Ihres Aufenthaltes wiederverwenden.	43,5
Gäste desselben Hotels	SCHLIESSEN SIE SICH IHREN MITGÄSTEN AN, UM DIE UMWELT ZU SCHÜTZEN. In einer Studie aus dem Herbst 2003 nahmen 75 % der Gäste an unserem neuen Programm zur Schonung von Ressourcen teil, indem sie ihre Handtücher mehr als einmal verwendeten. Sie können sich Ihren Mitgästen anschließen, indem Sie Ihre Handtücher während Ihres Aufenthaltes wiederverwenden.	44,0
Gäste desselben Zimmers	SCHLIESSEN SIE SICH IHREN MITGÄSTEN AN, UM DIE UMWELT ZU SCHÜTZEN. In einer Studie aus dem Herbst 2003 nahmen 75 % der Gäste dieses Zimmers (Nr. XY) an unserem neuen Programm zur Schonung von Ressourcen teil, indem sie ihre Handtücher mehr als einmal verwendeten. Sie können sich Ihren Mitgästen anschließen, indem Sie Ihre Handtücher während Ihres Aufenthaltes wiederverwenden.	49,3

Anmerkungen. Die Tabelle zeigt die im Experiment von Goldstein et al. (2008, S. 476–477, Übers. d. Verf.) verwendeten Nachrichten zu den sozialen Normen verschiedener Referenzgruppen und den Anteil der Personen, die nach Erhalt der Nachricht ihre Handtücher wiederverwendeten

4.1 Deskriptive und präskriptive Normen

Deskriptive Normen („Ist-Normen") beschreiben das wahrgenommene Verhalten anderer. Das Verhalten anderer Menschen bietet einen Anhaltspunkt dafür, was aller Wahrscheinlichkeit nach eine sinnvolle Strategie für die eigene Verhaltensweise ist: *„Wenn es jeder tut oder denkt oder glaubt, kann es nur vernünftig sein, es zu tun, zu denken oder zu glauben"* (Cialdini et al. 1991, S. 203, Übers. d. Verf.). Beobachtet man beispielsweise, dass andere Leute ihren Abfall nicht einfach auf den Boden werfen, sondern diesen ordnungsgemäß entsorgen, kann dies auch das eigene Verhalten positiv verändern. Neben dem Verhalten der anderen können sich soziale Normen auch auf die in der Gruppe vorherrschenden Einstellungen und Meinungen beziehen. Die präskriptiven Normen („Soll-Normen") beschreiben, welches Verhalten in der Gemeinschaft gutgeheißen wird und wie man sich daher verhalten sollte. Die präskriptiven Normen bilden die moralischen Regeln der Gruppe und motivieren zu konformem Verhalten, indem sie soziale Belohnungen oder Bestrafung des Verhaltens erwarten lassen. Bemerkt man zum Beispiel, dass es andere Menschen stört, wenn Abfall einfach auf den Boden geworfen wird, wird man davon auch eher ablassen. Tatsächlich wurde in Feldexperimenten gezeigt, dass sowohl deskriptive als auch präskriptive Normen die Abfallentsorgung beeinflussen (Cialdini et al. 1990, 1991).

Wie empirische Studien belegen, wirken beide Arten von Normen – deskriptive und präskriptive – auch auf die Steuermoral ein. Die Wahrnehmung der deskriptiven sozialen Normen steht in engem Zusammenhang mit den individuellen Einstellungen zum Steuerzahlen. Je stärker das Vorkommen und das Ausmaß von Steuerhinterziehung in der Gemeinschaft wahrgenommen wird, desto eher wird Steuerhinterziehung als Kavaliersdelikt gesehen, desto weniger werden informelle Sanktionen wie soziale Ächtung befürchtet und desto wahrscheinlicher ist später die Bereitschaft, Steuern zu hinterziehen (Welch et al. 2005). In einer Befragung von US-amerikanischen Steuerzahlern stand etwa die Steuerehrlichkeit mit der Anzahl der Steuerhinterzieher in Zusammenhang, die den Befragten persönlich bekannt waren (Spicer und Lundstedt 1976). Ähnlich wie im oben beschriebenen Experiment, in dem die Hotelgäste zur Wiederverwendung ihrer Handtücher motiviert wurden, können gezielte Informationen zur Zahlungsmoral anderer Steuerzahler auch die individuelle Steuermoral beeinflussen. In einem Feldexperiment im US-amerikanischen Bundesstaat Minnesota erhielten verschiedene Gruppen von Steuerzahlern unterschiedliche Briefe. Neben verschiedenen anderen Formulierungen wurden zwei Informationsschreiben versandt, die im Vergleich den Effekt deskriptiver sozialer Normen auf die Steuermoral zeigen (siehe Tab. 4.3). Eine Gruppe von Steuerzahlern erhielt eine Nachricht mit rationalen Argumenten, warum man Steuern bezahlen sollte. Das Schreiben beinhaltete Informationen über den Verwendungszweck der Steuern und über den Schaden, den Steuerhinterziehung in der Gesellschaft anrichtet. Eine weitere Gruppe erhielt von den Behörden ein Schreiben, das über die Zahlungsmoral der anderen Steuerzahler berichtete. Nachdem in vorhergehenden Untersuchungen erkannt wurde, dass die Steuerehrlichkeit von anderen häufig schlechter eingeschätzt wird, als sie tatsächlich ist, wurde versucht, diese Sichtweise durch objektive Informationen zu korrigieren. Das an die zweite Gruppe gerichtete Schreiben enthielt daher Informationen zur generellen Steuerehrlichkeit und wies darauf hin, dass sich die meisten Steuerzahler wesentlich ehrlicher verhielten, als üblicherweise angenommen wird. Die Sachargumente im ersten Schreiben zeigten keine Wirkung auf die Steuerehrlichkeit. Die Empfänger der zweiten Nachricht zur sozialen Norm waren in der folgenden Steuererklärung aber tendenziell ehrlicher als eine Kontrollgruppe, die gar keinen Brief von

4.1 · Deskriptive und präskriptive Normen

Tab. 4.3 Nachrichten in einem Feldexperiment zur Erhöhung der Steuerehrlichkeit

1. Nachricht: Verwendung der Steuergelder	Ihre Einkommenssteuern werden für Leistungen verwendet, von denen wir in Minnesota abhängig sind. Über 30 % der Steuern werden zur Unterstützung von Bildungseinrichtungen verwendet. Weitere 18 % werden für die Gesundheitsversorgung und Unterstützung für ältere und bedürftige Menschen ausgegeben. Die lokale Regierung erhält etwa 12 % der Steuergelder, mit denen öffentliche Einrichtungen wie die Strafverfolgung, Parks, Bibliotheken und Schneeräumung unterstützt werden … Wenn Steuerzahler nicht bezahlen, was sie schuldig sind, leidet also die gesamte Gemeinschaft darunter.
2. Nachricht: Soziale Norm	Einer aktuellen Umfrage zufolge glauben Bürger Minnesotas, dass andere regelmäßig Steuern hinterziehen. Das ist jedoch nicht wahr. Prüfungen des Finanzamts zeigen, dass Menschen in ihren Steuererklärungen korrekte Angaben machen und freiwillig 93 % ihrer fälligen Einkommenssteuer bezahlen. Die meisten Steuerzahler geben ihre Steuererklärung korrekt und rechtzeitig ab. Obwohl manche Steuerzahler aufgrund von kleinen Fehlern zu wenig Steuern bezahlten, wird der Großteil unbezahlter Steuern von wenigen Steuerzahlern verursacht, die absichtlich betrügen.

Anmerkungen. Im Feldexperiment von Coleman (1996, S. 50–51, Übers. d. Verf.) verwendetes Versuchsmaterial

den Behörden erhalten hatte. Gegenüber den Empfängern der Nachricht zur Verwendung von Steuergeldern gaben Empfänger der sozialen Norm signifikant höhere Einkommen an (Coleman 1996).

> **Wird Steuerhinterziehung als Kavaliersdelikt gesehen, sinkt die Furcht vor sozialer Ächtung und steigt die Bereitschaft, Steuern zu hinterziehen.**

In einer in Lima (Peru) durchgeführten Studie versandte die Behörde ebenfalls eine Reihe verschieden gestalteter Informationsschreiben. Die Schreiben sollten die Zahlungsmoral von Steuerzahlern verbessern, die noch Zahlungsrückstände bei ihren Immobiliensteuern hatten. Eines dieser Anschreiben erhielt Informationen über die durchschnittliche Steuerehrlichkeit anderer Steuerzahler und damit über die geltenden sozialen Normen. Ein anderes informierte über die Verfolgung und Konsequenzen von Steuerhinterziehung, und ein weiteres Schreiben enthielt beide Informationen. Ein viertes neutrales Schreiben erinnerte lediglich an die anstehenden Zahlungsfristen. Bereits die neutral formulierte Erinnerung hatte deutliche Effekte auf die Zahlungsbereitschaft und steigerte im Vergleich zur Kontrollgruppe die Häufigkeit der vollständigen Zahlungen um 10 %. Den stärksten Effekt hatten die Informationen über die Steuerehrlichkeit von anderen Steuerzahlern. Die Beschreibung der herrschenden sozialen Normen erhöhte die Befolgung der Regeln sogar um 20 %. Wenn im Anschreiben zusätzlich über die Strafverfolgung von Hinterziehung informiert wurden, konnte kein zusätzlicher Effekt festgestellt werden, der über den der bloßen Erinnerung an die Zahlungsfristen oder den der sozialen Norm hinausgeht (Del Carpio 2014).

Tab. 4.4 Verschiedene Nachrichten in einem Feldexperiment zur Erinnerung an die fristgerechte Erledigung der Steuerzahlung

Soziale Norm	Nachricht
Minderheitsnorm	Neun von zehn Menschen im Vereinigten Königreich bezahlen ihre Steuern rechtzeitig. Sie sind Teil der sehr kleinen Minderheit von Personen, die noch nicht bezahlt hat.
Spezifische deskriptive Norm	Neun von zehn Menschen im Vereinigten Königreich bezahlen ihre Steuern rechtzeitig.
Keine (Konsequenzen – positiv)	Steuern zu bezahlen bedeutet, dass wir alle von wichtigen öffentlichen Leistungen profitieren, wie dem Gesundheitssystem, Straßen und Schulen.
Keine (Konsequenzen – negativ)	Steuern nicht zu bezahlen bedeutet, dass wir alle bei wichtigen öffentliche Leistungen das Nachsehen haben, wie beim Gesundheitssystem oder bei Straßen und Schulen.
Allgemeine deskriptive Norm	Neun von zehn Menschen bezahlen ihre Steuern rechtzeitig.

Anmerkungen. Die Reihenfolge spiegelt die Effektivität der Nachrichten wider. Im Feldexperiment von Hallsworth et al. (2017, S. 16–17, Übers. d. Verf.) verwendetes Versuchsmaterial

Ähnliche, etwas umfangreichere Feldexperimente wurden in Großbritannien in Kooperation mit den britischen Steuerbehörden durchgeführt (Hallsworth et al. 2017). In insgesamt 100.000 Briefen wurde je eine der in Tab. 4.4 dargestellten Informationen übermittelt. Es zeigte sich, dass alle Nachrichten signifikant positive Effekte auf die Zahlungsbereitschaft der kontaktierten Steuerzahler hatten. In den Schreiben vom Format „Minderheitsnorm" wurde betont, dass man einer der wenigen Steuerzahler war, die noch nicht bezahlt hatten. Sie hatte die stärkste Wirkung auf die Häufigkeit der rechtzeitigen Zahlung. Die landesspezifische deskriptive Norm (*„Neun von zehn Menschen im Vereinigten Königreich bezahlen ihre Steuern rechtzeitig"*) hatte den zweitstärksten Effekt, gefolgt von den Nachrichten zu den positiven Konsequenzen des Steuerzahlens und den negativen Auswirkungen von Steuerhinterziehung für die Allgemeinheit. Die Information zur allgemeinen Norm (*„Neun von zehn Menschen bezahlen ihre Steuern rechtzeitig"*) hatte in diesem Experiment den geringsten Effekt. In einem an die erste Studie anschließenden Experiment wurden noch umfangreichere Möglichkeiten getestet und insgesamt 13 verschiedene Nachrichten an britische Steuerzahler verschickt. Dabei wurden zusätzlich zu ähnlichen Schreiben wie im vorangegangenen Experiment auch Informationen zu den herrschenden präskriptiven Normen versandt, die sich ebenfalls als effektiv erwiesen haben. Konkrete Prozentwertangaben zu diesen sozialen Normen (*„88 % der Menschen sind der Meinung, dass jeder im Vereinigten Königreich seine Steuern rechtzeitig bezahlen sollte"*, S. 22, Übers. d. Verf.) hatten die größten Effekte auf die Rechtzeitigkeit der Steuerzahlungen, vermutlich weil die Empfänger die konkrete Information als glaubwürdiger einschätzten. Außerdem spielte erneut die Ähnlichkeit des Steuerzahlers mit der Referenzgruppe, auf die sich die Normen bezogen, eine wichtige Rolle. Die deskriptive Norm von Personen mit ähnlichen Steuerschulden erwies sich beispielsweise als effektiver als jene von Personen, die im selben Bezirk wohnten. Kombinierte Informationen über die Referenzgruppe (dieselbe Region und ähnliche Steuerschuld) waren jedoch am wirkungsvollsten (Hallsworth et al. 2017).

Die verschiedenen Feldexperimente zur Wirkung sozialer Normen zeigen, dass durch gezielte Informationen die Wahrnehmung der geltenden Normen verändert und Fehleinschätzungen korrigiert werden können. Hinweise und Fakten zum Verhalten und den Einstellungen anderer können so auch das Verhalten beeinflussen. Es ist jedoch zu beachten, dass die signifikanten Effekte in den meisten Feldexperimenten zu sozialen Normen nur eine geringe Erhöhung der Compliance mit sich bringen; die Beteiligten halten sich also nur in geringem Umfang stärker an die Regeln. Da es jedoch kaum zusätzliche Kosten verursachen dürfte, soziale Normen in ein Erinnerungsschreiben einfließen zu lassen, erscheint die Strategie auch aus ökonomischer Sicht sinnvoll (Hallsworth 2014). In Abschn. 7.2.4 wird auf diese Methode des *Social Norms Marketing* näher eingegangen. In Abschn. 8.2 werden mit *Nudging* weitere Möglichkeiten zur Verhaltensregulation vorgestellt. Dabei wird auch der Ansatz diskutiert, Nachrichten an Steuerzahler zu senden, um die Steuermoral zu verbessern.

> Gezielte Informationen können die Wahrnehmung der geltenden Normen verändern und Fehleinschätzungen korrigieren.

4.2 Wahrnehmung und Kommunikation sozialer Normen

Für das Verhalten von Individuen ist vor allem von Bedeutung, wie soziale Normen wahrgenommen werden. Die Wahrnehmungen spiegeln dabei lediglich den subjektiven Eindruck wider, den Individuen von den Ansichten und den Verhaltensweisen anderer haben. Dies kann jedoch deutlich von den tatsächlichen Überzeugungen der anderen abweichen (Lapinski und Rimal 2005). Zentrale Personen der Gruppe wie Politiker oder andere Prominente können einen starken normativen Einfluss ausüben und die Wahrnehmung der Normen in die eine oder andere Richtung verändern (Hogg und Reid 2006). Wenn etwa der ehemalige italienische Ministerpräsident Silvio Berlusconi mit den Worten *„Es ist nicht unmoralisch, hohe Steuern zu hinterziehen"* zitiert wird (Der Standard 2004) oder der US-Präsident Donald Trump es als *„brillant"* bezeichnet, möglichst wenig Steuern bezahlt zu haben (Zeit Online 2016), kann dies negative Auswirkungen auf die wahrgenommene soziale Norm und somit auch auf die Steuerehrlichkeit haben.

> Die Wahrnehmung sozialer Normen spiegelt lediglich den subjektiven Eindruck über Ansichten und Verhaltensweisen anderer wider. Dies kann jedoch deutlich von den tatsächlichen Überzeugungen der anderen abweichen.

In den Medien wird zudem verstärkt über einzelne prominente Steuersünder, Steuerskandale sowie strengere Maßnahmen zur Bekämpfung von Steuerbetrug berichtet. Auch solche negativen Schlagzeilen können die gültigen sozialen Normen untergraben. Wenn Steuerzahler regelmäßig darüber informiert werden, wie unehrlich sich andere verhalten, könnte die Schlussfolgerung des Einzelnen lauten, dass Steuerhinterziehung normal und somit völlig akzeptabel ist. Andererseits könnte die mediale Verurteilung von Steuerhinterziehung auch einen positiven Einfluss auf die Steuermoral haben, wenn präskriptive soziale (Soll-)Normen kommuniziert werden. Die aktuellen Berichte zur aggressiven Steuerplanung internationaler Konzerne und zu Steuerskandalen könnten demnach auch zu einem höheren moralischen Bewusstsein in der Bevölkerung führen.

Die verzerrte Wahrnehmung der sozialen Normen kann dazu führen, dass die Akzeptanz von Steuerhinterziehung in der Gesellschaft überschätzt wird. Wie ein australisches Feldexperiment (Wenzel 2005a) zeigt, sind viele Steuerzahler der Meinung, dass die anderen unehrliches Verhalten viel eher gutheißen würden als sie selbst. In dieser Studie wurden Steuerzahler zu ihren eigenen Ansichten zum Bezahlen von Steuern befragt, und sie sollten auch die Einstellungen anderer Steuerzahler einschätzen. Die durchschnittliche Selbsteinschätzung wich stark von der Einschätzung der Mitbürger ab. Die Steuermoral der anderen wurde deutlich negativer beschrieben als die eigene. Nach dieser ersten Befragung wurden dieselben Steuerzahler noch einmal kontaktiert. Dabei wurde detailliert über die in der Befragung beobachteten Fehleinschätzungen der geltenden sozialen Normen aufgeklärt. Im Vergleich zu einer Kontrollgruppe machte die Gruppe, die über die Fehlwahrnehmung informiert worden war, signifikant weniger steuerliche Abschreibungen in der nächsten Steuererklärung geltend. Die Steuermoral schien sich durch die korrekte Information über die tatsächlichen sozialen Normen zu verbessern. Wenn die Steuerzahler ihre persönlichen Normen an die Wahrnehmung einer vermeintlich schlechten Steuermoral der anderen anpassen und die eigenen ethischen Standards senken, kann ein Teufelskreis in Gang kommen, durch den die Steuerehrlichkeit immer weiter sinkt. Diese Abwärtsspirale kann durch eine gezielte Aufklärung unterbrochen werden, in der über das tatsächliche Verhalten und die Einstellungen der anderen informiert wird (Wenzel 2005a).

Steuerzahler scheinen nicht nur ihr eigenes Verhalten dem von anderen anzupassen, sie schließen umgekehrt auch von ihrer eigenen Zahlungsmoral auf die der anderen. Je besser oder schlechter die eigene Steuermoral eingeschätzt wird, desto ehrlicher oder unehrlicher werden auch die anderen Steuerzahler wahrgenommen (Wenzel 2005b). Die dieser Beobachtung zugrunde liegende Problematik wird in der Literatur als *False Consensus Effect* bezeichnet (Ross et al. 1977). Der Effekt beschreibt die Tendenz, eigene Einstellungen auf die Ansichten der Gruppe zu projizieren. Diese Generalisierung geschieht entweder deshalb, weil keine Informationen über die Einstellungen der Gruppe vorliegen, oder, weil dann das eigene (unehrliche) Verhalten besser zu rechtfertigen ist. In einer Umfrage wurde eine Gruppe von Steuerzahlern über einen längeren Zeitraum hinweg mehrmals befragt. In dieser Studie wurde beobachtet, dass die persönlichen Standards auf andere Steuerzahler projiziert wurden und so die Wahrnehmung der sozialen Norm beeinflussten. Es wurde allerdings auch gezeigt, dass soziale Normen umgekehrt die eigenen Ansichten verändern und so auf die Steuerehrlichkeit wirken können. Persönliche Normen und die Wahrnehmungen der sozialen Normen beeinflussen sich also wechselseitig (Wenzel 2005b).

Die Wahrnehmung der verschiedenen Arten von Normen stehen in engem Zusammenhang zueinander und können auch durch andere Variablen beeinflusst werden. Wie zu Beginn des Kapitels beschrieben können Normen in deskriptive, präskriptive, subjektive und persönliche Normen eingeteilt werden (siehe Tab. 4.1). Das Zusammenspiel dieser verschiedenen Arten von Normen dürfte dabei äußerst komplex sein, wie in einer Fragebogenstudie festgestellt wurde. Es zeigte sich, dass persönliche Normen und die wahrgenommenen präskriptiven Normen nahestehender Personen (subjektive Normen) einen direkten Einfluss auf die Steuerehrlichkeit haben, während die wahrgenommenen allgemeineren präskriptiven und deskriptiven Normen einen indirekten Einfluss ausüben. Abb. 4.1 zeigt die Zusammenhänge zwischen den vier Arten von Normen und der intendierten Steuerehrlichkeit (Bobek et al. 2013). Die Analyse zeigt auch, dass deskriptive Normen keinen direkten Effekt auf die persönlichen Normen oder auf die Steuerehrlichkeit haben, sondern die Wahrnehmung der präskriptiven Normen beeinflussen. Wenn der Eindruck besteht, dass andere Menschen kaum Steuern hinterziehen, liegt auch der Schluss nahe, dass Steuerhinterziehung von anderen verurteilt wird. Die Effekte der unter-

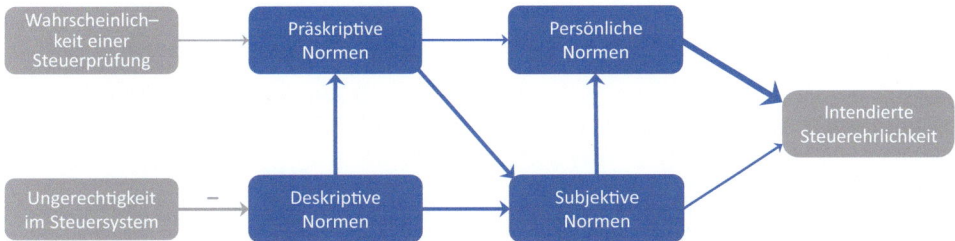

Abb. 4.1 Zusammenhänge zwischen der Wahrnehmung verschiedener sozialer Normen und der intendierten Steuerehrlichkeit. Die Dicke der *Pfeile* repräsentiert die Stärke des Zusammenhangs. Weitere in die Analyse einbezogene Kontrollvariablen der Originalabbildung werden in dieser Darstellung nicht gezeigt. (Adaptiert nach Bobek et al. 2013, S. 462, Übers. d. Verf.)

schiedlichen Arten sozialer Normen können jedenfalls nicht isoliert betrachtet werden. Auch die wahrgenommene Gerechtigkeit des Steuersystems und der Wahrscheinlichkeit einer Steuerprüfung steht mit der Wahrnehmung der sozialen Normen in Zusammenhang. Steuerzahler, die das Steuersystem als ungerecht empfanden, hatten auch den Eindruck, dass sich andere Menschen häufig unehrlich verhalten (siehe auch Kap. 5 zur Gerechtigkeit des Steuersystems). Als häufig empfundene Steuerprüfungen schienen hingegen den Eindruck zu verstärken, dass die anderen ehrliches Steuerverhalten gutheißen und Steuerhinterziehung eher verurteilt wird (Bobek et al. 2013).

Kommunikation zwischen den Steuerzahlern selbst kann die Wahrnehmung der sozialen Normen und damit die Kooperationsbereitschaft entscheidend beeinflussen. In einem Laborexperiment wurde gezeigt, wie demokratische Abstimmungen und informelle Möglichkeiten zur Kommunikation auf die Normen einer Gruppe wirken können (Alm et al. 1999). Die Teilnehmer des Experiments erhielten in mehreren Spielrunden jeweils ein Einkommen und mussten darauf Steuern bezahlen, aus denen ein öffentliches Gut (siehe auch Abschn. 6.2.1) finanziert wurde. Vom öffentlichen Gut profitierten alle Teilnehmer in Form einer Auszahlung, also auch jene, die Steuern hinterzogen hatten. Die Teilnehmer hatten die Möglichkeit, über verschiedene Aspekte des Steuersystems des Experiments abzustimmen. Zum Beispiel wurde darüber abgestimmt, wie streng die Sanktionen für Steuerhinterziehung sein sollen. Nachdem die Ergebnisse einer Abstimmung bekannt gegeben wurden, änderte sich die Steuerehrlichkeit im Vergleich zur Vorrunde meistens, selbst wenn am Steuersystem gar nichts verändert wurde. Wenn sich die Gruppe durch eine Abstimmung gegen die strengere Verfolgung von Steuerhinterziehung entschied, fiel die Steuerehrlichkeit danach auf ein sehr niedriges Niveau. Das Abstimmungsergebnis schien zu signalisieren, dass die sozialen Normen und die Steuerehrlichkeit der Gruppe nicht besonders positiv sind, wodurch die Steuermoral allgemein stark abnahm. In einer weiteren experimentellen Bedingung durften die Teilnehmer vor einer Abstimmung die Vor- und Nachteile von Sanktionen diskutieren. Wenn diese Möglichkeit zur Kommunikation gegeben war, wurde häufiger für die Verschärfung der Regeln gestimmt und die Steuerehrlichkeit stieg an. Die öffentliche Diskussion schien die Wahrnehmung der sozialen Norm positiv zu verändern und sich so auch auf das individuelle Verhalten auszuwirken (Alm et al. 1999). Wenn die Einführung formaler Regeln von einer Gruppe gemeinsam beschlossen wurde, verlassen sich die Mitglieder auf die Kooperationsbereitschaft der anderen und sind dann eher bereit, selbst zur Finanzierung der öffentlichen Güter beizutragen. In einem weiteren Experiment, in dem Beiträge zu einem öffentlichen Gut bezahlt werden sollten,

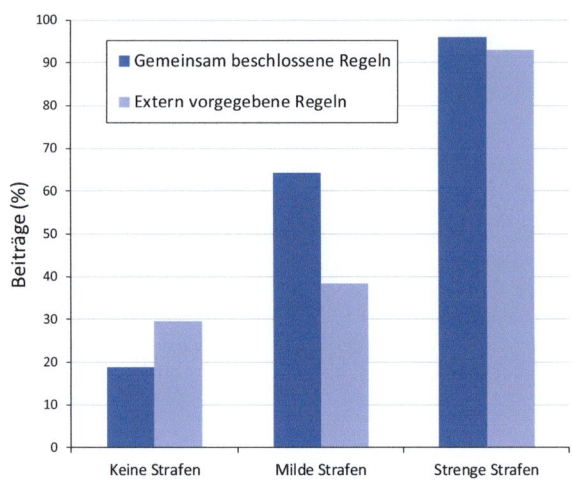

Abb. 4.2 Beiträge zum öffentlichen Gut in Abhängigkeit vom Ausmaß der Strafe und der Möglichkeit zur Mitbestimmung. Die Abbildung zeigt die Beiträge zum öffentlichen Gut im Experiment, getrennt nach gemeinsam gewählter bzw. extern vorgegebener Strafhöhe. (Adaptiert nach Tyran und Feld 2006, S. 148–149, Übers. d. Verf.)

wurde untersucht, ob der gemeinsame Beschluss der Regeln auch dann zu höherer Kooperation führt, wenn die Strafen „mild" sind, die Strafhöhe aus rational-ökonomischer Sicht also keinen ausreichenden Anreiz zur Kooperation darstellt (Tyran und Feld 2006). In einer Versuchsbedingung des Experimentes wurden die Regeln extern vom Spielleiter vorgegeben. Hohe Strafen, die Kooperation aus rein finanzieller Sicht zur attraktivsten Option machten, hatten erwartungsgemäß starke positive Auswirkungen auf die Beitragshöhe, niedrige Strafen zeigten jedoch kaum Effekte. In einer weiteren Version konnten die Versuchsteilnehmer selbst abstimmen, ob und welche Strafen sie umsetzen wollten. Fiel die Wahl auf niedrige Strafen, zeigte sich im Gegensatz zur externen Vorgabe des Strafmaßes, dass die Kooperation ebenfalls deutlich höher ausfiel. Abb. 4.2 zeigt die Beiträge in den verschiedenen Versuchsbedingungen des Experimentes (Tyran und Feld 2006). Der gemeinsame Beschluss, Strafen einzuführen – selbst wenn diese aus rein finanzieller Sicht keine Abschreckung darstellten – schien die soziale Norm zur Kooperation zu kommunizieren und das Vertrauen in die Beiträge zum öffentlichen Gut der anderen zu bestärken.

> **Kommunikation zwischen den Steuerzahlern selbst kann die Wahrnehmung der sozialen Normen und damit die Kooperationsbereitschaft innerhalb dieser Gruppe entscheidend beeinflussen.**

Die Wahrnehmung der Normen, die in einer Gruppe oder Gesellschaft gelten, steht auch mit dem Vertrauen in andere Steuerzahler und in die Steuerbehörden in Zusammenhang. Bei einer in Schweden durchgeführten Umfrage waren die Befragten eher der Meinung, dass Steuerhinterziehung weit verbreitet ist, wenn sie ihren Mitbürgern und dem politischen System nicht vertrauten (Hammar et al. 2009). Das Gefühl, einer sozialen Gruppe anzugehören – etwa einer Nationalität, einer Religion oder einer Berufsgruppe –, kann das Vertrauen fördern. Man verlässt sich darauf, dass sich alle Mitglieder der Gruppe an die herrschenden Normen halten (Gangl et al. 2015). Der nachfolgende Abschnitt behandelt die Bedeutung der Identifikation mit der sozialen Gruppe.

4.3 Identifikation mit der Gruppe

Persönliche Normen – Verhaltensregeln und Standards auf individueller Ebene – entstehen unter anderem durch die *Internalisierung* sozialer Normen (Wenzel 2004a). Der Internalisierungsprozess wird in der *Theorie der Selbstkategorisierung* (Turner et al. 1987) beschrieben. Wenn man sich selbst als einer sozialen Gruppe zugehörig sieht, wird man die Normen der anderen Gruppenmitglieder eher akzeptieren und als seine eigenen Ansichten verstehen. Identifiziert man sich aber wenig mit der Gruppe, kann es zur Distanzierung kommen, bei der die persönlichen Normen ins Gegenteil umschlagen und den geltenden sozialen Normen widersprechen. Bei einer australischen Studie konnte gezeigt werden, wie wichtig die Identifikation mit der Referenzgruppe für die Internalisierung der sozialen Normen ist (Wenzel 2004a). Bei Befragungen wurden die individuellen persönlichen Normen, die wahrgenommene soziale präskriptive Norm zur Steuerehrlichkeit und die Identifikation mit der australischen Bevölkerung erhoben. Positive soziale Normen waren nur dann mit höherer Steuerehrlichkeit verbunden, wenn die Identifikation mit der sozialen Gruppe der Australier hoch war. Je stärker die Identifikation mit der Gruppe, die die soziale Norm vorgibt, desto eher wird diese Norm auch internalisiert und als persönliche Norm zum Steuerzahlen angenommen. Ist die Identifikation hingegen gering, können starke positive soziale Normen sogar in negativer Weise auf die Steuerehrlichkeit wirken (Wenzel 2004a). Die Relevanz der Bezugsgruppe beeinflusst den Effekt von sozialen Normen, weshalb Meinungen relevanter, nahestehender Personen in Entscheidungssituationen oft am wichtigsten sind. Diese subjektiven Normen spiegeln wider, in welchem Ausmaß das eigene soziale Umfeld ein Verhalten gutheißt oder ablehnt (Ajzen 1991). Die Beobachtung, dass Steuerhinterziehung von relevanten Bezugspersonen wie Familienmitgliedern, Freunden oder Kollegen akzeptiert wird, kann das eigene Verhalten direkter beeinflussen, als allgemeine Normen einer größeren Bezugsgruppe (Bobek et al. 2013).

> Wenn man sich selbst als einer sozialen Gruppe zugehörig sieht, wird man die Normen der anderen Gruppenmitglieder eher akzeptieren und sie sich zu eigen machen.

Als Beispiele für die Identifikation mit einer sozialen Gruppe wurden in der Steuerforschung Patriotismus und Religiosität untersucht. Patriotismus beinhaltet eine besonders starke Identifikation mit dem eigenen Land und seiner Bevölkerung. Je stärker der Stolz auf das eigene Land, desto besser scheint auch die Zahlungsmoral der Steuerpflichtigen zu sein (Alm et al. 2006; Gangl et al. 2016; Torgler 2005). Starke Identifikation mit der eigenen Gruppe kann aber auch zur Abwertung von anderen führen, die nicht Mitglied derselben Gruppe sind (Hewstone et al. 2002). Zum Beispiel empfanden bei einer in Großbritannien durchgeführten Umfrage besonders diejenigen die Beitragszahlungen an die Europäische Union als unfair, die sich stark mit der eigenen Nation identifizierten. Jene Befragten, die sich (auch) als Europäer identifizierten, bewerteten die Folgen der Beitragszahlungen als positiv (Hartner et al. 2011). Ähnlich wie die nationale Identität wirkt sich auch eine starke Identifikation mit einer religiösen Gruppe auf die Steuermoral aus. Sehr gläubige Steuerzahler (gemessen zum Beispiel anhand der Regelmäßigkeit der Teilnahme an Gottesdiensten, an religiösen Bildungsangeboten oder einer Selbsteinschätzung) haben eine höhere Steuermoral als weniger religiöse Personen (Doerrenberg und Peichl 2013; Lau et al. 2013; Torgler 2005, 2006). Erklärt wird dieser Zusammenhang dadurch, dass die meisten Religionen strenge moralische Regeln für das Zusammenleben und die Gemeinschaft aufstellen. Eine Regelverletzung könnte etwa bedeuten, den Respekt der anderen Gemeinschaftsmitglieder zu verlieren oder Scham zu empfinden (Doerrenberg und Peichl 2013; Grasmick et al. 1991; Torgler 2006).

Die Angst vor Schamgefühlen und sozialem Stigma scheint eine bedeutende Rolle für die Wirkung sozialer Normen auf die Steuerehrlichkeit zu spielen (Grasmick und Scott 1982). Die Befürchtung sozialer Konsequenzen kann dabei auch mit den Effekten von formellen Abschreckungsmaßnahmen in Zusammenhang stehen. Bei einer Befragung australischer Steuerzahler wurde untersucht, inwiefern Sollnormen zum Steuerzahlen den Abschreckungseffekt der rechtlichen Konsequenzen beeinflussen. Formelle Abschreckungsmechanismen standen mit der Steuerehrlichkeit stärker in Zusammenhang, wenn die Steuermoral der anderen als sehr positiv wahrgenommen wurde, die Befragten selbst jedoch nur eine geringe Steuermoral aufwiesen. Neben den formellen schienen auch informelle Sanktionen der sozialen Gemeinschaft befürchtet zu werden, wodurch die abschreckende Wirkung von Kontrollen und Strafen verstärkt wurde (Wenzel 2004b).

4.4 Kulturelle Unterschiede

Auf kultureller Ebene können soziale Normen die unterschiedlichen Einstellungen verschiedener Länder oder Regionen beschreiben. Welches Verhalten in einer Gesellschaft akzeptiert wird, kann sich etwa von Land zu Land stark unterscheiden. Zum Beispiel zeigen Laborexperimente, die auf dieselbe Art in den USA und in Spanien durchgeführt wurden, dass die gesellschaftlichen Normen die Steuerehrlichkeit und die Wirkung der experimentell manipulierten Parameter verändern können (Alm et al. 1995; Alm und Torgler 2006). Zu ähnlichen Ergebnissen kam auch eine experimentelle Untersuchung, die in Österreich, Rumänien, Russland und Ungarn durchgeführt wurde. Darin wiesen österreichische und ungarische Teilnehmer eine höhere Steuermoral auf als rumänische und russische (Kogler et al. 2013). Die Bedeutung sozialer Normen zeigen sich auch im Zusammenhang mit der Schattenwirtschaft verschiedener Nationen. In einem internationalen Vergleich von 15 europäischen Ländern und den USA

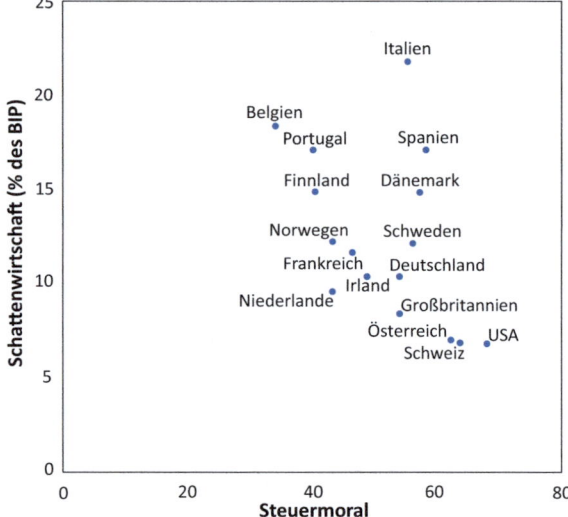

Abb. 4.3 Zusammenhang zwischen Steuermoral und Schattenwirtschaft im internationalen Vergleich. Die Abbildung zeigt den Zusammenhang zwischen der nationalen Steuermoral und der Schattenwirtschaft, gemessen an ihrem Anteil am jeweiligen Bruttoinlandprodukt. (Adaptiert nach Alm und Torgler 2006, S. 243, Übers. d. Verf.)

konnte ein deutlich negativer Zusammenhang zwischen der vorherrschenden Steuermoral und dem Ausmaß der Schattenwirtschaft festgestellt werden (siehe Abb. 4.3). Obwohl in den meisten Ländern relativ ähnliche Steuersysteme bestehen, scheint es deutliche Unterschiede auf nationaler Ebene in Bezug darauf zu geben, welches Verhalten beim Bezahlen annehmbar ist beziehungsweise ob das Hinterziehen von Steuern als akzeptabel gilt (Alm und Torgler 2006).

Welchen Einfluss politische und kulturelle Unterschiede auf die Steuermoral haben und wie schnell sich regionale Unterschiede verändern können, zeigt ein Vergleich von West- und Ostdeutschland in den Jahren 1990 und 1997 (Torgler 2003). Die Bewohner Ostdeutschlands wiesen im Jahr 1990 – kurz nach der Wiedervereinigung – eine deutlich höhere Steuermoral als ihre Mitbürger aus Westdeutschland auf. Bis zur zweiten Umfrage im Jahr 1997 glich sich diese aber stark an die westdeutschen Verhältnisse an. Unter jüngeren Steuerzahlern wurde in der zweiten Befragung überhaupt kein Unterschied mehr zwischen Ost- und Westdeutschland festgestellt. In Westdeutschland war die Steuermoral zu den beiden Zeitpunkten nahezu gleich. Erklärt wurde die ursprünglich bessere Steuermoral der Ostdeutschen durch die starken sozialen Normen und die starke nationale Solidarität in der damaligen DDR. Diese positiven Einflüsse auf die Steuermoral schienen sich nach der Wiedervereinigung jedoch erstaunlich schnell verflüchtigt zu haben (Torgler 2003). Kulturelle Normen scheinen jedenfalls einen wichtigen Teil der Steuermoral auszumachen und können auch dann noch weiter auf die individuelle Steuermoral wirken, wenn man gar nicht mehr in seinem Herkunftsland lebt. In einer US-amerikanischen Studie wurde gezeigt, dass Unternehmer, die aus Ländern mit geringerer Steuermoral stammen, in höherem Ausmaß Steuern hinterziehen als andere. Auch staatliche Maßnahmen, um die Steuerehrlichkeit positiv zu beeinflussen, erwiesen sich für solche Personen als weniger effektiv (DeBacker et al. 2015).

Zusammenfassung

Die wahrgenommenen Normen anderer Steuerzahler stellen einen wichtigen Anhaltspunkt für die persönliche Steuermoral dar. Ob Steuerhinterziehung im sozialen Umfeld als häufig oder selten wahrgenommen wird, kann auch die eigene Steuerehrlichkeit beeinflussen. Neben dem Verhalten der anderen spielen auch die Einstellungen der Gruppe eine entscheidende Rolle. Wenn der Eindruck besteht, dass relevante Bezugsgruppen oder nahestehende Personen Steuerhinterziehung als Bagatelle betrachten oder stark verurteilen, werden die eigenen Einstellungen entsprechend angepasst. Die Wahrnehmung der Normen und die Kommunikation darüber sind dabei von größerer Bedeutung als die tatsächlichen Begebenheiten. Die Normen können daher von der medialen Berichterstattung – etwa über prominente Fälle von Steuerhinterziehung – beeinflusst, aber auch gezielt durch Informationskampagnen verbessert werden.

Literatur

Ajzen, I. (1991). The theory of planned behavior. *Organizational Behavior and Human Decision Processes*, *50*(2), 179–211.

Alm, J., & Torgler, B. (2006). Culture differences and tax morale in the United States and in Europe. *Journal of Economic Psychology*, *27*(2), 224–246.

Alm, J., Sanchez, I., & De Juan, A. (1995). Economic and noneconomic factors in tax compliance. *Kyklos*, *48*(1), 1–18.

Alm, J., McClelland, G. H., & Schulze, W. D. (1999). Changing the social norm of tax compliance by voting. *Kyklos*, *52*(2), 141–171.

Alm, J., Martinez-Vazquez, J., & Torgler, B. (2006). Russian attitudes toward paying taxes – before, during, and after the transition. *International Journal of Social Economics*, *33*(12), 832–857.

Asch, S. E. (1956). Studies of independence and conformity: I. A minority of one against a unanimous majority. *Psychological Monographs: General and Applied*, *70*(9), 1–70.

Bobek, D. D., Roberts, R. W., & Sweeney, J. T. (2007). The social norms of tax compliance: evidence from Australia, Singapore, and the United States. *Journal of Business Ethics, 74*(1), 49–64.

Bobek, D. D., Hageman, A. M., & Kelliher, C. F. (2013). Analyzing the role of social norms in tax compliance behavior. *Journal of Business Ethics, 115*(3), 451–468.

Del Carpio, L. (2014). Are the neighbors cheating? Evidence from a social norm experiment on property taxes in Peru (Working Paper). http://faculty.insead.edu/lucia-del-carpio/documents/Are_the_neighbors_cheating_Apr2014.pdf. Zugegriffen: 19. Mai 2017.

Childers, T. L., & Rao, A. R. (1992). The influence of familial and peer-based reference groups on consumer decisions. *Journal of Consumer Research, 19*(2), 198–211.

Cialdini, R. B., Reno, R. R., & Kallgren, C. (1990). A focus theory of normative conduct: Recycling the concept of norms to reduce littering in public places. *Journal of Personality and Social Psychology, 58*(6), 1015–1026.

Cialdini, R. B., Kallgren, C. A., & Reno, R. R. (1991). A focus theory of normative conduct: a theoretical refinement and reevaluation of the role of norms in human behavior. *Advances in Experimental Social Psychology, 24*, 201–234.

Coleman, S. (1996). The Minnesota income tax compliance experiment: state tax results. http://www.revenue.state.mn.us/research_stats/research_reports/19xx/research_reports_content_complnce.pdf. Zugegriffen: 19. Mai 2017.

DeBacker, J., Heim, B. T., & Tran, A. (2015). Importing corruption culture from overseas: evidence from corporate tax evasion in the united states. *Journal of Financial Economics, 117*(1), 122–138.

Der Standard (2004). Berlusconi: „Es ist nicht unmoralisch, hohe Steuer zu hinterziehen.". http://derstandard.at/1573332/Berlusconi-Es-ist-nicht-unmoralisch-hohe-Steuer-zu-hinterziehen. Zugegriffen: 19. Mai 2017.

Doerrenberg, P., & Peichl, A. (2013). Progressive taxation and tax morale. *Public Choice, 155*(3), 293–316.

Gangl, K., Hofmann, E., & Kirchler, E. (2015). Tax authorities' interaction with taxpayers: a conception of compliance in social dilemmas by power and trust. *New Ideas in Psychology, 37*, 13–23.

Gangl, K., Torgler, B., & Kirchler, E. (2016). Patriotism's impact on cooperation with the state: an experimental study on tax compliance. *Political Psychology, 37*(6), 867–881.

Goldstein, N. J., Cialdini, R. B., & Griskevicius, V. (2008). A room with a viewpoint: using social norms to motivate environmental conservation in hotels. *Journal of Consumer Research, 35*(3), 472–482.

Grasmick, H. G., & Scott, W. J. (1982). Tax evasion and mechanisms of social control: a comparison with grand and petty theft. *Journal of Economic Psychology, 2*(3), 213–230.

Grasmick, H. G., Bursik, R. J., & Cochran, J. K. (1991). "Render unto Caesar what is Caesar's": religiosity and taxpayers' inclinations to cheat. *The Sociological Quarterly, 32*(2), 251–266.

Hallsworth, M. (2014). The use of field experiments to increase tax compliance. *Oxford Review of Economic Policy, 30*(4), 658–679.

Hallsworth, M., List, J. A., Metcalfe, R. D., & Vlaev, I. (2017). The behavioralist as tax collector: Using natural field experiments to enhance tax compliance. *Journal of Public Economics, 148*, 14–31.

Hammar, H., Jagers, S. C., & Nordblom, K. (2009). Perceived tax evasion and the importance of trust. *The Journal of Socio-Economics, 38*(2), 238–245.

Hartner, M., Rechberger, S., Kirchler, E., & Wenzel, M. (2011). Perceived distributive fairness of EU transfer payments, outcome favorability, identity, and EU-tax compliance. *Law & Policy, 33*(1), 60–81.

Hewstone, M., Rubin, M., & Willis, H. (2002). Intergroup bias. *Annual Review of Psychology, 53*(1), 575–604.

Hogg, M. A., & Reid, S. A. (2006). Social identity, self-categorization, and the communication of group norms. *Communication Theory, 16*(1), 7–30.

Jansen, B. J., Zhang, M., Sobel, K., & Chowdury, A. (2009). Twitter power: tweets as electronic word of mouth. *Journal of the American Society for Information Science and Technology, 60*(11), 2169–2188.

Keizer, K., Lindenberg, S., & Steg, L. (2008). The spreading of disorder. *Science, 322*, 1681–1685.

Kirchler, E. (2007). *The economic psychology of tax behaviour*. Cambridge: Cambridge University Press.

Kogler, C., Batrancea, L., Nichita, A., Pantya, J., Belianin, A., & Kirchler, E. (2013). Trust and power as determinants of tax compliance: testing the assumptions of the slippery slope framework in Austria, Hungary, Romania and russia. *Journal of Economic Psychology, 34*, 169–180.

Lapinski, M. K., & Rimal, R. N. (2005). An explication of social norms. *Communication Theory, 15*(2), 127–147.

Lau, T. C., Choe, K. L., & Tan, L. P. (2013). The moderating effect of religiosity in the relationship between money ethics and tax evasion. *Asian Social Science, 9*(11), 213–220.

Reno, R. R., Cialdini, R. B., & Kallgren, C. A. (1993). The transsituational influence of social norms. *Journal of Personality and Social Psychology, 64*(1), 104–112.

Ross, L., Greene, D., & House, P. (1977). The "false consensus effect": an egocentric bias in social perception and attribution processes. *Journal of Experimental Social Psychology, 13*(3), 279–301.

Schultz, P. W., Nolan, J. M., Cialdini, R. B., Goldstein, N. J., & Griskevicius, V. (2007). The constructive, destructive, and reconstructive power of social norms. *Psychological Science, 18*(5), 429–434.

Spicer, M. W., & Lundstedt, S. B. (1976). Understanding tax evasion. *Public Finance, 21*(2), 295–305.

Stok, F. M., de Ridder, D. T. D., de Vet, E., & de Wit, J. B. F. (2014). Don't tell me what I should do, but what others do: the influence of descriptive and injunctive peer norms on fruit consumption in adolescents. *British Journal of Health Psychology, 19*(1), 52–64.

Torgler, B. (2003). Does culture matter? Tax morale in an east-west-German comparison. *FinanzArchiv, 59*(4), 504–528.

Torgler, B. (2005). Tax morale in Latin America. *Public Choice, 122*(1–2), 133–157.

Torgler, B. (2006). The importance of faith: tax morale and religiosity. *Journal of Economic Behavior & Organization, 61*(1), 81–109.

Turner, J. C., Hogg, M. A., Oakes, P. J., Reicher, S. D., & Wetherell, M. S. (1987). *Rediscovering the social group: a self-categorization theory*. Cambridge: Basil Blackwell.

Tyran, J.-R., & Feld, L. P. (2006). Achieving compliance when legal sanctions are non-deterrent. *Scandinavian Journal of Economics, 108*(1), 135–156.

Welch, M. R., Xu, Y., Bjarnason, T., Petee, T., O'Donnell, P., & Magro, P. (2005). "But everybody does it...": The effects of perceptions, moral pressures, and informal sanctions on tax cheating. *Sociological Spectrum, 25*(1), 21–52.

Wenzel, M. (2004a). An analysis of norm processes in tax compliance. *Journal of Economic Psychology, 25*(2), 213–228.

Wenzel, M. (2004b). The social side of sanctions: personal and social norms as moderators of deterrence. *Law and Human Behavior, 28*(5), 547–567.

Wenzel, M. (2005a). Misperceptions of social norms about tax compliance: from theory to intervention. *Journal of Economic Psychology, 26*(6), 862–883.

Wenzel, M. (2005b). Motivation or rationalisation? Causal relations between ethics, norms and tax compliance. *Journal of Economic Psychology, 26*(4), 491–508.

Zeit Online (2016). US-Wahlkampf: Trump rechtfertigt seine Steuererklärungen. Zeit Online. http://www.zeit.de/politik/ausland/2016-10/donald-trump-us-wahlkampf-steuer-unternehmer. Zugegriffen: 19. Mai 2017.

Gerechtigkeit des Steuersystems

Stephan Mühlbacher

5.1 Verteilungsgerechtigkeit – 56

5.2 Gerechtigkeit von Entscheidungsprozessen – 58

5.3 Gerechtigkeit der Strafverfolgung – 64

Literatur – 66

© Springer-Verlag GmbH Deutschland 2018
S. Mühlbacher und M. Zieser, *Die Psychologie des Steuerzahlens*, Die Wirtschaftspsychologie
https://doi.org/10.1007/978-3-662-53846-3_5

> **Gerechtigkeit liegt im Auge des Betrachters**
> Wer schon einmal von einer Strafe wegen Falschparkens überrascht wurde, weil die Parkzonen kompliziert und schlecht beschildert waren, wird sich – neben der zu zahlenden Summe – auch über den Umstand geärgert haben, überhaupt bestraft zu werden. Schließlich erfolgte das Delikt aus Gründen, für die man selbst nichts kann. Bleibt ein Einspruch unerhört, fühlt man sich von den Behörden erst recht ungerecht behandelt und die Bestrafung wird als besonders unfair empfunden. Die (wahrgenommene) Ungerechtigkeit der Situation verärgert in so einer Situation wahrscheinlich stärker als die Geldstrafe an sich. Eine ähnliche Bedeutung hat die Gerechtigkeit des Steuersystems für die Zahlungsmoral von Steuerzahlern. Erwartet wird, dass Steuerlast und öffentliche Ressourcen gerecht verteilt werden. Die Entscheidungen von Autoritäten und Behörden sollen fair und transparent ablaufen und etwaige Strafen müssen gerecht ausfallen. Was aber als gerecht empfunden wird, liegt stark im subjektiven Empfinden. Zum Beispiel kann im Vergleich mit anderen Steuerzahlern oder mit früheren Erfahrungen ein und dieselbe Situation als fair oder unfair erscheinen. Die schwierige Aufgabe der Steuerbehörden besteht darin, das Gerechtigkeitsempfinden der Steuerzahler durch ihr Handeln, aber auch durch Information und Transparenz positiv zu beeinflussen und falsche Wahrnehmungen in der Bevölkerung zu korrigieren.

Die (fehlende) Gerechtigkeit des Steuersystems wird in Diskussionen am Stammtisch und in der Politik häufig als Argument für die herrschende Steuermoral verwendet. Viele scheinen sich vom System ungerecht behandelt zu fühlen. Darüber, was als fair gilt, dürften die Meinungen aber stark auseinandergehen. Wie zahlreiche empirische Untersuchungen zeigen, sind die Urteile zur Gerechtigkeit des Steuersystems eng mit den Einstellungen der Steuerzahler verbunden und wirken sich auch auf ihr Verhalten aus. Mit Gerechtigkeit ist ein Idealzustand ausgeglichener Interessen gemeint, in dem weder Einzelne noch Gruppen benachteiligt sind (Schmitt 2014). Da es in Sachen Gerechtigkeit keine objektive Wahrheit gibt, stützen sich Fairnessurteile auf subjektive Überzeugungen (Bierhoff 2014). In der Psychologie interessiert daher weniger, ob etwas als gerecht empfunden wird oder nicht, sondern eher, wie die Fairnessurteile zustande kommen und wie sich diese auf andere Variablen – etwa die Steuermoral – auswirken. Die empirische Forschung zeigt, dass die Wahrnehmungen der Gerechtigkeit die Einstellungen und das Verhalten verändern (Streicher et al. im Druck). Die Begriffe Fairness und Gerechtigkeit werden dabei meist synonym verwendet. Manche Autoren bezeichnen allerdings mit Gerechtigkeit die Einhaltung von Regeln oder Standards und mit Fairness die subjektive Beurteilung dessen, ob in einem konkreten Fall die Regeln überhaupt angewendet werden hätten sollen. Die rigide Einhaltung einer Vorschrift – zum Beispiel durch die Finanzbehörden – kann nach dieser Unterscheidung zwar gerecht sein, aber trotzdem als unfair empfunden werden (Goldman und Cropanzano 2015).

> Gerechtigkeit ist ein Idealzustand ausgeglichener Interessen, in dem weder Einzelne noch Gruppen benachteiligt sind. Da Gerechtigkeit keine objektive Wahrheit darstellen kann, stützen sich Fairnessurteile auf subjektive Überzeugungen.

Die Gerechtigkeit eines Steuersystems lässt sich in drei Themenbereiche unterteilen (Wenzel 2003): (i) Inwiefern die Verteilung von Vor- und Nachteilen des Systems als gerecht empfunden wird (*Verteilungsgerechtigkeit*), (ii) wie fair die Entscheidungsprozesse und die Interaktionen mit den Behörden erlebt werden (*prozedurale Gerechtigkeit*) und (iii) wie gerecht die implementierten Kontrollen und Strafen empfunden werden (*retributive Gerechtigkeit*). Außerdem lassen sich drei Ebenen unterscheiden, auf die sich Gerechtigkeitsurteile beziehen können:

◘ **Tab. 5.1** Drei Aspekte von Gerechtigkeit eines Steuersystems und Beispiele auf individueller, Gruppen- und gesellschaftlicher Ebene. (Adaptiert nach Wenzel 2003, Übers. d. Verf.)

		Betrachtungsebene	
	Individuum	Gruppe	Gesellschaft
Verteilungsgerechtigkeit			
Steuerlast	Eigene Steuerlast im Vergleich zu anderen Personen, anderen Zeiten, dem verbleibenden Einkommen	Steuerlast der Gruppe, zu der man sich zugehörig fühlt, im Vergleich zu anderen Gruppen, anderen Zeiten und dem verbleibenden Einkommen	Allgemeine Steuerbelastung, Verteilung der Steuerlast in der Gesellschaft, Progressionsgrad der Belastung
Steuerfinanzierte Vorteile	Eigene Vorteile im Vergleich zu anderen Personen, anderen Zeiten, der eigenen Steuerlast	Vorteile der Gruppe, zu der man sich zugehörig fühlt, im Vergleich zu anderen Gruppen, anderen Zeiten, der Steuerlast der Gruppe	Ausmaß der Ausgaben, Effizienz, Verteilung nach einer Reform
Vermeidungs-/Hinterziehungsmöglichkeiten	Eigene Möglichkeiten im Vergleich zu anderen Personen, anderen Zeiten	Möglichkeiten der Gruppe im Vergleich zu anderen	Ausmaß der Schlupflöcher, Verteilung der Möglichkeiten
Prozedurale Gerechtigkeit			
Interaktionen	Respekt vor dem Individuum, Konsistente Behandlung aller Individuen	Respekt vor der eigenen Gruppe, konsistente Behandlung aller Gruppen	Rechte der Steuerzahler, Servicestandards
Prozesse und Entscheidungen	Mitspracherechte, Kontrollmöglichkeiten, Rücksprache	Mitspracherechte, Kontrollmöglichkeiten, Rücksprache mit der eigenen Gruppe	Allgemeine Rücksichtnahme auf Bedürfnisse der Steuerzahler, demokratische Strukturen
Informationen und Erklärungen	Erklärungen und Rechtfertigungen von Entscheidungen, die den Einzelnen betreffen	Erklärungen und Rechtfertigungen von Entscheidungen, die die eigene Gruppe betreffen	Transparenz, Medienauftritte
Bürokratischer Aufwand	Effizienz, Service und Aufwand für eigene Person	Effizienz, Service und Aufwand für eigene Gruppe	Verwaltungsaufwand, Komplexität des Steuersystems
Retributive Gerechtigkeit			
Strafen	Angemessenheit einer Strafe im Vergleich zu anderen Delikten oder Personen	Angemessenheit einer Strafe für die eigene Gruppe im Vergleich zu anderen Delikten oder Personen	Strafausmaß, Vergleiche mit anderen Delikten, Art der Bestrafung
Kontrollen	Rigidität oder Rücksichtslosigkeit einer Prüfung	Rigidität oder Rücksichtslosigkeit von Prüfungen in der Gruppe, zu der man sich zugehörig fühlt	Rigidität oder Rücksichtslosigkeit von Prüfungen im Allgemeinen

Entweder wird (a) die eigene, individuelle Situation betrachtet oder (b) die eigene soziale Gruppe mit anderen verglichen oder (c) die Gerechtigkeit für die gesamte Gesellschaft beurteilt. In Tab. 5.1 sind für jede der drei Formen von Gerechtigkeit Beispiele angeführt, die sich auf verschiedene Aspekte des Steuerzahlens auf den verschiedenen Betrachtungsebenen (Individuum, Gruppe, Gesellschaft) beziehen. In den folgenden Abschnitten werden die drei Arten von Gerechtigkeit vorgestellt und zu jeder Form empirische Untersuchungen aus der Steuerforschung präsentiert.

5.1 Verteilungsgerechtigkeit

Unter *Verteilungsgerechtigkeit* oder *distributiver Gerechtigkeit* versteht man die faire Verteilung der vorhandenen Ressourcen. Diese können materieller (z. B. Geld) oder immaterieller Natur (z. B. Anerkennung, Arbeitsleistung) und positiv (z. B. Steuerbegünstigungen, Subventionen) oder negativ (z. B. Steuerlast) sein (Wenzel 2003). Eine Verteilung wird oft dann als gerecht empfunden, wenn sie bestimmten Normen folgt, wie beispielsweise dem Beitrags-, Gleichheits- oder Bedürfnisprinzip (Herkner 1996). Dem Gleichheitsprinzip entsprechend würden Ressourcen gleichmäßig auf alle verteilt werden, beim Bedürfnisprinzip würde nach individuellem Bedarf verteilt werden. Das Beitragsprinzip wird in der *Equity-Theorie* von Adams (1965) beschrieben. Nach dieser Theorie ist eine Verteilung gerecht, wenn das Verhältnis von eigenem Input (z. B. Arbeitsleistung, Steuerzahlung) und Output (z. B. Nettoeinkommen, steuerfinanzierte Leistungen) dem Input-Output-Verhältnis relevanter Bezugspersonen entspricht. Zum Beispiel wird es nach der Equity-Theorie als ungerecht empfunden, wenn bei gleicher Steuerlast andere Steuerzahler stärker aus den steuerfinanzierten Leistungen des Staates profitieren. Bei den drei Verteilungsregeln geht es letztlich darum, wer Anspruch auf bestimmte Ressourcen hat, wer die Vorteile erhalten soll und wer die Nachteile zu tragen hat (Wenzel 2003). Begünstigungen und Belastungen sollen die „Richtigen" treffen. Was aber als relevanter In- oder Output gilt und wie die Beiträge und Bedürfnisse gewichtet werden, liegt im Auge des Betrachters. Ein und dieselbe Ressourcenverteilung kann dem einen gerecht erscheinen, dem anderen aber höchst unfair.

> Unter Verteilungsgerechtigkeit oder distributiver Gerechtigkeit versteht man die faire Verteilung der vorhandenen Ressourcen.

Wie die Verteilungsgerechtigkeit eines Steuersystems beurteilt wird, hängt vor allem von der Höhe und der Verteilung der Steuerlast ab. Die Steuerbelastung wird allgemein als viel zu hoch empfunden (Seidl und Traub 2002). Zudem sind nicht wenige Steuerzahler der Meinung, dass sie im Vergleich zu anderen viel zu viel bezahlen (Dean et al. 1980). Dieses Gefühl, unfair behandelt zu werden, schlägt sich auch im Steuerverhalten nieder (Kinsey et al. 1991). Zwar wirkt sich auch die absolute Höhe der zu zahlenden Steuern auf die Zahlungsmoral aus (Kirchler et al. 2010), die relative Belastung – ob man mehr oder weniger zahlt als andere – scheint aber noch wichtiger zu sein (Moser et al. 1995). Die Verteilung der Steuerlast über verschiedene Einkommensklassen wird über die Staffelung der Steuersätze geregelt. Bei einer progressiven Steuer steigt die relative Belastung mit der Höhe des Einkommens, bei einer Einheitssteuer (*Flat Tax*) gilt für alle Einkommensklassen derselbe Steuersatz. Bei einer regressiven Besteuerung wäre dagegen der Steuersatz für höhere Einkommen niedriger als für geringe Einkommen. Häufig wird es als fair empfunden, wenn Vielverdiener stärker besteuert werden als Steuerzahler mit geringem Einkommen. Daher wird eine progressive Besteuerung in Umfragen meistens präferiert (Edlund 2003; Roberts et al. 1994; Vogel 1974). Insbesondere bei Steuerzahlern mit geringem Einkommen wirkt sich die Umverteilung durch solche progressiven Steuern positiv auf die Steuermoral aus (Doerrenberg und Peichl 2013). Bei der intuitiven Beurteilung der verschiedenen Besteuerungskonzepte wird aber oft nicht beachtet, dass auch bei einer Flat Tax – z. B. eine einheitliche Einkommenssteuer von 15 % für alle Einkommensklassen wie derzeit in der Ukraine oder der Tschechischen Republik geltend – Vielverdiener einen höheren absoluten Betrag an Steuern bezahlen als Geringverdiener. 15 % eines hohen Einkommens ergibt schließlich insgesamt auch eine höhere Steuerschuld als 15 % eines geringen Einkommens. Eine progressive Besteuerung würde diesen Umverteilungsmechanismus verstärken, eine regressive Steuer würde ihn abschwächen. Dass das Konzept einer progressiven Besteuerung oftmals nicht korrekt verstanden wird, zeigt eine raffinierte Studie an 460 Studierenden, die sich in einen Steuerkurs eingeschrieben hatten: 79 % der Befragten beurteilten progressive Steuern als fairer als ein Flat-Tax-System, wenn – wie in Meinungsumfragen üblich – völlig abstrakt danach gefragt wurde, ob progressive Steuerraten fairer sind als Einheitssteuern. Wenn aber für zwei hypothetische Steuerzahler mit unterschiedlichem Einkommen konkrete Zahlen für eine als fair empfundene Steuerzahlung angegeben werden sollten, so zeigten dieselben Studienteilnehmer ganz andere Präferenzen. Die Teilnehmern nannten dann Beträge, die zu 61 % einer Flat Tax und zu 27 % sogar einer regressiven Besteuerung entsprachen (Roberts et al. 1994).

Einen weiteren wichtigen Aspekt der distributiven Gerechtigkeit stellen die Verfügbarkeit und die Qualität der Leistungen und öffentlichen Güter dar, die aus Steuergeld finanziert werden. In einer Befragung von über 200 zufällig ausgewählten Wiener Haushalten wurde als häufigste Begründung für die Notwendigkeit von Steuern die Finanzierung des Sozialstaates, des Bildungs- und Gesundheitswesens, der Infrastruktur und des Verkehrs und ähnlicher Maßnahmen genannt (Kirchler 1997). Die Steuerzahler erwarten für Ihre Beiträge auch entsprechende Gegenleistungen des Staates. Dementsprechend ist die Bereitschaft zum Steuerzahlen auch größer, wenn eine aus den Steuereinnahmen finanzierte Gegenleistung erfolgt (Alm et al. 1992a, 1992b). Neben dem Abwiegen des rein persönlichen Vorteils, der aus den staatlichen Leistungen gezogen werden kann, fließen auch Vergleiche mit anderen Steuerzahlern in die Gerechtigkeitsurteile mit ein. Das Gefühl, ungleich behandelt zu werden, kann eine eigentlich günstige Situation plötzlich unvorteilhaft erscheinen lassen. Die niederländischen Psychologen Peter Verboon und Marius van Dijk (2007) geben dazu ein Beispiel: *„Situationen können vorteilhaft und günstig sein, ohne dabei fair zu sein. Ein Beispiel aus dem Kontext des Steuerzahlens soll diesen Unterschied illustrieren. Eine Steuerrückzahlung wegen einer Abschreibung einer Hypothek zu erhalten, stellt eigentlich eine vorteilhafte Situation dar. Trotzdem kann dies auch als unfair empfunden werden, wenn zum Beispiel bemerkt wird, dass der Nachbar eine noch größere Rückzahlung erhalten hat, weil er eine größeres Haus mit einer noch höheren Hypothek besitzt"* (S. 708, Übers. d. Verf.).

> Das Gefühl, ungleich behandelt zu werden, kann eine eigentlich günstige Situation plötzlich unvorteilhaft erscheinen lassen.

Um allen Aspekten der Verteilungsgerechtigkeit zu genügen, muss über staatliche Einnahmen und die Ausgaben für steuerfinanzierte Leistungen umfassend informiert werden. Zum Beispiel können in den Medien kommunizierte Informationen über die Verwendung von Steuergeldern Einfluss auf die Einstellungen der Steuerpflichtigen und die Wahrnehmung der Fairness des Systems haben (Holler et al. 2008; Roberts 1994). Wenn die Verteilung der Steuerlast und der steuerfinanzierten Güter als gerecht empfunden wird, steigt auch die Bereitschaft, den eigenen Anteil zu tragen (Kogler et al. 2015).

> Wenn die Verteilung der Steuerlast und der steuerfinanzierten Güter als gerecht empfunden wird, steigt auch die Bereitschaft, den eigenen Anteil zu tragen.

5.2 Gerechtigkeit von Entscheidungsprozessen

Als *prozedurale Gerechtigkeit* wird die Fairness von Entscheidungsprozessen bezeichnet (Bierhoff 2014; Lind und Tyler 1988; Streicher et al. im Druck). Die Steuerzahler sind nicht nur an den Ergebnissen der Entscheidungen von Autoritäten interessiert, sondern auch daran, ob diese fair zustande gekommen sind (Wenzel 2003). Nach dem Organisationspsychologen Gerald Leventhal (1980) wird die Gerechtigkeit eines Entscheidungsprozesses anhand von sieben Aspekten beurteilt: (i) Auswahl der Entscheidungsträger und Informationsgeber, (ii) Bestimmung und Kommunikation der Regeln, (iii) Einholung der relevanten Informationen, (iv) Ablauf des eigentlichen Entscheidungsprozesses und Anwendung der festgelegten Regeln, (v) Einspruchsmöglichkeiten, (vi) Vorsichtsmaßnahmen gegen Betrug und (vii) Möglichkeiten den Entscheidungsvorgang zu beeinflussen.

Für jeden dieser Bereiche des Entscheidungsprozesses wird nach Leventhal (1980) darauf geachtet, dass eine Reihe von Prinzipien eingehalten wird. Er beschreibt folgende sechs Richtlinien, damit ein Verfahren als gerecht erlebt wird: (i) Konsistenz, (ii) Unvoreingenommenheit, (iii) Genauigkeit bei der Einbeziehung von Informationen, (iv) Korrigierbarkeit im Falle von Fehlentscheidungen, (v) Repräsentativität der in der Entscheidung berücksichtigten Bedürfnisse, Werte und Perspektiven für alle betroffenen Parteien und (vi) Einhaltung von moralischen Standards.

Wie Leventhal betont, kann die subjektive Einschätzung, ob diese Prinzipien auch tatsächlich eingehalten sind, stark variieren. Was als gerecht erlebt wird, ist auch bei diesem Aspekt von Gerechtigkeit Ansichtssache. Tab. 5.2 zeigt eine Zusammenfassung der Leventhal-Prinzipien und ihrer Definitionen (Streicher et al. im Druck).

> Als prozedurale Gerechtigkeit wird die Fairness von Entscheidungsprozessen bezeichnet.

> Steuerzahler sind nicht nur an den Ergebnissen der Entscheidungen von Autoritäten interessiert, sondern auch daran, ob diese fair zustande gekommen sind.

Empirische Studien zeigen, dass sich die prozedurale Fairness von Entscheidungen der Politik oder der Steuerbehörden auf die Zahlungsmoral auswirkt (Hartner et al. 2008). Insbesondere hat diese Art der Gerechtigkeit eine positive Auswirkung auf das Vertrauen der Steuerzahler und macht eine freiwillige Kooperation mit den Behörden wahrscheinlicher (Kirchler 2007; Kogler et al. 2015). In diesem Zusammenhang kann man Folgendes feststellen: Wenn den Autoritäten vertraut wird, werden die Entscheidungsprozesse nicht mehr so kritisch beäugt. In einer Befragung niederländischer Steuerzahler wurde nur dann ein Zusammenhang zwischen prozeduraler Gerechtigkeit und Steuerehrlichkeit festgestellt, wenn das Vertrauen in die Steuerbehörden gering war. Bei hohem Vertrauen machte es nur wenig Unterschied für die

5.2 · Gerechtigkeit von Entscheidungsprozessen

Tab. 5.2 Bedingungen eines gerechten Entscheidungsprozesses nach Leventhal. (Aus Streicher et al. im Druck)

1. Personelle und zeitliche Konsistenz der Entscheidungsregeln	Regeln und Entscheidungsprozesse werden in gleicher Weise auf alle Personen und die gesamte Dauer angewendet
2. Unvoreingenommenheit der Entscheidungsträger	Die Entscheidung wird nicht durch persönliches Selbstinteresse oder Voreingenommenheit der Entscheidungsträger beeinflusst
3. Genauigkeit der Informationen	Korrekte und genaue Informationen werden gesammelt und bei der Entscheidungsfindung angemessen berücksichtigt
4. Korrigierbarkeit der Entscheidungen	Fehlerhafte oder unangemessene Entscheidungen können geändert werden
5. Repräsentativität aller Meinungen	Die Bedürfnisse und Meinungen aller von der Entscheidung betroffenen Parteien werden berücksichtigt
6. Einhaltung von moralischen Standards	Das Vorgehen entspricht fundamentalen moralischen und ethischen Werten

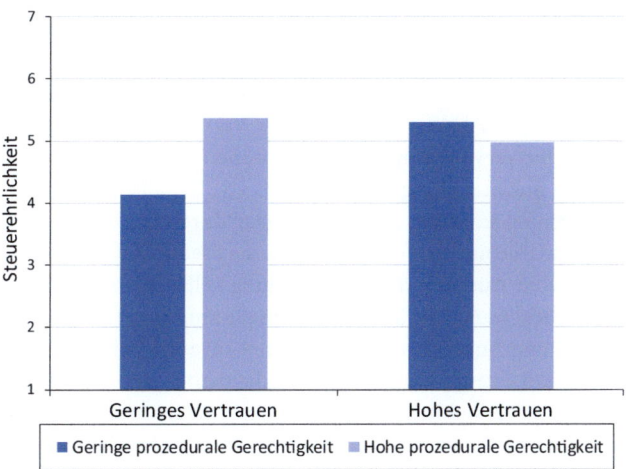

Abb. 5.1 Der Einfluss von Vertrauen in die Finanzbehörden und von prozeduraler Gerechtigkeit auf die Steuerehrlichkeit. Die Balken drücken die durchschnittliche Steuerehrlichkeit von 567 befragten Niederländern aus (*1* ganz sicher hinterziehen; *7* ganz sicher ehrlich Steuern zahlen). Die Teilnehmer wurden anhand des in der Umfrage erhobenen Vertrauens in die Behörden und ihrer Beurteilung der prozeduralen Gerechtigkeit in vier Gruppen geteilt. (Daten für die Darstellung aus van Dijke und Verboon 2010)

Steuerehrlichkeit der Befragten, ob die Entscheidungsprozesse als fair empfunden wurden oder nicht. Die Ergebnisse dieser Studie sind in Abb. 5.1 zusammengefasst. Das Vertrauen scheint wie eine „rosa Brille" zu wirken. Ob wirklich alles fair abläuft, wird bei hohem Vertrauen weniger streng geprüft (van Dijke und Verboon 2010).

Ein Entscheidungsprozess wird als gerecht empfunden, wenn man seine Meinung äußern und den Ausgang der Entscheidung mitbestimmen kann. Beispielsweise bestehen in einigen Schweizer Kantonen umfangreichere Mittel zur politischen Mitbestimmung als in den meisten Staaten mit klassischer repräsentativer Demokratie. Die hohe Steuermoral in der Schweiz wird häufig auch mit der dort stark ausgeprägten direkten Demokratie erklärt (Alm und Torgler 2006; Wahl et al. 2010). Empirische Studien in der Schweiz zeigen, dass die Steuerehrlichkeit in Kantonen mit stärkerer direkter Demokratie höher ist als in Kantonen mit Entscheidungsstrukturen einer repräsentativen Demokratie (Pommerehne und Weck-Hannemann 1996; Torgler 2003, 2005). Außerdem scheinen die Steuerbehörden in Kantonen mit mehr Mitspracherecht die Steuerzahler respektvoller zu behandeln und ihnen weniger Misstrauen entgegenzubringen. Interessanterweise werden Steuervergehen in jenen Kantonen, in denen die Behörden den Steuerzahlern höheres Vertrauen entgegenbringen, jedoch auch härter bestraft (Feld und Frey 2002). Der Effekt demokratischer Mitbestimmung auf die Steuermoral wurde auch in Laborexperimenten bestätigt (Alm et al. 1993, 1999; Feld und Tyran 2002; Wahl et al. 2010). In einem dieser Experimente verdienten die Teilnehmer über mehrere Versuchsdurchgänge hinweg Geld, das unter Androhung von Kontrollen und Strafen zu versteuern war. Die Teilnehmer durften per Mehrheitsvotum entscheiden, ob ihre Steuerzahlungen einer Hilfsorganisation für Studienfinanzierung, einer Gesundheitsorganisation für Studierende oder dem Rektorat der Universität gespendet werden sollen. In einer anderen Bedingung des Experiments wurde der Empfänger der Steuerzahlungen vom Versuchsleiter ohne Mitbestimmung durch die Teilnehmer ausgewählt. Die durch Steuerzahlungen erzielten Summen wurden im Anschluss tatsächlich an die ausgewählten Organisationen überwiesen. Die Ergebnisse des Experiments zeigen, die bedeutsam die Möglichkeit zur Mitbestimmung für die Kooperationsbereitschaft ist. Wenn die Teilnehmer über die Verwendung ihrer Steuerzahlungen abstimmen konnten, wurden auch die Steuern eher vollständig bezahlt. Außerdem war die Zahlungsmoral umso besser, je eindeutiger das Wahlergebnis für die drei Optionen ausgefallen ist, d. h. wenn das Ergebnis auch die Meinung der Gruppe repräsentierte (Alm et al. 1993). In einem ähnlichen Laborexperiment wurde ebenfalls der Einfluss des Mitbestimmungsrechts auf die Steuermoral untersucht (Wahl et al. 2010). In zwei Versuchsbedingungen konnten die „Steuerzahler" entweder per Abstimmung über die Verwendung der Steuergelder entscheiden, oder ihnen wurde der Verwendungszweck von außen vorgegeben. Es sollte etwa entschieden werden, ob aus den Steuerzahlungen der Einbau von Schallschutzfenstern gefördert werden soll oder ob zur Lärmbekämpfung der Straßenbelag durch teuren Flüsterasphalt ersetzt werden soll. In der Studie wurde außerdem variiert, ob die Steuerzahler im hypothetischen Szenario des Experiments vom Ausgang der Entscheidung selbst betroffen waren (weil sie beispielsweise in der Stadt leben, in der die Schallschutzmaßnahmen getroffen werden) oder ob der Ausgang auf sie selbst keine Auswirkungen hatte (weil sie zum Beispiel am Land leben, wo es ohnehin ruhig ist). Abb. 5.2 zeigt, wie die Steuerehrlichkeit in den vier Bedingungen des Experiments ausfiel. Waren die Teilnehmer von den steuerfinanzierten Projekten selbst betroffen, lagen die Steuerzahlungen höher, wenn über verschiedene Optionen abgestimmt werden durfte. Waren sie selbst aber von den anstehenden Maßnahmen nicht betroffen, machte es keinen Unterschied, ob durch Wahlen oder autoritär entschieden wurde. Im Anschluss an das Experiment bewerteten die Teilnehmer die prozedurale Gerechtigkeit der experimentellen Spielregeln und ihr Vertrauen in ein politisches System, das nach solchen Regeln funktioniert. Die prozedurale Gerechtigkeit wurde höher beurteilt, wenn die Möglichkeit zur Mitbestimmung gegeben war. Mit der prozeduralen Gerechtigkeit stieg auch das Vertrauen der Teilnehmer in das politische System und damit ihre Kooperationsbereitschaft.

Obwohl die Möglichkeit, an Entscheidungsprozessen zu partizipieren, die Bereitschaft fördert, zu kooperieren und die Steuerschuld voll zu entrichten, können sich Wahlen und vor allem die Wahlergebnisse auch negativ auswirken, wie ein Experiment von Alm, McClelland und Schulze zeigt (1999). Als in ihrer Studie die Mehrheit der Teilnehmer gegen die Einführung härterer Kontrollen und Sanktionen stimmte, sank die Steuerehrlichkeit im Experiment. Die Autoren interpretieren diese Beobachtung so, dass das Ergebnis der Abstimmung als Information über die soziale Norm in der Gruppe gewertet wurde. Wenn die Gruppe rigidere Kontrollen ablehnt, dann könnte das als Signal verstanden werden, dass Steuerhinterziehung

5.2 · Gerechtigkeit von Entscheidungsprozessen

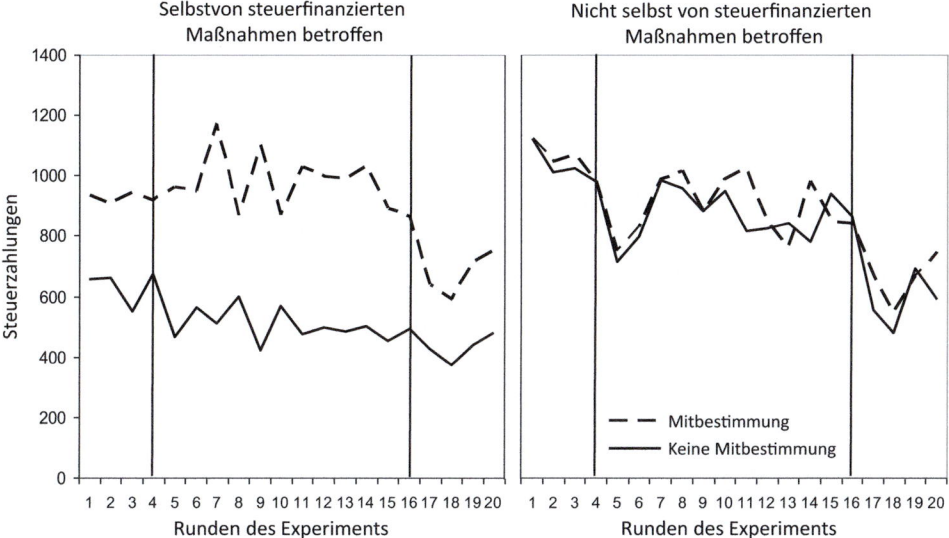

Abb. 5.2 Der Effekt von demokratischer Mitbestimmung und der Betroffenheit von der Verwendung der Steuereinnahmen auf die Steuerehrlichkeit. Die beiden Linien zeigen die durchschnittlichen Steuerzahlungen in einem Laborexperiment mit 119 Teilnehmern. Die *gestrichelte Linie* steht für die experimentelle Bedingung, in der die Teilnehmer über die Verwendung der Steuereinnahmen im Experiment abstimmen durften, die *durchgehende Linie* für eine Bedingung, in der vom Versuchsleiter über deren Verwendung entschieden wurde. Die *senkrechten Linien* kennzeichnen die Zeitpunkte von Steuerprüfungen im Experiment. Der *linke Teil* der Abbildung zeigt die Ergebnisse für eine Versuchsbedingung, in der die Teilnehmer von den steuerfinanzierten Maßnahmen selbst profitierten, im *rechten Teil* sind die Ergebnisse für eine weitere Bedingung, in der die Teilnehmer vom Ausgang der Entscheidung über die Verwendung der Steuereinahmen selbst nicht betroffen waren. (Aus Wahl et al. 2010, S. 150, Übers. d. Verf.)

sozial akzeptiert ist und gar keine echte Strafverfolgung erwünscht wird (siehe auch Kap. 4 zu sozialen Normen).

Ein weiterer Aspekt der prozeduralen Gerechtigkeit bezieht sich auf die Interaktionen zwischen Steuerzahlern und Behörden (Wenzel 2003). Faire Prozeduren in der Zusammenarbeit bewirken positive Einstellungen und Vertrauen gegenüber den Steuerbehörden und schlagen sich dadurch auch im Steuerverhalten nieder (Hartner et al. 2008; Kogler et al. 2015; Murphy 2003). Fühlt man sich von den Steuerbehörden ungerecht behandelt, so wird den Autoritäten ihre Legitimität abgesprochen und die Kooperation verweigert (Murphy 2005). Vor allem jenen Steuerzahlern, die sich stark mit der Gemeinschaft und ihren Mitbürgern identifizieren, ist es wichtig, von den Steuerbehörden fair und respektvoll behandelt zu werden (Wenzel 2002). Die Wahrnehmung prozeduraler Fairness hängt außerdem von der Einschätzung der Expertise der Behörden ab und davon, wie serviceorientiert die Finanzbeamten erlebt werden (Smith 1992).

Prozesse werden auch dann als ungerecht empfunden, wenn sie hohen bürokratischen und zeitlichen Aufwand – sogenannte *Compliance Costs* – verursachen (Wenzel 2003). In einer Befragung von Steuerzahlern, die gerade eine Steuerprüfung hinter sich hatten, war die Bewertung der Zeitdauer, bis alle Informationen eingeholt waren und eine Entscheidung getroffen wurde, eine wichtige Determinante der Zufriedenheit mit dem Prüfprozess (Stalans und Lind 1997). Ein nicht zu unterschätzender zeitlicher Aufwand entsteht bereits bei der Erstellung

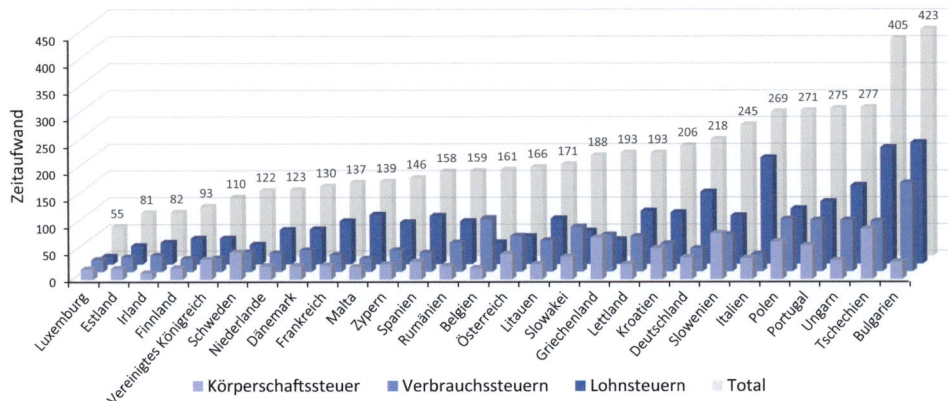

☐ **Abb. 5.3** Mit Steuern verbundener Zeitaufwand (in Stunden pro Jahr) von Unternehmen in den Ländern der EU28. Die Zahlen kennzeichnen den jährlichen Zeitaufwand in Stunden. (Adaptiert nach World Bank Group und PwC 2016, S. 128, Übers. d. Verf.)

der Steuererklärung und bei der ordnungsgemäßen Übermittlung der Zahlungen. Die Weltbankgruppe und das Steuerberatungsunternehmen PricewaterhouseCoopers befragen jährlich in 189 Ländern Steuerspezialisten von zumindest zwei steuerzahlenden Unternehmen. Dabei wird auch gefragt, wie viel Zeit die Unternehmen dafür aufwenden müssen, um ihre Steuer- und Sozialabgaben vorschriftsmäßig zu entrichten (World Bank Group und PwC 2016). Diese Zeitangaben (in Stunden pro Jahr) sind in Abb. 5.3 für die Mitgliedsländer der Europäischen Union dargestellt. Bei der Interpretation der Ergebnisse dieser Studie muss allerdings beachtet werden, dass für jedes Land lediglich zwei Steuerexperten befragt wurden. Außerdem gehörte jeweils einer der beiden Befragten dem Institut an, das die Studie in Auftrag gegeben hatte. Die Messungen könnten daher stark verzerrt sein. Dennoch erscheint der berichtete Zeitaufwand eindrucksvoll hoch.

Aus den Angaben in einer Befragung von US-amerikanischen Steuerzahlern wurde berechnet, wie sich der zeitliche Aufwand auf die verschiedenen Phasen der Vorbereitung einer Steuererklärung verteilt. In Tab. 5.3 sind die Ergebnisse dieser Berechnungen dargestellt. Der Großteil der Zeit wird für die Dokumentation steuerrelevanter Aktivitäten und für die Abgabe der Steuererklärung aufgewendet (Eichfelder und Vaillancourt 2014). Der bürokratische und zeitliche Aufwand bei der Erstellung der Steuererklärung steigt auch mit der Komplexität der Steuergesetzgebung. Die Anzahl der verschiedenen Steuerarten und die jeweils geltenden Steuerraten, die Abschreibungs- und Ausnahmeregelungen und die Frequenz, mit der sich die Regeln ändern, machen es kompliziert, der Steuerpflicht nachzukommen. Wenn die Gesetze nur schwierig zu verstehen sind und zum Verständnis der teure Rat von Experten eingeholt werden muss, sinkt die Bereitschaft, alles richtig zu machen und die Steuerschuld korrekt zu verrichten (Eichfelder und Vaillancourt 2014). In einer Systematik, bei der die Komplexität von Steuersystemen quantifiziert wird (Tran-Nam und Evans 2014), werden die in Tab. 5.4 gezeigten Bereiche und Indikatoren unterschieden. Demnach ist die Komplexität je nach Gesetzgebungspraxis, Formulierung der Gesetzestexte, Regeln und Praktiken der Verwaltung sowie je nach individueller Buchführung unterschiedlich hoch. Das Steuersystem lässt sich deshalb dadurch vereinfachen, dass die Gesetze sprachlich und das System strukturell ver-

5.2 · Gerechtigkeit von Entscheidungsprozessen

Tab. 5.3 Verteilung des Zeitaufwandes auf die verschiedenen Phasen bei der Erstellung einer Steuererklärung. (Daten aus Blumenthal und Slemrod 1992; zitiert nach Eichfelder und Vaillancourt 2014)

Aktivitäten	Selbstständige (in %)	Angestellte (in %)
Recherche	9	16
Dokumentationspflichten	64	53
Steuererklärung	13	18
Steuerberatung	5	5
Finanzielle Angelegenheiten arrangieren	10	9

Tab. 5.4 Bereiche und Indikatoren von Komplexität in der Steuergesetzgebung und Vorschläge, um diese zu reduzieren. (Aus Tran-Nam und Evans 2014, Übers. d. Verf.)

Vier Bereiche der Komplexität	Komplexität der Richtlinien (Policy Complexity): Wird vor allem durch das Verhalten der politischen Entscheidungsträger verursacht (evtl. mit anderen Intentionen, als Steuereinnahmen zu erzielen) Komplexität der Gesetzestexte (Statutory Complexity): Geht auf die Formulierung der Steuergesetze zurück Komplexität der Verwaltung (Administrative Complexity): Wird von den Bestimmungen und Praktiken der Verwaltungsbehörden bestimmt Komplexität der individuellen Steuerbuchhaltung (Compliance Complexity): Entsteht bei der Berechnung und Planung der Steuerabgaben durch die Steuerzahler
Indikatoren der Komplexität	Die Anzahl aller Steuern auf den verschiedenen Regierungsebenen eines Landes Die Länge des Gesetzestextes in Wörtern oder Seiten Lesbarkeit der Gesetzestexte Häufigkeit, mit der Steuerberater beauftragt werden Aufwand und Kosten für die Buchführung und die Verwaltungsvorgänge beim Abführen von Steuern Die Häufigkeit gerichtlicher Streitigkeiten in Steuerbelangen
Vorschläge um Komplexität zu reduzieren	Die Steuergesetze und das Steuersystem in struktureller und sprachlicher Hinsicht verbessern Die Steuergesetze und das Steuersystem inhaltlich und konzeptionell vereinfachen Die Belastung durch administrative Anforderungen verringern Den Aufwand und die Kosten der Steuergesetze und des Steuersystems reduzieren

einfacht werden, dass sich die administrativen Anforderungen verringern und der finanzielle und bürokratische Aufwand reduziert wird.

In Ländern wie beispielsweise Australien oder den USA wurde bereits versucht, die Gesetzgebung zu vereinfachen, wenn auch nur mit mäßigem Erfolg (Picciotto 2007). Kirchler (2007) zitiert einen Abgeordneten des amerikanischen Kongresses, der das Problem nach einer solchen Reform treffend beschreibt: *„In meiner Hand halte ich hier 1379 Seiten, die das Steuergesetz einfacher machen sollen"* (S. 8, Übers. d. Verf.). Auch nach solchen Reformen bleiben die Gesetze für einen Großteil der Steuerzahler noch unverständlich. Selbst Experten wie Steuerberater können sich nur auf einen bestimmten Bereich spezialisieren und haben wohl längst keinen Überblick mehr über das System als Ganzes (Kirchler 2007). Eine interessante Idee wäre, die steigende Komplexität der Gesetzgebung zu reduzieren, indem die spezifischen

Regeln mit Prinzipien kombiniert werden. In diesen Grundprinzipien soll der Sinn der Gesetze dargelegt werden, um eine absichtlich oder unabsichtlich falsche Interpretation auszuschließen (Braithwaite 2002, 2005).

5.3 Gerechtigkeit der Strafverfolgung

Die *retributive Gerechtigkeit* bezieht sich auf die behördlichen Kontrollen und die Bestrafung von Vergehen. Die Verhältnismäßigkeit ist dabei ein wichtiges Prinzip, Vergehen und Strafe müssen in einem fairen Verhältnis zueinander stehen (Schmitt 2014). Dieses Verhältnis kann aus zwei sehr unterschiedlichen Perspektiven betrachtet werden: Aus jener der ehrlichen Steuerzahler, die es als unfair empfinden würden, wenn die schwarzen Schafe in der Gesellschaft ungeschoren davonkommen, und aus jener der Steuerhinterzieher selbst, die ihre Bestrafung möglicherweise für überzogen und unfair halten (Wenzel 2003). Der Gesetzgebung kommt die schwierige Aufgabe zu, beide Perspektiven zugleich bei der Festlegung der Art und Höhe der Bestrafung zu berücksichtigen. Die Strafen müssen einerseits hart genug sein, um die erwünschte Abschreckungswirkung zu erzielen, andererseits sollen sie nicht so hoch sein, dass sie als ungerecht empfunden werden (Muehlbacher et al. 2007; Wenzel und Thielmann 2006). Unangemessene und als drakonisch empfundene Strafen haben negative Einstellungen gegenüber den Behörden zur Folge (Strümpel 1969) und können zum Ausreizen legaler Schlupflöcher der Gesetzgebung – also zur Steuerumgehung – anspornen (Fjeldstad und Semboja 2001; Schwartz und Orleans 1967).

Welche Strafform und welches Strafausmaß als gerecht empfunden werden, dürfte je nach Perspektive und Einstellung stark divergieren. In den verschiedenen Ansichten spiegelt sich aber wider, dass Steuerhinterziehung von vielen als Kavaliersdelikt gesehen wird (Song und Yarbrough 1978). Bei einer Umfrage unter fast 2000 schwedischen Steuerzahlern (Vogel 1974) wurde von den Befragten als Bestrafung von Steuerhinterziehung eine Geldstrafe in ähnlicher Höhe vorgeschlagen wie für Ladendiebstahl oder für Einbruch (damals 200 Dollar). Die Zustimmung zu einer Freiheitsstrafe wegen Steuerhinterziehung lag bei 12 %, wegen Ladendiebstahls aber bei 21 % und wegen Einbruchs sogar bei 43 %. Steuerhinterziehung als scheinbar „opferlose" Straftat hätten die Umfrageteilnehmer milder bestraft als Vergehen am Eigentum von Mitbürgern. Außerdem dürfte bei der Bestrafung von Hinterziehung die Devise „Aug' um Aug', Zahn um Zahn" gelten. Es wird als fairer empfunden, wenn Finanzdelikte mit finanziellen Strafen und nicht mit Freiheitsstrafen sanktioniert werden. Entsprechend beurteilten in einer österreichischen Studie 86 % der Teilnehmer eine Geldstrafe wegen Einkommenssteuerhinterziehung als gerecht, aber nur 5 % meinten, eine Verurteilung zu einer Freiheitsstrafe sei fair. Abb. 5.4 zeigt die Ergebnisse, wenn es darum geht, die Gerechtigkeit von Geld- und Freiheitsstrafen zu beurteilen, im Detail (Kirchler und Muehlbacher 2008). Zu beachten ist, dass die Urteile wahrscheinlich auch vom Hinterziehungsbetrag abhängen und bei besonders schweren Fällen vermutlich auch Freiheitsstrafen eher akzeptiert werden.

Um die Motive für die Zustimmung zu den verschiedenen Bestrafungsformen zu verstehen, müssen zwei unter Laien gängige Vorstellungen unterschieden werden, wie Gerechtigkeit nach einer Regelverletzung wiederhergestellt werden kann. Einerseits soll gestraft werden, weil der Bestrafte es „einfach verdient" hat und um durch die Strafe eine Wiederherstellung der moralischen Balance zu schaffen. Bei dieser Vorstellung einer ausgleichenden Gerechtigkeit wird die traditionelle Bestrafung durch Geld- oder Freiheitsstrafen bevorzugt. Bei einem anderen Bestrafungsmotiv bemüht man sich eher darum, die durch die Tat verletzten gesellschaftli-

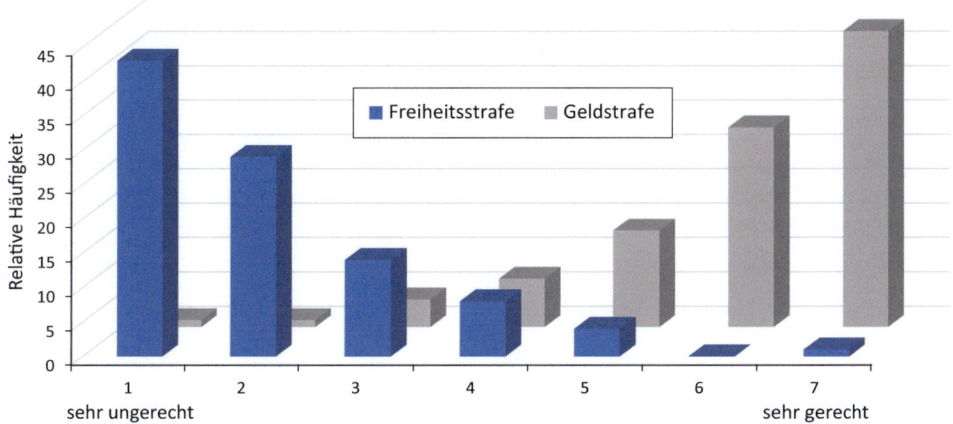

Abb. 5.4 Beurteilung der Gerechtigkeit einer Geld- und Freiheitsstrafe bei Hinterziehung von 10.000 € Einkommenssteuer. Die Balken zeigen die relativen Häufigkeiten der Antworten von 72 österreichischen Steuerzahlern auf einer Skala von *1* (sehr ungerecht) bis *7* (sehr gerecht). Der Abbildung liegen Daten aus der Untersuchung von Kirchler und Muehlbacher (2008) zugrunde

chen Werte wiederherzustellen. Bei dieser Vorstellung einer *restorativen Gerechtigkeit* wird angestrebt, den Täter durch alternative Strafformen wie gemeinnütziger Arbeit oder der verpflichtenden Teilnahme an Wertekursen wieder in die Gemeinschaft zu integrieren (Wenzel et al. 2008; Wenzel und Thielmann 2006).

Ein anderer Aspekt retributiver Gerechtigkeit betrifft die Möglichkeit, in einigen Ländern durch Steueramnestien oder durch Selbstanzeige Strafbefreiung zu erreichen. In Österreich kann man beispielsweise durch rechtzeitige Selbstanzeige einer Strafverfolgung entgehen. Von 144 befragten Österreichern empfanden immerhin 57 % diese Möglichkeit als gerecht. Allerdings korrelierten die Urteile zur Gerechtigkeit von Selbstanzeigen mit der Haltung, Steuerhinterziehung und -umgehung als Spiel mit den Behörden zu sehen. Dementsprechend waren auch 45 % der Befragten der Überzeugung, dass nach einer Selbstanzeige das Verhalten nicht geändert wird und weiterhin Steuern hinterzogen werden (Kirchler und Muehlbacher 2008). Auch Steueramnestien – also die Begnadigung aller Steuersünder und Möglichkeit zur straffreien Nachzahlung aller offenen Steuerschulden – mögen zwar kurzfristig gut für die Staatskassen sein, langfristig lassen sie die ehrlichen Steuerzahler aber möglicherweise an der retributiven Gerechtigkeit des Systems zweifeln. Diejenigen, die bisher brav bezahlt haben, könnten sich durch die sanfte Behandlung von Hinterziehern hintergangen fühlen (Hasseldine 1998). Die Langzeiteffekte wiederholter Steueramnestien sind wenig untersucht, es werden aber negative Folgen für die Steuermoral und somit auch für die Staatskassen befürchtet (Andreoni et al. 1998). Wenn eine Amnestie jedoch nicht von der Regierung allein, sondern durch ein demokratisches Votum entschieden wird, kann sich die Steuermoral einer Gemeinschaft durch eine öffentliche Diskussion, die mit der Abstimmung einhergeht, durchaus auch bessern (Torgler und Schaltegger 2005).

Die Beurteilung der retributiven Gerechtigkeit wirkt sich auch auf die wahrgenommene Macht der Finanzbehörden und auf das Vertrauen in diese aus (Kogler et al. 2015). Wenn die Bestrafung – sei es die eigene oder die von anderen – als gerecht erlebt wird, kann sie auch als Schutz davor verstanden werden, dass Einzelne das System zum Schaden aller ausnutzen.

Zusammenfassung

Die Wirkung der wahrgenommenen Gerechtigkeit auf die Steuermoral wurde in zahlreichen empirischen Studien belegt. Ob die Verteilung der Steuerlast und der staatlichen Leistungen als gerecht erlebt wird, ob die Interaktionen mit den Behörden und ihre Entscheidungsverfahren als fair empfunden werden und ob das Bestrafungssystem gerecht ist, wirkt sich auf die Einstellungen und das Verhalten der Steuerzahler aus. Dabei sind die individuellen Wahrnehmungen und Einstellungen für die Gerechtigkeitsurteile von größerer Bedeutung als die tatsächlichen Umstände. Durch Transparenz, durch gezielte Informationen und durch Aufklärung können Fehlinformationen korrigiert, das Vertrauen der Steuerzahler zurückgewonnen und die wahrgenommene Gerechtigkeit positiv beeinflusst werden.

Literatur

Adams, J. (1965). Inequity in social exchange. In L. Berkowitz (Hrsg.), *Advances in experimental social psychology* (Bd. 2, S. 267–299). New York: Academic Press.
Alm, J., & Torgler, B. (2006). Culture differences and tax morale in the United States and in Europe. *Journal of Economic Psychology*, *27*(2), 224–246.
Alm, J., Jackson, B., & McKee, M. (1992a). Deterrence and beyond: toward a kinder, gentler IRS. In J. Slemrod (Hrsg.), *Why people pay taxes* (S. 311–329). Ann Arbor: University of Michigan Press.
Alm, J., McClelland, G. H., & Schulze, W. D. (1992b). Why do people pay taxes? *Journal of Public Economics*, *48*(1), 21–38.
Alm, J., Jackson, B., & McKee, M. (1993). Fiscal exchange, collective decision institutions, and tax compliance. *Journal of Economic Behavior and Organization*, *22*(3), 285–303.
Alm, J., McClelland, G. H., & Schulze, W. D. (1999). Changing the social norm of tax compliance by voting. *Kyklos*, *52*(2), 141–171.
Andreoni, J., Erard, B., & Feinstein, J. (1998). Tax compliance. *Journal of Economic Literature*, *36*(2), 818–860.
Bierhoff, H.-W. (2014). Fairness. In M. A. Wirtz (Hrsg.), *Dorsch – Lexikon der Psychologie* (17. Aufl. S. 549–550). Bern: Huber.
Braithwaite, J. B. (2002). Rules and principles: a theory of legal certainty. *Australian Journal of Legal Philosophy*, *27*, 47–82.
Braithwaite, J. B. (2005). *Markets in vice, markets in virtue*. New York: Oxford University Press.
Dean, P., Keenan, T., & Kenney, F. (1980). Taxpayers' attitudes to income tax evasion: an empirical study. *British Tax Review*, *25*(1), 28–44.
van Dijke, M., & Verboon, P. (2010). Trust in authorities as a boundary condition to procedural fairness effects on tax compliance. *Journal of Economic Psychology*, *31*(1), 80–91.
Doerrenberg, P., & Peichl, A. (2013). Progressive taxation and tax morale. *Public Choice*, *155*(3–4), 293–316.
Edlund, J. (2003). Attitudes towards taxation: ignorant and incoherent? *Scandinavian Political Studies*, *26*(2), 145–167.
Eichfelder, S., & Vaillancourt, F. (2014). Tax compliance costs: a review of cost burdens and cost structures (arqus working paper no. 178). http://www.arqus.info/mobile/paper/arqus_178.pdf. Zugegriffen: 19. Mai 2017.
Feld, L. P., & Frey, B. S. (2002). Trust breeds trust: how taxpayers are treated. *Economics of Governance*, *3*(2), 87–99.
Feld, L. P., & Tyran, J. R. (2002). Tax evasion and voting: an experimental analysis. *Kyklos*, *55*(2), 197–221.
Fjeldstad, O. H., & Semboja, J. (2001). Why people pay taxes. The case of the development levy in Tanzania. *World Development*, *29*(12), 2059–2074.
Goldman, B., & Cropanzano, R. (2015). "Justice" and "fairness" are not the same thing. *Journal of Organizational Behavior*, *36*(2), 313–318.
Hartner, M., Rechberger, S., Kirchler, E., & Schabmann, A. (2008). Procedural fairness and tax compliance. *Economic Analysis and Policy*, *38*(1), 137–152.
Hasseldine, J. (1998). Tax amnesties: an international review. *Bulletin for International Fiscal Documentation*, *52*(7), 303–310.
Herkner, W. (1996). *Lehrbuch Sozialpsychologie* (5. Aufl.). Bern: Huber.
Holler, M., Hoelzl, E., Kirchler, E., Leder, S., & Mannetti, L. (2008). Framing of information on the use of public finances, regulatory fit of recipients and tax compliance. *Journal of Economic Psychology*, *29*(4), 597–611.

Kinsey, K. A., Grasmick, H. G., & Smith, K. W. (1991). Framing justice: taxpayer evaluations of personal tax burdens. *Law and Society Review, 25*(4), 845–873.

Kirchler, E. (1997). The burden of new taxes: acceptance of taxes as a function of affectedness and egoistic versus altruistic orientation. *Journal of Socio-Economics, 26*(4), 421–437.

Kirchler, E. (2007). *The economic psychology of tax behaviour*. Cambridge: Cambridge University Press.

Kirchler, E., & Muehlbacher, S. (2008). Kontrollen und Sanktionen im Steuerstrafrecht aus der Sicht der Rechtspsychologie. In R. Leitner (Hrsg.), *Finanzstrafrecht 2007* (S. 9–33). Wien: Linde.

Kirchler, E., Muehlbacher, S., Kastlunger, B., & Wahl, I. (2010). Why pay taxes? A review of tax compliance decisions. In J. Alm, J. Martinez-Vazquez & B. Torgler (Hrsg.), *Developing alternative frameworks for explaining tax compliance* (S. 15–31). Abingdon: Routledge.

Kogler, C., Muehlbacher, S., & Kirchler, E. (2015). Testing the "slippery slope framework" among self-employed taxpayers. *Economics of Governance, 16*(2), 125–142.

Leventhal, G. S. (1980). What should be done with equity theory? New approaches to the study of justice in social relationships. *Social Exchange: Advances in Experimental and Social Psychology, 9*, 91–113.

Lind, E. A., & Tyler, T. R. (1988). *The social psychology of procedural justice*. New York: Springer.

Moser, D. V., Evans, J. H., & Kim, C. K. (1995). The effects of horizontal and exchange inequity on tax reporting decisions. *The Accounting Review, 70*(4), 619–634.

Muehlbacher, S., Hölzl, E., & Kirchler, E. (2007). Steuerhinterziehung und die Berücksichtigung des Einkommens in der Strafbemessung. *Wirtschaftspsychologie, 9*(4), 116–121.

Murphy, K. (2003). Procedural justice and tax compliance. *Australian Journal of Social Issues, 38*(3), 379–407.

Murphy, K. (2005). Regulating more effectively: the relationship between procedural justice, legitimacy, and tax non-compliance. *Journal of Law and Society, 32*(4), 562–589.

Picciotto, S. (2007). Constructing compliance: game playing, tax law, and the regulatory state. *Law & Policy, 29*(1), 11–30.

Pommerehne, W. W., & Weck-Hannemann, H. (1996). Tax rates, tax administration and income tax evasion in Switzerland. *Public Choice, 88*(1–2), 161–170.

Roberts, M. L. (1994). An experimental approach to changing taxpayers' attitudes towards fairness and compliance via television. *The Journal of the American Taxation Association, 16*(1), 67.

Roberts, M. L., Hite, P. A., & Bradley, C. F. (1994). Understanding attitudes toward progressive taxation. *Public Opinion Quarterly, 58*(2), 165–190.

Schmitt, M. (2014). Gerechtigkeit, Gerechtigkeitsprinzip. In M. A. Wirtz (Hrsg.), *Dorsch – Lexikon der Psychologie* (17. Aufl. S. 651–652). Bern: Huber.

Schwartz, R. D., & Orleans, S. (1967). On legal sanctions. *The University of Chicago Law Review, 34*(2), 274.

Seidl, C., & Traub, S. (2002). Die Akzeptanz des deutschen Steuersystems: Eine demoskopische Untersuchung. In E. Theurl & E. Thöni (Hrsg.), *Zukunftsperspektiven der Finanzierung öffentlicher Aufgaben* (S. 7–27). Wien: Böhlau.

Smith, K. W. (1992). Reciprocity and fairness: positive incentives for tax compliance. In J. Slemrod (Hrsg.), *Why people pay taxes* (S. 223–250). Ann Arbor: University of Michigan Press.

Song, Y., & Yarbrough, T. E. (1978). Tax ethics and taxpayer attitudes: a survey. *Public Administration Review, 38*(5), 442–452.

Stalans, L., & Lind, E. A. (1997). The meaning of procedural fairness: a comparison of taxpayers and representatives views of their procedural fairness. *Social Justice Research, 10*(3), 311–331.

Streicher, B., Frey, D., & Öttl, M. (2017). Gerechtigkeit. In H.-W. Bierhoff & D. Frey (Hrsg.), *Enzyklopädie der Psychologie. Sozialpsychologie – Kommunikation, Interaktion und Soziale Gruppenprozesse*. Göttingen: Hogrefe.

Strümpel, B. (1969). The contribution of survey research to public finance. In A. T. Peacock (Hrsg.), *Quantitative Analysis in Public Finance* (S. 14–32). New York: Praeger.

Torgler, B. (2003). Tax morale and institutions (CREMA working paper No. 2003 – 09). http://www.crema-research.ch/papers/2003-09.pdf. Zugegriffen: 19. Mai 2017.

Torgler, B. (2005). Tax morale and direct democracy. *European Journal of Political Economy, 21*(2), 525–531.

Torgler, B., & Schaltegger, C. A. (2005). Tax amnesties and political participation. *Public Finance Review, 33*(3), 403–431.

Tran-Nam, B., & Evans, C. (2014). Towards the development of a tax system complexity index. *Fiscal Studies, 35*(3), 341–370.

Verboon, P., & van Dijke, M. (2007). A self-interest analysis of justice and tax compliance: How distributive justice moderates the effect of outcome favorability. *Journal of Economic Psychology, 28*(6), 704–727.

Vogel, J. (1974). Taxation and public opinion in Sweden: an interpretation of recent survey data. *National Tax Journal, 27*(4), 499–513.

Wahl, I., Muehlbacher, S., & Kirchler, E. (2010). The impact of voting on tax payments. *Kyklos, 63*(1), 144–158.

Wenzel, M. (2002). The impact of outcome orientation and justice concerns on tax compliance: the role of taxpayers' identity. *Journal of Applied Psychology, 87*(4), 629–645.

Wenzel, M. (2003). Tax compliance and the psychology of justice: mapping the field. In V. Braithwaite (Hrsg.), *Taxing democracy* (S. 41–69). Aldershot: Ashgate.

Wenzel, M., & Thielmann, I. (2006). Why we punish in the name of justice: Just desert versus value restoration and the role of social identity. *Social Justice Research, 19*(4), 450–470.

Wenzel, M., Okimoto, T. G., Feather, N. T., & Platow, M. J. (2008). Retributive and restorative justice. *Law and Human Behavior, 32*(5), 375–389.

World Bank Group, & PwC (2016). Paying taxes 2016. http://www.pwc.com/gx/en/paying-taxes-2016/paying-taxes-2016.pdf. Zugegriffen: 19. Mai 2017.

Theoretische Ansätze zur Erklärung des Steuerverhaltens

Stephan Mühlbacher

6.1 Das ökonomische Modell – 70

6.2 Steuerhinterziehung als soziales Dilemma – 82

6.3 Responsive Regulation – 85

6.4 Slippery Slope Framework – 89

Literatur – 95

» Nichts ist so praktisch wie eine gute Theorie (Kurt Lewin, 1890–1947).

In den verschiedenen wissenschaftlichen Disziplinen, die sich mit dem Steuerzahlverhalten beschäftigen, werden unterschiedliche Einflussgrößen diskutiert. Ökonomen betonen meist die Bedeutung der Wahrscheinlichkeit einer Steuerprüfung und der Strafhöhe. In der Psychologie wird hingegen eher auf „subtilere" Einflussfaktoren der Steuermoral hingewiesen, wie die in Kap. 4 behandelten sozialen Normen oder die in Kap. 5 diskutierten Arten von Gerechtigkeit. Die verschiedenen Theorien und Modelle zur Erklärung des Steuerzahlens betrachten das Phänomen daher aus unterschiedlichen Blickwinkeln und ergeben in der Zusammenschau ein umfassendes und differenziertes Bild. Aus ihnen können vielseitige Handlungsempfehlungen für die Praxis der Regulationsbehörden abgeleitet werden. Im Folgenden werden die vier wichtigsten theoretischen Ansätze zur Erklärung des Steuerzahlverhaltens vorgestellt und empirische Belege für die darin getroffenen Annahmen erörtert.

6.1 Das ökonomische Modell

Das wohl wichtigste und am häufigsten zitierte Modell zur Steuerhinterziehung wurde von den Wirtschaftswissenschaftlern Allingham und Sandmo (1972) und beinahe zeitgleich von Srinivasan (1973) publiziert. Yitzhaki (1974) nahm noch eine Anpassung der im Modell getroffenen Annahmen vor. Die Autoren definieren (Einkommens-)Steuerhinterziehung als Entscheidung unter Risiko. In der Entscheidungstheorie wird als riskante Entscheidung eine Situation verstanden, in der unter verschiedenen Optionen eine auszuwählen ist, die mit einer bestimmten – dem Entscheider bekannten – Wahrscheinlichkeit zu einer bestimmten – dem Entscheider bekannten – Konsequenz führt (Knight 1921). Beim Erstellen ihrer Steuererklärung stehen die Steuerzahler vor der Entscheidung, steuerpflichtiges Einkommen entweder vollständig zu deklarieren oder Steuern zu hinterziehen. Sie können entweder die sichere Option wählen, nämlich ehrlich zu deklarieren und den gesetzlich festgelegten Steuersatz abzuführen, oder sich für die riskante Option entscheiden und Steuern hinterziehen. Wird die Steuererklärung von den Finanzbehörden nicht überprüft, so bleibt bei Hinterziehung mehr vom Einkommen übrig als bei ehrlicher Deklaration. Mit einer bestimmten Wahrscheinlichkeit werden die Angaben aber kontrolliert und die Hinterziehung entdeckt. Dann ist zum fehlenden Steuerbetrag zusätzlich noch eine Strafe zu bezahlen, und es bleibt letztlich weniger vom Einkommen als bei ehrlicher Erklärung. Welche Option gewählt wird, hängt davon ab, wie viel Risiko die Steuerzahler einzugehen bereit sind. Die Risikobereitschaft wird im ökonomischen Modell neben der Höhe des Einkommens und dem Steuersatz durch die Wahrscheinlichkeit einer Steuerprüfung und die Höhe der angedrohten Strafe beeinflusst (für eine schematische Übersicht des ökonomischen Modells siehe Abb. 6.1).

> Steuerzahler stehen bei ihrer Steuererklärung vor der Entscheidung, steuerpflichtiges Einkommen entweder vollständig zu deklarieren (sichere Option) oder Steuern zu hinterziehen (riskante Option).

Nach diesem Modell sollte Steuerhinterziehung besonders dann häufig auftreten, wenn selten (oder ineffizient) geprüft wird oder wenn die Strafen gering sind. In Bezug auf den Einfluss von Einkommen und Steuerrate bleiben die Vorhersagen des Modells aber vage: Wenn die Annahme der ökonomischen Theorie stimmt, dass mit steigendem Einkommen die Risikobereitschaft zunimmt, dann sollte bei höherem Einkommen auch eher hinterzogen werden als

6.1 · Das ökonomische Modell

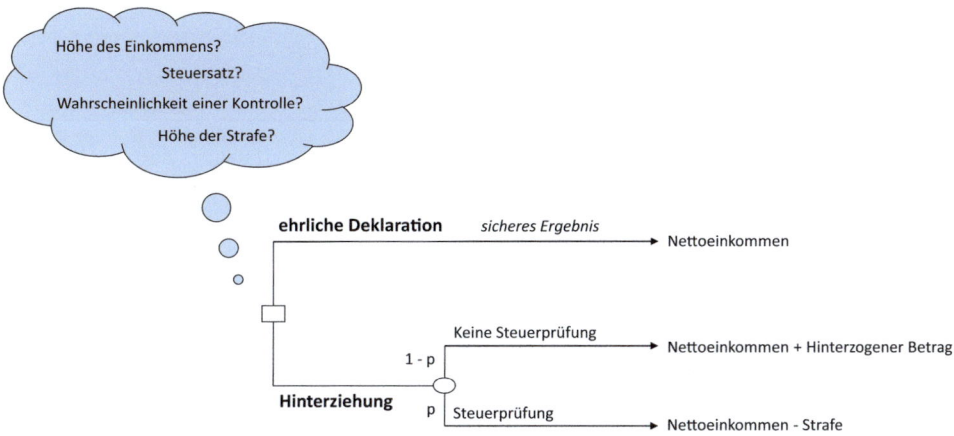

Abb. 6.1 Das ökonomische Modell der Einkommenssteuerhinterziehung. Die Wahrscheinlichkeit einer Steuerprüfung wird durch p gekennzeichnet. (Eigene Darstellung der Parameter des Modells von Allingham und Sandmo 1972)

bei geringem. Ob das Ausmaß der Hinterziehung – also wie viel der Steuerschuld hinterzogen wird – mit dem Einkommen steigt oder fällt, ist aus der Theorie aber nicht eindeutig abzuleiten. Ähnliche Unklarheiten bestehen auch für den Einfluss der Höhe der Steuerrate auf die Steuerehrlichkeit. Hohe Steuern reduzieren einerseits das Nettoeinkommen, und bei niedrigem Einkommen sollte nach der ökonomischen Theorie auch die Bereitschaft sinken, Risiken einzugehen. Andererseits wird es durch hohe Steuerraten auch attraktiver, Steuern zu hinterziehen, da dann auch der durch Hinterziehung erzielbare Mehrgewinn höher ist. Ob bei hohen oder bei niedrigen Steuerraten mehr hinterzogen wird, lässt sich aus der ursprünglichen Version der Theorie von Allingham und Sandmo (1972) nicht ableiten. In der Weiterentwicklung des Modells durch Yitzhaki (1974) wurde aber – wie es in vielen Ländern üblich ist – die Höhe der Strafe an den hinterzogenen Steuerbetrag gekoppelt (im ursprünglichen Modell hängt die Strafe von der Höhe des nicht deklarierten Einkommens ab). Basiert die Strafe auf dem hinterzogenen Steuerbetrag, sollte bei höheren Steuersätzen – zumindest laut Yitzhakis Theorie – weniger hinterzogen werden als bei niedrigen.

Nachdem das ökonomische Modell veröffentlicht worden war, wurde es auf vielerlei Weise empirisch überprüft. Der Einfluss von Einkommen, Steuerrate, Wahrscheinlichkeit einer Steuerprüfung und Strafhöhe auf die Steuerehrlichkeit wurde mit sehr unterschiedlichen Methoden untersucht. Sofern verfügbar, wurden dafür die offiziellen Daten des Verhaltens von Steuerzahlern analysiert. Solche Daten liegen aber oft nur in aggregierter Form vor. Außerdem wurden zahlreiche Feld- und Laborexperimente sowie Umfragen unter Steuerzahlern durchgeführt. Tab. 6.1 zeigt eine Zusammenfassung der Untersuchungsergebnisse, die mit den verschiedenen Methoden gefunden wurden. Nur für die Wahrscheinlichkeit einer Steuerprüfung wurde ein eindeutiger Effekt auf das Verhalten beobachtet, die empirischen Befunde zur Strafhöhe, zur Einkommenshöhe und zum Steuersatz sind viel weniger eindeutig (Kirchler et al. 2010). Im Folgenden werden Studien zu den vier Parametern des ökonomischen Modells vorgestellt und ihre Ergebnisse diskutiert.

Tab. 6.1 Häufigkeiten der beobachteten Effekte der vier Parameter des ökonomischen Modells auf die Steuerehrlichkeit

Einkommenshöhe				Steuersatz			
Methode	negativer Effekt	kein Effekt	positiver Effekt	*Methode*	negativer Effekt	kein Effekt	positiver Effekt
Daten der Finanzbehörden	4	1	4	Daten der Finanzbehörden	6	0	1
Experimente	2	1	1	Experimente	5	2	1
Umfragen	2	3	1	Umfragen	1	1	0
Total	8	5	6	Total	12	3	2

Wahrscheinlichkeit einer Steuerprüfung				Strafhöhe			
Methode	negativer Effekt	kein Effekt	positiver Effekt	*Methode*	negativer Effekt	kein Effekt	positiver Effekt
Daten der Finanzbehörden	0	0	5	Daten der Finanzbehörden	0	3	1
Experimente	0	0	10	Experimente	0	4	4
Umfragen	0	2	1	Umfragen	0	1	0
Total	0	2	16	Total	0	8	5

Anmerkungen. Die Zahlen zeigen die Anzahl der empirischen Studien, die einen negativen, keinen Effekt oder einen positiven Effekt des jeweiligen Parameters auf die Steuerehrlichkeit gefunden haben.
Die Tabelle fasst die Ergebnisse eines Reviews von Kirchler et al. (2010) zusammen.

6.1.1 Wahrscheinlichkeit einer Steuerprüfung

Der Einfluss der Wahrscheinlichkeit einer Steuerprüfung auf das Steuerverhalten ist durch viele empirische Untersuchungen belegt. Die Häufigkeit, mit der Steuerprüfungen stattfinden, wirkt sich positiv auf die Steuerehrlichkeit aus, wie etwa ein Vergleich verschiedener Schweizer Kantone mit unterschiedlichen Prüfungsintensitäten gezeigt hat (Pommerehne und Weck-Hannemann 1996). Auch in Labor- (z. B. Alm et al. 1992b, 1995; Park und Hyun 2003) und Feldexperimenten (Slemrod et al. 2001) wurde der Effekt der Wahrscheinlichkeit einer Steuerprüfung bestätigt.

Häufige Kontrollen scheinen also Steuerehrlichkeit erzwingen zu können. Da es für die Finanzbehörden aber außerordentlich kostspielig ist, die Anzahl der Prüfungen zu steigern (vergleiche dazu auch Abschn. 7.1, Maßnahmen zur Abschreckung), bleibt die Wahrscheinlichkeit einer Steuerprüfung in der Praxis meist sehr gering. Die Steuerbehörden der USA berichten beispielsweise in ihrem statistischen Jahresbericht für 2015, dass nur 0,84 % der Einkommensteuererklärungen von privaten Steuerzahlern überprüft wurden (Internal Revenue Service 2016). Bei den gegebenen Strafen müsste eine so geringe Wahrscheinlichkeit einer Steuerprüfung eigentlich zu einer fast hundertprozentigen Hinterziehungsrate führen. Dennoch verhalten sich die meisten Steuerpflichtigen relativ ehrlich. Eine Erklärung dafür könnte sein, dass die subjektive Wahrnehmung der Wahrscheinlichkeit einer Steuerprüfung bedeutsamer ist als die objektive Wahrscheinlichkeit (Fischer et al. 1992; Kirchler et al. 2010). Die Steuerzahler könnten die tatsächliche Wahrscheinlichkeit einer Prüfung überschätzen und es deshalb nicht wagen, Steuern zu hinterziehen (Alm et al. 1992b; Dhami und al-Nowaihi 2007). Tatsächlich schätzen in Umfragen ehrliche Steuerzahler die Wahrscheinlichkeit einer Steuerprüfung höher ein als unehrliche (Mason und Calvin 1978). Anzunehmen ist außerdem, dass die realen Wahrscheinlichkeiten gar nicht allgemein bekannt sind. Für die meisten Länder sind so präzise Informationen und Prüfstatistiken, wie sie die amerikanische Behörde regelmäßig veröffentlicht, gar nicht verfügbar. Zudem gilt nicht für alle Steuerpflichtigen dieselbe Wahrscheinlichkeit einer Steuerprüfung, da die Steuerbehörde in ihren Prüfstrategien auch das bisherige Zahlungsverhalten und andere spezifische Aspekte berücksichtigt (Andreoni et al. 1998; Dubin et al. 1990). Wer zum Beispiel in der letzten Steuererklärung bei falschen Angaben erwischt wurde, wer deutlich weniger Einkommen deklariert als vergleichbare andere oder wer in einer Risikobranche arbeitet, der wird auch häufiger kontrolliert. In Abschn. 7.1 (Regulation durch Abschreckung) werden verschiedene solcher Prüfstrategien der Finanzbehörden vorgestellt. Die Auswahl der zu überprüfenden Akten erfolgt jedenfalls nicht nur nach dem Zufallsprinzip. Die genauen Strategien bleiben aber wohl ein Geheimnis der Steuerbehörden.

Es wurde wenig untersucht, wie die subjektiven Wahrscheinlichkeiten der Steuerzahler entstehen und wodurch diese beeinflusst werden. Aus der Entscheidungsforschung ist bekannt, dass kleinen Wahrscheinlichkeiten – wie die einer Steuerprüfung – ein zu starkes Gewicht beigemessen wird, d. h. sie werden bei riskanten Entscheidungen unverhältnismäßig stark berücksichtigt (Kahneman und Tversky 1979; Tversky und Kahneman 1992). Demnach reagieren Steuerzahler auf die objektiv eher geringe Häufigkeit von Kontrollen mit übertriebener Vorsicht. Vor allem scheint die subjektiv wahrgenommene Wahrscheinlichkeit davon geprägt zu sein, dass man tatsächlich die Erfahrung einer Steuerprüfung gemacht hat. Eine Reihe von Laborexperimenten zeigt, wie das Erleben einer Steuerprüfung die subjektive Wahrscheinlichkeit und dadurch das Zahlungsverhalten beeinflussen kann. In einem dieser Experimente zahlten die Teilnehmer in insgesamt zehn Spielrunden Steuern auf das pro Runde erzielte Einkommen. Ob die Steuerzahlungen überprüft wurden, bestimmte ein Zufallsgenerator. Die Steuerehrlichkeit der Teilnehmer in der zehnten und letzten Runde des Experiments korrelierte positiv mit der Anzahl der in den vorigen Runden erlebten Prüfungen (Spicer und Hero 1985). Dass man infolge der tatsächlich erlebten Prüfungen eine höhere Steuerehrlichkeit an den Tag legt, kann mit der sogenannten *Verfügbarkeitsheuristik* (Tversky und Kahneman 1974) erklärt werden. Nach dieser Urteilsheuristik wird die subjektive Wahrscheinlichkeit dafür, dass ein Ereignis eintritt, dadurch beeinflusst, wie leicht Informationen zu dem betreffenden Ereignis aus dem Gedächtnis abgerufen werden können. Die unmittelbare Erfahrung oder Beobachtung einer Steuerprüfung macht die Möglichkeit einer (weiteren) Kontrolle salient, also psychologisch bedeutsam, und führt zu einer Überschätzung ihrer Wahrscheinlichkeit. In der Praxis sollten daher erste Steuerprüfungen bereits sehr früh nach der Gründung eines Unternehmens oder zu Beginn der Erwerbstätigkeit erfolgen. Ein erster, als freundlich und unterstützend erlebter Kontakt mit den Prüforganen kann die Steuermoral prägen und so auch langfristig das Verhalten positiv beeinflussen (Kastlunger et al. 2009; Mittone 2006; Muehlbacher und Kirchler 2013). Ein in Italien durchgeführtes Laborexperiment (Mittone 2006) zeigt die Bedeutung von frühen Kontrollen. In dieser Studie wurde manipuliert, ob die durchgeführten Prüfungen von Beginn an und ausschließlich in der ersten Hälfte des Experiments stattgefunden haben oder ob erst in der zweiten Hälfte mit dem Kontrollieren begonnen wurde. Die Teilnehmer selbst wussten nichts von der unterschiedlichen Aufteilung der Prüfungen. Abb. 6.2a und b zeigen die Ergebnisse des Experiments. Auf der vertikalen Achse sind die durchschnittlichen Steuerzahlungen eingezeichnet, die in den insgesamt 60 Perioden beobachtet wurden. Die weißen Balken markieren die Zeitpunkte, zu denen Steuerprüfungen durchgeführt wurden. Wenn die Angaben der Teilnehmer bereits in der ersten Hälfte des Experiments geprüft wurden (Abb. 6.2a), stieg die Steuerehrlichkeit gleich zu Beginn etwas an. Sie blieb dann lange auf relativ hohem Niveau, selbst dann noch, als in der zweiten Hälfte gar keine Prüfungen mehr stattfanden. In der

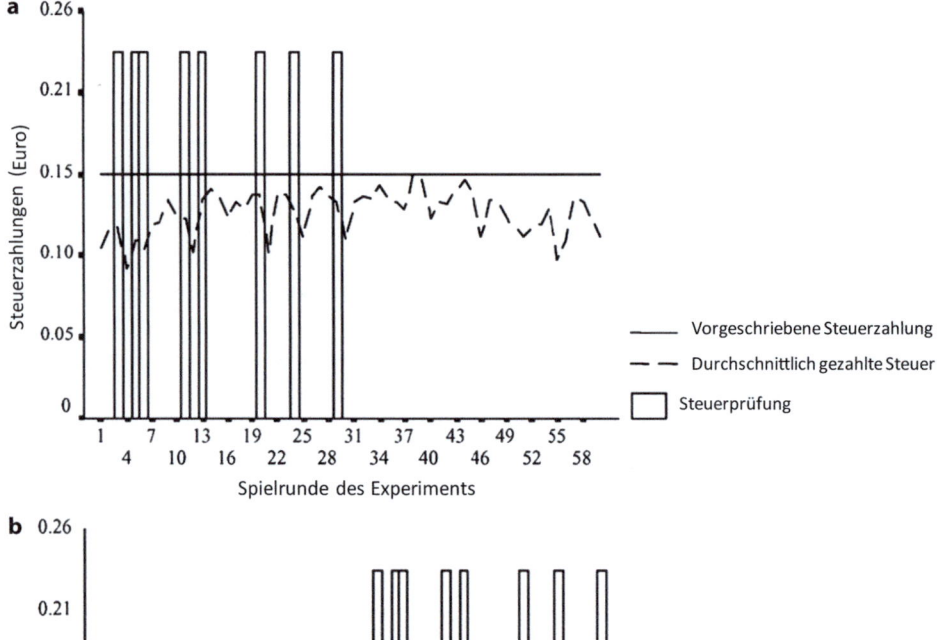

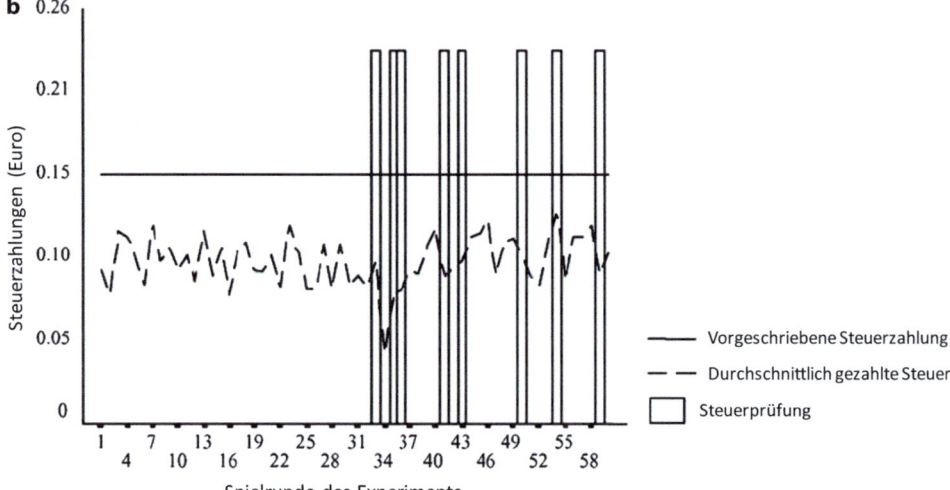

❑ **Abb. 6.2** **a** Durchschnittliche Steuerehrlichkeit in einem Laborexperiment, wenn die Steuerprüfungen bereits von Anfang an erfolgen. Die *gestrichelte Linie* zeigt die durchschnittlichen Steuerzahlungen in einem Laborexperiment mit N = 240 Teilnehmern aus Italien. Die *horizontalen Balken* kennzeichnen, in welchen Runden Steuerprüfungen stattgefunden haben. **b** Durchschnittliche Steuerehrlichkeit in einem Laborexperiment, wenn die Steuerprüfungen erst in der zweiten Hälfte der Untersuchung beginnen. Die *gestrichelte Linie* zeigt die durchschnittlichen Steuerzahlungen in einem Laborexperiment mit 240 Teilnehmern aus Italien. Die horizontalen Balken kennzeichnen, in welchen Runden Steuerprüfungen stattgefunden haben. (Adaptiert nach Mittone 2006, S. 828 (a), S. 827 (b), Übers. d. Verf.)

anderen Bedingung (Abb. 6.2b) fanden hingegen in der ersten Hälfte keine Prüfungen statt, wodurch auch die Steuerehrlichkeit von Beginn an geringer war. Bemerkenswert ist, dass in dieser Versuchsbedingung die Steuerehrlichkeit auch dann nicht anstieg, als in der zweiten Hälfte des Experiments die Kontrollen einsetzten. Nach den Ergebnissen dieses Experiments wirken Prüfungen also vor allem dann auf die Steuerehrlichkeit, wenn diese bereits zu Beginn der unternehmerischen Tätigkeit erfolgen. Die dadurch erlernte Haltung scheint auch ohne weitere Kontrolle relativ stabil zu bleiben. Umgekehrt lässt sich eine aus dem Gefühl, ohnehin nie überprüft zu werden, resultierende Gewohnheit später nicht mehr so leicht verändern (Mittone 2006). In demselben Experiment wurde noch ein weiterer Effekt beobachtet, den eine Steuerprüfung auf die Geprüften haben kann. Die in den Abb. 6.2a und b gezeigten mittleren Steuerzahlungen sinken nach fast jeder Prüfung stark ab. Die Teilnehmer scheinen auf die Kontrollen strategisch zu reagieren und nach jeder Steuerprüfung kurzfristig mehr zu hinterziehen als sonst. In Anlehnung an eine Anekdote aus dem ersten Weltkrieg wurde diese Beobachtung vom Studienautor als *Bomb-Crater-Effekt* bezeichnet. Damals neigten die Soldaten dazu, sich bei Bombardements in Bombenkratern zu verstecken, weil sie annahmen, dass eine weitere Bombe wohl niemals am selben Platz einschlagen würde wie eine vorherige Bombe. Die Teilnehmer am Experiment könnten einer ähnlichen Fehleinschätzung unterliegen und angenommen haben, dass nach einer Prüfung nicht gleich wieder kontrolliert wird (Mittone 2006). Der Bomb-Crater-Effekt könnte also das Ergebnis falscher Vorstellungen über die Wahrscheinlichkeit von zwei hintereinander auftretenden Prüfungen sein. Es könnte allerdings auch das Motiv eine Rolle spielen, die sich aus einer Prüfung ergebende Strafzahlung in der nächsten Geschäftsperiode durch nochmalige Steuerhinterziehung wieder auszugleichen. Zumindest in Laborexperimenten dürfte aber die Fehleinschätzung der Wahrscheinlichkeit wiederholter Ereignisse den Bomb-Crater-Effekt besser erklären als das Bestreben, die durch die Strafe erlittenen Verluste zu kompensieren (Kastlunger et al. 2009).

Die empirischen Untersuchungen belegen den positiven Effekt häufiger Prüfungen auf die Steuerehrlichkeit. Von größerer Bedeutung als die objektiv gegebene Häufigkeit – die in den meisten Ländern sehr gering ist – dürften aber die subjektiven Einschätzungen der Wahrscheinlichkeit einer Steuerprüfung durch die Steuerzahler sein. Diese entstehen zum Beispiel aus Lernprozessen durch persönliche Beobachtung und Erfahrung und können stark von den tatsächlichen Gegebenheiten abweichen. Dennoch gilt, dass umso weniger hinterzogen wird, je höher die Wahrscheinlichkeit einer Steuerprüfung ist.

> Häufige Steuerprüfungen haben einen positiven Effekt auf die Steuerehrlichkeit. Die subjektive Einschätzung der Wahrscheinlichkeit einer Steuerprüfung unterzogen zu werden, ist von größerer Bedeutung als die objektiv gegebene Häufigkeit.

6.1.2 Strafhöhe

Im Vergleich zu den empirischen Untersuchungen zur Wahrscheinlichkeit einer Steuerprüfung sind jene zur Höhe der angedrohten Strafen weniger eindeutig. Freiheitsstrafen für Steuerdelikte sind empirisch kaum untersucht (für eine Diskussion der Literatur zu Freiheitsstrafen siehe Abschn. 5.3, Gerechtigkeit der Strafverfolgung, und Abschn. 7.1.2, Abschreckung durch Bestrafung). Daher werden im Folgenden vorrangig die Effekte finanzieller Strafen auf die Steuerehrlichkeit erörtert. Die Befunde der Kriminologie zu anderen kriminellen Delikten legen aber nahe, dass selbst eine Bestrafung in Form von Freiheitsentzug nicht so stark auf das Verhalten wirkt, wie theoretisch angenommen wird (Nagin 2013).

Der zu erwartende Effekt finanzieller Strafen auf die Steuerehrlichkeit kann in Laborexperimenten zwar manchmal beobachtet werden (Alm et al. 1992a; Park und Hyun 2003), ihr Einfluss ist aber meist relativ gering. Abb. 6.3 zeigt exemplarisch die Resultate eines solchen Ex-

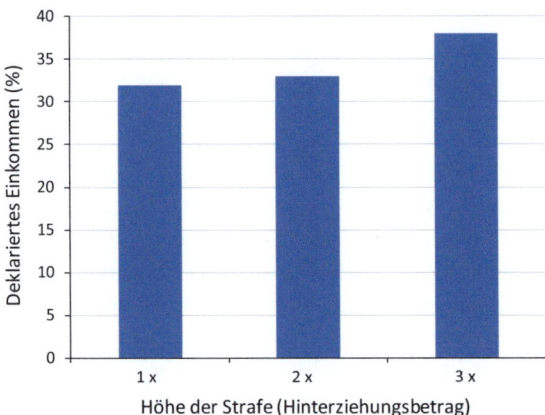

Abb. 6.3 Wirkung unterschiedlicher Strafhöhen auf die Steuerehrlichkeit in einem Laborexperiment. Die Balken zeigen die durchschnittliche Steuerehrlichkeit (angegeben als Prozentsatz des vom tatsächlichen Einkommen deklarierten Betrages) in drei Versuchsbedingungen eines Laborexperiments mit 45 Teilnehmern (Alm et al. 1992a). Je nach Versuchsbedingung wurde die Höhe der Strafe für Steuerhinterziehung variiert. Diese experimentelle Manipulation hatte aber nur sehr geringe Auswirkungen auf die Steuerehrlichkeit der Teilnehmer. (Daten für die Darstellung aus Alm et al. 1992a)

periments. Ob die Strafe dem Ein- oder dem Zweifachen des hinterzogenen Betrags entsprach, spielte für die Teilnehmer in diesem Experiment keine Rolle. Wenn die Strafe dreimal so hoch wie der Hinterziehungsbetrag war, lag das deklarierte Einkommen höher als in den anderen Bedingungen des Experiments, allerdings nur um etwa 5 bzw. 6 % (Alm et al. 1992a). In manchen empirischen Studien konnten gar keine Effekte durch die Strafhöhe nachgewiesen werden (z. B. Baldry 1987; Webley et al. 1991). Auch in dem bereits genannten Vergleich der Schweizer Kantone wurde der Einfluss der unterschiedlichen Strafbestimmungen untersucht. Es wurde aber kein Zusammenhang mit der Steuerehrlichkeit gefunden (Pommerehne und Weck-Hannemann 1996). Eine Analyse von Steuererklärungen und Prüfergebnissen US-amerikanischer Steuerzahler brachte ähnlich vage Ergebnisse zum Einfluss der Strafhöhe auf die Steuerehrlichkeit. Untersucht wurden Daten der Steuerbehörden für den Zeitraum von 1980 bis 1995, als in den USA der Strafrahmen für Steuerbetrug von 5 % auf 30 % des hinterzogenen Betrags erhöht wurde. Unter einkommensschwachen Steuerzahlern hatte die Anhebung der Strafe keinen Effekt. Immerhin schienen jene mit hohem Einkommen auf die Straferhöhung zu reagieren und deklarierten mehr Einkommen als zuvor (Ali et al. 2001). Die unterschiedliche Wirkung der Straferhöhung je nach Einkommensklasse könnte an der Art der Strafbemessung liegen, die in vielen Ländern üblich ist. Die wirtschaftliche Leistungsfähigkeit des zu Bestrafenden wird dabei meistens nicht berücksichtigt. Zum Beispiel werden in Österreich die Strafen für Steuerhinterziehung am hinterzogenen Betrag bemessen, unabhängig davon, wie viel der ertappte Steuerzahler verdient oder an Vermögen besitzt. Damit eine Strafe abschreckend wirken kann, darf diese aber nicht als „leistbar" und als Preis für ein verlorenes Spiel mit den Behörden wahrgenommen werden. Daher sollte eine wirksame Strafe der individuellen Einkommenslage entsprechen, um potenzielle Steuerhinterzieher auch tatsächlich abzuschrecken (Muehlbacher et al. 2007). Die Bemessung finanzieller Strafen ist schwierig; denn eine Strafe muss hoch genug sein, um vor Hinterziehung abzuschrecken, darf aber auch nicht so hoch sein, dass sie als unfair empfunden wird (zur Bedeutung der retributiven Gerechtigkeit für die Steuerehrlichkeit siehe auch Abschn. 5.3).

Bemerkenswerte – unter anderem negative – Effekte der Androhung von Strafen auf die Steuermoral belegt ein US-amerikanisches Feldexperiment. In dieser Studie beantworteten zwei Gruppen zufällig ausgewählter Steuerzahler eine Reihe von Fragen, in denen zwei unterschiedliche Aspekte des Steuerzahlens thematisiert wurden. Entweder bezogen sich die Fragen auf die möglichen Strafen für Hinterziehung oder auf verschiedene moralische Begründungen für ehrliches Steuerzahlen. Durch die unterschiedlich gestaltete Befragung sollten unterschiedliche Motive für das Bezahlen von Steuern ins Bewusstsein gerufen werden. Anschließend wurden die Steuererklärungen der beiden befragten Gruppen mit denen einer Kontrollgruppe verglichen. Im Vergleich zum Jahr vor der Befragung wurden in beiden Gruppen etwas höhere Einkommensbeträge deklariert als in der Kontrollgruppe. Wurden in der Befragung moralische Begründungen für das Steuerzahlen erhoben, war die Steuerehrlichkeit aber noch etwas höher, als wenn in der Umfrage die geltenden Strafen für Steuervergehen behandelt wurden. Die zu den Strafen befragte Gruppe deklarierte zwar ebenfalls etwas höhere Einkommen, sie reklamierte aber auch höhere Absetzbeträge als im Jahr zuvor. Die „Androhung" der Strafe schien dazu zu führen, dass von der Hinterziehung auf die Umgehung der Steuern ausgewichen wurde (Schwartz und Orleans 1967).

Der Effekt der Strafhöhe auf die Steuerehrlichkeit scheint nicht so stark zu sein, wie theoretisch erwartet. Die empirischen Befunde bestätigen zwar zum Teil die abschreckende Wirkung hoher Strafen, zeigen aber auch die Gefahr unerwünschter Nebenwirkungen für das Zahlungsverhalten auf. Um der angedrohten Strafe zu entkommen, wird vielleicht auf anderen Wegen als durch Steuerhinterziehung versucht, die Steuerlast zu senken. Wichtiger als die Strafhöhe dürfte für das Steuerverhalten jedenfalls die Wahrscheinlichkeit einer Steuerprüfung sein (Friedland 1982). Die beste Strafe kann nur unter der Voraussetzung wirksam sein, dass auch kontrolliert wird (Alm et al. 1995).

> Wichtiger als die Strafhöhe dürfte für das Steuerverhalten die Wahrscheinlichkeit einer Steuerprüfung sein.

6.1.3 Einkommen

Im ökonomischen Modell wird zwar die Höhe des zu versteuernden Einkommens berücksichtigt, es erlaubt aber keine eindeutigen Vorhersagen zu seinen Effekten. Angenommen wird, dass bei hohem Einkommen die Risikobereitschaft steigt und damit die Hinterziehungswahrscheinlichkeit höher ist. Ob aber auch das relative Ausmaß der Hinterziehung bei hohem Einkommen größer als bei geringem Einkommen ist, bleibt unklar (Kirchler et al. 2010; Slemrod und Yitzhaki 2002). Dementsprechend widersprüchlich sind auch die Ergebnisse empirischer Untersuchungen. Manche Studien fanden vermehrte Hinterziehung unter vielverdienenden Steuerzahlern (z. B. Ali et al. 2001; Lang et al. 1997), andere berichten von einem entgegengesetzten Zusammenhang (Fishlow und Friedman 1994) oder gar keinem Effekt des Einkommens (Feinstein 1991; Park und Hyun 2003).

Die widersprüchlichen Befunde zum Zusammenhang von Einkommen und Steuerehrlichkeit können zum Teil durch den Einfluss dritter Variablen erklärt werden. Selbstständige haben im Vergleich zu anderen Steuerzahlern etwas mehr Möglichkeiten, ihre Steuerschuld auch völlig legal zu verringern (Spicer und Lundstedt 1976). Besonders jene mit hohem Einkommen leisten sich Steuerberater, die dabei helfen, durch kreative und trickreiche Planung die Steuerlast zu verringern, ohne dass dabei Gesetze tatsächlich gebrochen werden (Slemrod et al. 2001). Besteht außerdem die Möglichkeit, die Arbeitsleistung selbst zu bestimmen, kann auf die stärkere Steuerlast bei höherem Einkommen auch damit reagiert werden, dass weniger gearbeitet und somit weniger steuerpflichtiges Einkommen erzielt wird (Cowell 1985; Pencavel 1979; Sandmo 1981). Mit dem Einkommen der Steuerzahler hängen noch weitere Aspekte zusammen, die die Steuermoral beeinflussen können. Zum Beispiel kann eine ausschließlich am hinterzogenen Betrag bemessene Strafe Vielverdienern „leistbar" erscheinen und so ihre Abschreckungswirkung verlieren (Kirchler und Muehlbacher 2008; Muehlbacher et al. 2007). Der Effekt des Einkommens auf das Steuerverhalten scheint auch vom Arbeitsaufwand abzuhängen, mit dem dieses erzielt wurde. Durch harte Arbeit verdientes Einkommen wird eher ehrlich versteuert als leicht verdientes. Schwer verdientes Geld wird nicht leichtfertig durch Hinterziehung aufs Spiel gesetzt (Kirchler et al. 2009; Muehlbacher und Kirchler 2008).

Die Effekte der Einkommenshöhe auf das Zahlungsverhalten bleiben unklar. Im Sinne der distributiven Gerechtigkeit wäre eine Klärung wichtig, da ein negativer Zusammenhang die soziale Umverteilungsfunktion von Steuern korrumpieren könnte. Wenn Vielverdiener vermehrt zu Hinterziehung und Vermeidung von Steuern neigen, dann verlieren progressive Steuersysteme ihren Zweck (Lang et al. 1997).

6.1.4 Steuersatz

Auch zu den Effekten des Steuersatzes fielen die empirischen Studien widersprüchlich aus. In den meisten Untersuchungen wurde bei hohen Steuersätzen mehr Hinterziehung beobachtet (z. B. Alm et al. 1992a; Collins und Plumlee 1991; Friedland et al. 1978). Manchmal wurden jedoch auch keine (Baldry 1987; Porcano 1988) oder sogar positive (Alm et al. 1995) Effekte der Höhe der Steuerrate auf die Steuerehrlichkeit gefunden. Die Auswirkungen hoher Steuern auf das Steuerverhalten sind demnach nicht eindeutig, hohe Steuern dürften aber eher zu vermehrter Hinterziehung führen. Durch den Einfluss der Steuerrate auf das erzielbare Nettoeinkommen sind die Effekte von Steuersatz und Einkommen empirisch nur schwierig zu trennen (Andreoni et al. 1998; Slemrod 1985). Eine andere Erklärung für die konträren empirischen Befunde könnte in den sozialen Vergleichen zu finden sein, die Steuerzahler zwischen sich und anderen Steuerzahlern anstellen. Zum Beispiel wurde den Teilnehmern in einem Laborexperiment entweder mitgeteilt, dass die anderen Teilnehmer im Durchschnitt einem um 25 % höheren Steuersatz unterliegen oder dass die anderen im Mittel 25 % weniger Steuern zahlen oder – das entsprach der Wahrheit – dass für alle Teilnehmer derselbe Steuersatz gilt. Obwohl die zu zahlenden Steuern in den zehn Runden des Experiments für alle gleich hoch waren, wurde mehr hinterzogen, wenn die Teilnehmer glaubten, dass Sie mehr als andere bezahlen müssten. Wenn sie glaubten, dass sie weniger Steuern als andere zu zahlen haben, wurde auch weniger hinterzogen (Spicer und Becker 1980). Ähnliche Beobachtungen wurden in einem weiteren Experiment gemacht. Die Teilnehmer dieser Untersuchung reagierten auf Änderungen des Steuersatzes nur dann, wenn ihnen gesagt wurde, dass sie mehr Steuern als die anderen bezahlen müssten (Moser et al. 1995). Eine entscheidende Rolle bei der Wirkung des Steuersatzes spielen also Vergleiche der eigenen Steuerlast mit der von anderen Steuerzahlern und das Gerechtigkeitsempfinden, das sich daraus ergibt (siehe dazu Abschn. 5.1).

Die Wahrnehmung der Steuerlast dürfte von größerer Bedeutung sein als die rein objektive Belastung. Aus der Entscheidungs- und Urteilsforschung ist bekannt, dass für die subjektive Bewertung einer Situation auschlaggebend ist, welcher Referenzpunkt als Vergleich herangezogen wird. Zum Beispiel können der Istzustand, soziale Vergleiche oder Erwartungen darüber bestimmen, ob das „Glas" halb voll oder halb leer erscheint. Wenn subjektiv ein Verlust droht, dann steigt die Bereitschaft, hohe Risiken einzugehen, um die negativen Konsequenzen zu vermeiden (Kahneman und Tversky 1979; Tversky und Kahneman 1981, 1992). Effekte mit Bezug auf den Referenzpunkt wurden auch für die Entscheidungen von Steuerzahlern beschrieben (z. B. Kirchler und Maciejovsky 2001; Kirchler et al. 2009; Schepanski und Kelsey 1990; Yaniv 1999). Zum Beispiel wurde in empirischen Studien häufig beobachtet, dass vermehrt hinterzogen wird, wenn am Ende des Jahres eine Steuernachzahlung ansteht, also wenn eine geringere tatsächliche Steuerschuld erwartet worden ist (das früher erwähnte sogenannte *Withholding Phenomenon* oder Einbehaltungsphänomen, z. B. Martinez-Vazquez et al. 1992; Schepanski und Kelsey 1990; Schepanski und Shearer 1995, siehe auch Abschn. 3.1).

Die Effekte des Steuersatzes auf die Zahlungsmoral sind nicht ganz eindeutig, höhere Steuern dürften aber eher zu mehr Hinterziehung oder zu Vermeidung führen. Neben der absoluten Höhe der zu zahlenden Steuern beeinflussen die relative Steuerlast im Vergleich zu anderen und das Gerechtigkeitsempfinden die Wahrnehmung der Steuerschuld. Außerdem können wie beim Withholding Phenomenon Besonderheiten der individuellen Situation darüber entscheiden, ob und wie sehr die Steuerzahlungen als Verlust empfunden werden. Die Einflüsse des Steuersatzes auf das Verhalten und die dahinter liegenden psychologischen Mechanismen scheinen jedenfalls komplexer zu sein, als oft angenommen wird.

> Die Effekte des Steuersatzes auf die Zahlungsmoral sind nicht ganz eindeutig, höhere Steuern dürften eher zu mehr Hinterziehung oder zu Vermeidung führen.

6.1.5 Diskussion

Das in der Forschung am weitesten verbreitete Modell beschreibt Steuerhinterziehung als riskante Entscheidung zwischen den Optionen, das Einkommen entweder vollständig zu deklarieren oder Steuern zu hinterziehen. In der Theorie wird diese Entscheidung neben der Wahrscheinlichkeit einer Steuerprüfung und der drohenden Strafe auch von der Höhe des zu deklarierenden Einkommens und dem Steuersatz beeinflusst. Die empirischen Prüfungen der Effekte, die im Modell postuliert werden, fallen mit Ausnahme der Wirkung der Wahrscheinlichkeit einer Steuerprüfung aber nicht eindeutig aus. Strafen haben eine schwächere Abschreckungswirkung als angenommen und wirken nur in Verbindung mit häufigen Kontrollen. Hohe Steuern führen wohl eher dazu, dass mehr hinterzogen wird, die empirischen Befunde sind aber auch hier nicht eindeutig. Am wenigsten klar scheinen die Effekte des Einkommens auf das Zahlungsverhalten. Dennoch lässt sich eine einfache Empfehlung für die Bekämpfung von Steuerbetrug aus dem ökonomischen Modell ableiten: Potenzielle Steuerhinterzieher können vor allem durch häufige und effiziente Kontrollen abgeschreckt werden (siehe auch Abschn. 7.1 Maßnahmen durch Abschreckung).

> Potenzielle Steuerhinterzieher können durch häufige und effiziente Kontrollen abgeschreckt werden.

In den meisten Ländern fallen sowohl die Wahrscheinlichkeiten einer Steuerprüfung als auch die Strafen, die von den Gerichten tatsächlich verhängt werden, gering aus. Dennoch sind weitaus mehr Steuerzahler ehrlich, als es das Modell vorhersagen würde (Alm et al. 1992b). Eine rein ökonomische Perspektive scheint daher nicht auszureichen, um das Verhalten der Steuerzahler hinreichend zu erklären. Andere theoretische Ansätze, die häufig zur Erklärung des Verhaltens von Steuerzahlern herangezogen werden, unterscheiden sich vom ökonomischen Standardmodell vor allem in zwei Punkten. Zum einen beziehen diese meist auch den sozialen Kontext der Steuerzahler in die Analyse mit ein, und zum anderen berücksichtigen sie neben den rein ökonomischen meistens auch darüber hinausgehende Einflussfaktoren des Verhaltens, wie die in Abschn. 2.2 und in Kap. 5 dargestellten Einstellungen und Gerechtigkeitswahrnehmungen der Steuerzahler.

Der soziale Kontext der Hinterziehungsentscheidung – zum Beispiel die Interaktionen mit den Steuerbehörden oder der Einfluss von anderen Steuerzahlern – wird im ökonomischen Standardmodell nicht berücksichtigt. Stattdessen wird angenommen, dass die Steuerzahler durch rationale Verarbeitung der gegebenen Faktoren eine individuelle Entscheidung treffen und dabei ihren egoistischen Nutzen maximieren. Der Ausgang dieser Entscheidung – ob die Steuerhinterziehung entdeckt wird oder nicht – wird vom Zufall bestimmt, die Konsequenzen der Entscheidung betreffen nur den Steuerzahler selbst. In der von Allingham und Sandmo (1972) formulierten Version des Modells wird einleitend zwar auch diskutiert, wie der den Steuerhinterziehern drohende Verlust der gesellschaftlichen Reputation – ein spezifischer Aspekt der sozialen Situation – das Verhalten beeinflussen könnte; es wurde aber kein entsprechender Parameter in das Modell aufgenommen. Tatsächlich dürften soziale Einflüsse aber in Bezug auf die Steuermoral eine bedeutsame Rolle spielen. Die in einer sozialen Gruppe vorherrschenden Normen (siehe Kap. 4) und das Gefühl, im Vergleich zu anderen fair behandelt zu werden (siehe Kap. 5), beeinflussen die Bereitschaft einen Beitrag zur Gemeinschaft zu leisten. Das Verhalten der anderen Steuerzahler, die Entscheidungen der Behörden und die Ratschläge des Steuerberaters wirken auf die Zahlungsmoral. Abb. 6.4 zeigt die verschiedenen Akteure in einem Steuersystem. Die soziale Distanz und das Ausmaß der Kooperation unter diesen Akteuren bestimmen das Interaktionsklima eines Systems (Alm et al. 2012a), das in der Folge auch Einfluss auf die Steuermoral hat (Gangl et al. 2015; Kirchler et al. 2008). Im restlichen Kapitel werden drei theoretische Ansätze vorgestellt, in denen solche Aspekte der sozialen Situation berücksichtigt werden.

Eine andere Kritik am ökonomischen Modell betrifft seine Beschränkung auf rein extrinsische Faktoren der Steuermoral. Zur Steuerhinterziehung kommt es nach dieser Theorie, wenn das Delikt der egoistischen Nutzenmaximierung dient. Das Modell basiert ursprünglich auf den Arbeiten des Wirtschaftswissenschaftlers Gary Becker (1968) zu kriminellem Verhalten. Er beschreibt kriminelle Entscheidungen als das Resultat einer rationalen Abwägung von Kosten und Nutzen des Vergehens. In seiner Nobelpreisrede erzählte Becker (1992), wie in ihm die Idee zu einer ökonomischen Theorie der Kriminalität aufkam:

> » Ich begann in den 1960ern über Kriminalität nachzudenken, als ich wegen einer Prüfung in den Wirtschaftswissenschaften mit dem Auto zur Columbia University gefahren bin. Ich war spät dran und musste schnell entscheiden, ob ich meinen Wagen zu einem Parkplatz bringen oder ob ich auf der Straße vor dem Gebäude parken und eine Strafe riskieren sollte. Ich berechnete die Wahrscheinlichkeit, einen Strafzettel zu bekommen, die Höhe der Strafe und die Kosten dafür, das Auto zu einem legalen Parkplatz zu fahren. Ich entschied mich dafür,

6.1 · Das ökonomische Modell

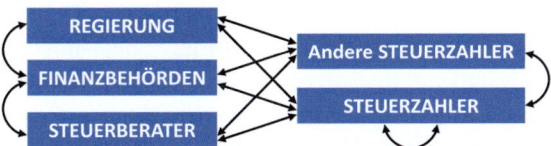

Akteure des Steuersystems

Determinanten des Interaktionsklimas zwischen den Akteuren:

Auf Ebene der Regierung: Staatsführung und Regulation, Annahmen über den durchschnittlichen Steuerzahler, Steuergesetze, Steuerraten

Auf Ebene der Finanzbehörden: Annahmen über die Regierung, die Steuerberater und die Steuerzahler, Steuerprüfungen, Strafen

Auf Ebene der Steuerberater: Annahmen über die Regierung, die Finanzbehörden, die Steuerzahler, sowie deren Absichten und Ziele

Auf Ebene der Steuerzahler: Annahmen über die Regierung und die Finanzbehörden, Einstellungen, Steuermoral, Steuerwissen, Normen (persönliche, soziale, gesellschaftliche), Gerechtigkeit (distributive, prozedurale, retributive)

◘ **Abb. 6.4** Schematische Darstellung der verschiedenen Akteure eines Steuersystems und der Einflussgrößen auf ihre Steuermoral. (Adaptiert nach Alm et al. 2012a, S. 136, Übers. d. Verf.)

das Risiko einer Strafe einzugehen und auf der Straße zu parken (und ich kam ohne Strafzettel davon) (S. 41, Übers. d. Verf.).

Beckers Gedankengang und seine Entscheidung in dieser Situation mögen für Bagatelldelikte wie Falschparken nachvollziehbar erscheinen. Andere, schwerere Delikte als das Ergebnis einer reinen Kosten-Nutzen-Analyse zu beschreiben, dürfte aber zu kurz greifen. In Beckers Ansatz zur Kriminalität wird eine Straftat begangen, sobald es sich auszahlt, das Gesetz zu übertreten. Nur Kontrollen und Strafen sollen dies verhindern. Bei der Steuermoral zeigt sich aber, dass viele Steuerzahler auch ohne ständige Kontrollen und ohne Androhung von Strafen das Gesetz nicht brechen würden. Neben der egoistischen Nutzenmaximierung dürften daher auch andere Motive das Verhalten bestimmen (Kirchler et al. 2014). In späteren Ansätzen zur Regulation und zur Erklärung der Steuermoral werden auch die individuellen Motive der Steuerzahler berücksichtigt (Braithwaite 2007; Kirchler et al. 2008).

Bei den im Folgenden vorgestellten Modellen werden zumindest Teile dieser beiden Kritikpunkte berücksichtigt. Wenn die Steuerhinterziehung als soziales Dilemma (siehe Abschn. 6.2) beschrieben wird, wird der soziale Kontext um das Verhalten der anderen Steuerzahler erweitert. Im Ansatz der *Responsive Regulation* (siehe Abschn. 6.3) und im *Slippery Slope Framework* (siehe Abschn. 6.4) liegt der Fokus auf der Qualität der Interaktionen mit den Finanzbehörden und auf den unterschiedlichen Einstellungen der Steuerzahler.

6.2 Steuerhinterziehung als soziales Dilemma

Um öffentliche Leistungen finanzieren zu können, ist nicht unbedingt das Verhalten einzelner Steuerzahler ausschlaggebend, sondern es zählt vielmehr die Steuerleistung der gesamten Gemeinschaft. Für den Einzelnen ergibt sich daraus ein Dilemma. Wenn nur einige wenige ihren Beitrag nicht leisten, können sie durch Steuerhinterziehung ihr Einkommen aufbessern und trotzdem von öffentlichen Gütern wie dem Gesundheitssystem, dem öffentlichen Verkehr oder den Freizeit- und Kulturangeboten profitieren. Wenn aber zu viele egoistisch handeln und ihre Steuern nicht bezahlen, bricht das System zusammen, und jeder Einzelne steht am Ende schlechter da. Eine Entscheidungssituation wie diese wird in der Psychologie als *soziales Dilemma* bezeichnet. Bei solchen Entscheidungen kollidieren individuelle mit kollektiven Interessen, auf lange Sicht sind die Interessen jedoch voneinander abhängig (Dawes 1980). Zum Beispiel würde kein wirklich großer Schaden für die Umwelt entstehen, wenn Einzelne ihren Müll nicht trennen, ihn nicht fachgerecht entsorgen oder nicht recyceln. Sammelt aber kaum jemand wiederverwertbare Alt- und Problemstoffe, dann wachsen die Müllberge, und die negativen Auswirkungen auf die Umwelt werden für jeden Einzelnen spürbar. Dann wäre es die bessere Option gewesen, zu kooperieren und gemeinsam die Umwelt zu erhalten. Das soziale Dilemma wird als Paradigma auch in der Steuerforschung herangezogen, um die Entscheidungssituation der Steuerzahler zu beschreiben (z. B. Alm et al. 2012b; Dawes 1980; Muehlbacher und Kirchler 2009).

> Die Steuerleistung der gesamten Gemeinschaft ist ausschlaggebend und nicht das Verhalten einzelner Steuerzahler.

Versteht man Steuerhinterziehung als soziales Dilemma, so gewinnen im Vergleich zum vorher beschriebenen ökonomischen Modell vor allem die Qualität der öffentlichen Güter und das Verhalten anderer Steuerzahler an Bedeutung.

6.2.1 Öffentliche Güter

Die steuerfinanzierten Vorteile und die Qualität der öffentlichen Güter sind für die Verteilungsgerechtigkeit eines Steuersystems von Bedeutung (siehe auch Abschn. 5.1). Die Bereitschaft der Steuerzahler, ihren Beitrag zu leisten, hängt davon ab, wie viel sie von dem in die Gemeinschaft „investierten" Geld in irgendeiner Form wieder zurückbekommen.

Je umfangreicher die steuerfinanzierten, staatlichen Leistungen sind, desto bereitwilliger werden auch die Steuern bezahlt, wie verschiedene Laborexperimente zeigen. In einer dieser Untersuchungen erzielten die Teilnehmer in mehreren Spielrunden ein Einkommen, von dem ein bestimmter Betrag als Einkommensteuer abgeführt werden musste. Mit einer bestimmten Wahrscheinlichkeit wurden die Zahlungen überprüft, und Steuerhinterzieher wurden bestraft. Die von den Teilnehmern eingesammelten Steuerzahlungen wurden entweder vom Versuchsleiter einbehalten, oder sie wurden in einen gemeinsamen Topf eingezahlt und unter allen Teilnehmern des Experiments zu gleichen Teilen aufgeteilt. Ob das Steuergeld einbehalten oder zugunsten der gesamten Gruppe verwendet wurde, wirkte sich deutlich auf deren Zahlungsmoral aus. Nur 47 % der Steuerzahlungen wurden vollständig abgeführt, wenn sie an den Versuchsleiter gingen. Wenn die Teilnehmer aber von den eingezahlten Steuern selbst profitierten, wurden 72 % der Zahlungen vollständig entrichtet (Mittone 2006). Ähnliche Ergebnisse brachten zwei weitere Experimente, bei denen sich der Betrag, der in den Steuertopf eingezahlt wurde, vor der Ausschüttung an die Teilnehmer von den Versuchsleitern verdoppelte oder sogar versechsfachte (Alm et al. 1992a, 1992b). In einem anderen Experiment wurde hingegen kein Effekt der Auszahlung der eingesammelten Steuergelder gefunden (Alm et al. 1995). Die meisten empirischen Studien zeigen aber, dass die Verwendung der Steuergelder und der daraus gezogene Nutzen die Kooperationsbereitschaft der Steuerzahler mitbestimmen.

> Je umfangreicher steuerfinanzierte, staatliche Leistungen sind, desto bereitwilliger werden Steuern bezahlt.

Die eben zitierten Laborstudien zeigen neben der Bedeutung der steuerfinanzierten öffentlichen Güter auch den Einfluss der sozialen Situation auf die Kooperationsbereitschaft. Werden die Steuerzahlungen vom Versuchsleiter einbehalten und nicht für das Gemeinwohl verwendet, gleicht die Hinterziehungsentscheidung der Situation, die im ökonomischen Standardmodell beschrieben wird. Die Teilnehmer können dann entscheiden, ob sie die Strafe riskieren und ihr Einkommen durch Steuerhinterziehung maximieren wollen. Je nachdem, ob die Hinterziehung entdeckt wird oder nicht, schadet dieses Verhalten entweder dem Versuchsleiter oder dem Teilnehmer selbst. Zu einem sozialen Dilemma kommt es aber bei den Teilnehmern an der experimentellen Bedingung, in der die von der Gruppe geleisteten Steuerzahlungen an alle wieder gleichmäßig ausbezahlt werden. Unehrliche Teilnehmer, die gar nichts in den Steuertopf einzahlen, erhalten den gleichen Anteil in der Auszahlung wie ehrliche Teilnehmer und erzielen somit den höchstmöglichen Profit. Statt aber durch die Hinterziehung nur den Versuchsleiter zu betrügen, schaden die unehrlichen Teilnehmer der gesamten Gruppe. Wovon die Kooperationsbereitschaft in einer solchen Situation abhängt, wird im nächsten Abschnitt besprochen.

6.2.2 Kooperation mit anderen

Das soziale Umfeld bestimmt auch die Kooperationsbereitschaft. Wenn beobachtet oder vermutet wird, dass die anderen Steuerzahler häufig hinterziehen, schlägt sich dies auch in der Steuermoral nieder (siehe auch Kap. 4 Soziale Normen). Auf Nichtkooperation wird mit Nichtkooperation reagiert, wie sich in vielen Laborexperimenten zeigt.

> Auf Nichtkooperation wird mit Nichtkooperation reagiert.

In Experimenten werden soziale Dilemmata meist als Kooperationsspiel einer kleinen Gruppe von Teilnehmern operationalisiert. In sogenannten *Public Good Games* wird ein einfaches Spiel über mehrere Runden gespielt. In jeder Runde erhalten die Spieler einen bestimmten Geldbetrag, von dem sie freiwillig einen selbstgewählten Teil in einen gemeinsamen Topf einzahlen können. Alles, was in den gemeinsamen Topf eingezahlt wird, verdoppelt der Versuchsleiter und zahlt den Betrag zu gleichen Teilen an alle Spieler aus (Ledyard 1993). Durch die wechselseitige Abhängigkeit der Spieler führen die Spielregeln von Public Good Games zu einer sozialen Situation, die auch für die Steuerforschung von Interesse ist. Im Unterschied zu den Steuerexperimenten, die im vorigen Abschnitt beschrieben worden sind, ist allerdings die Höhe des zu bezahlenden Betrages nicht vorgeschrieben, und es werden keine Kontrollen oder Strafen angedroht. Die Kooperation im Public Good Game erfolgt gänzlich

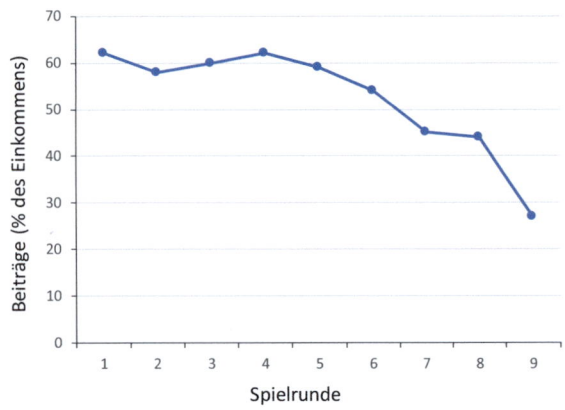

Abb. 6.5 Reziprozität als typische Beobachtung in einem Public Good Game. Die *Linie* zeigt die durchschnittlichen Beiträge an die Gemeinschaft in einer der Versuchsbedingungen eines Laborexperiments mit 85 Teilnehmern (Sonnemans et al. 1999). Die über die Zeit abnehmende Kooperationsbereitschaft ist eine typische Beobachtung in Public Good Games, die durch die Reziprozitätsnorm (siehe Text) erklärt werden kann. (Daten für die Darstellung aus Sonnemans et al. 1999)

freiwillig. Das soziale Dilemma der Spieler ergibt sich durch folgende Überlegungen: Wenn einzelne Spieler nichts einzahlen, bleibt ihnen mehr Einkommen als den anderen, und sie erhalten trotzdem die Auszahlung aus dem gemeinsamen Topf. Wenn aber keiner etwas einzahlt, kann gar keine Ausschüttung aus dem gemeinsamen Topf erfolgen, und alle Spieler bleiben auf ihrem Anfangskapital sitzen. In vielen Public Good Games wird zu Beginn des Experiments eine relative hohe Kooperation beobachtet, die dann von Runde zu Runde abnimmt. Abb. 6.5 zeigt exemplarisch die Ergebnisse einer solchen Untersuchung. Die von den Teilnehmern an diesem Experiment (Sonnemans et al. 1999) in den gemeinsamen Topf eingezahlten Beträge lagen in den ersten Spielrunden noch bei mehr als 50 % des erhaltenen Einkommens, mit Spitzenwerten bis zu etwa 75 %. Mit jeder Spielrunde verringerten sich die Zahlungen aber und lagen in der letzten Spielrunde nur mehr zwischen 25 und 40 % des Einkommens. Dass die Kooperation von Runde zu Runde abnimmt, wurde unabhängig davon beobachtet, wie viele Runden das Spiel gespielt wurde (zwischen 3 und 12). Die Teilnehmer an solchen Spielen scheinen eine Strategie nach dem Motto „Wie du mir, so ich dir" zu verfolgen. Kooperation wird mit Kooperation und Nichtkooperation mit Nichtkooperation entgegnet (Axelrod 1984). Diejenigen Teilnehmer, die in der ersten Runde noch großzügig in den Gemeinschaftstopf eingezahlt haben, merken an der Höhe der Ausschüttung, dass nicht alle Mitglieder der Gruppe so kooperativ sind, und reduzieren in der darauffolgenden Spielrunde ebenfalls ihren Beitrag. So gehen die eingezahlten Beträge von Runde zu Runde immer weiter nach unten. Der Strategie liegt die *Reziprozitätsnorm* zugrunde. Positives oder negatives Verhalten anderer Personen wird üblicherweise in gleicher Weise erwidert (Hölzl 2014). Ähnlich wie bei Public Good Games könnte auch die Zahlungsmoral der Steuerzahler korrumpiert werden, wenn Steuerhinterziehung im eigenen sozialen Umfeld oder in Medienberichten beobachtet wird. Interessant ist auch, dass bei Public-Good-Experimenten die Bestrafung unkooperativen Verhaltens stark befürwortet wird, wenn es darum geht, positive soziale Normen aufrechtzuerhalten (Fehr und Fischbacher 2004a, 2004b). Vergleichbare Beobachtungen wurden auch in einem Steuerexperiment gemacht (Alm et al. 1999).

6.2.3 Diskussion

Der Ansatz, Steuerhinterziehung als soziales Dilemma zu verstehen zeigt, dass neben den im ökonomischen Standardmodell beschriebenen Parametern – Wahrscheinlichkeit einer Steuerprüfung, Strafhöhe, Einkommen und Steuersatz – auch andere Variablen die Kooperationsbereitschaft bestimmen. Die Qualität der öffentlichen Güter, die Verteilungsgerechtigkeit, die vorherrschenden sozialen Normen und eine als gerecht empfundene Bestrafung von Normverletzungen wirken auf die Steuermoral. Besonders betont werden in diesem Paradigma die sozialen Aspekte der Steuermoral. Zum sozialen Kontext von Hinterziehungsentscheidungen gehört in der Realität aber zumindest noch eine weitere Gruppe, nämlich jene der Finanzbehörden (zu den verschiedenen Akteuren des Steuersystems siehe Abb. 6.4). Die Steuerzahler müssen nicht nur untereinander kooperieren, sondern auch mit den Behörden, die ihre Steuerzahlungen eintreiben und verwalten sowie Prüfungen durchführen. Die Theorien, die in den beiden folgenden Abschnitten beschrieben werden, erweitern den sozialen Kontext des Steuerzahlens um die Interaktionen mit den Behörden. Außerdem werden in diesen Modellen auch die verschiedenen Motive zur Kooperation unterschieden, die sich nur durch adäquate regulatorische Maßnahmen beeinflussen lassen.

6.3 Responsive Regulation

Neben den Steuerzahlern selbst gehören zu den sozialen Akteuren von Steuersystemen (siehe Abb. 6.4) auch die Steuerbehörden, wie Finanzamtsbedienstete, Ministeriumsbeamte oder Betriebsprüfer. Ihre Einstellungen, ihr Verhalten und ihr Interaktionsstil wirken sich auf die Bereitschaft der Steuerzahler aus, mit ihnen zu kooperieren (Braithwaite 2003b). Die australische Steuerbehörde erkannte diesen Zusammenhang und bemühte sich bereits in den 1990er-Jahren um ein besseres Verhältnis zu den Steuerzahlern. Sie setzte sich zum Ziel, professionell, bedürfnisorientiert und fair zu agieren. Neben der Aufgabe, jene schwarzen Schafe in die Pflicht zu nehmen, die absichtlich nicht kooperieren, erklärte sich das Australian Taxation Office (ATO) auch dafür zuständig, die Steuerzahler dabei zu unterstützen, alles richtig zu machen. Durch diese Maßnahmen sollten das Vertrauen, die Unterstützung und der Respekt der Steuerzahler gewonnen werden (vgl. Braithwaite 2003a). In der Umsetzung wurde als erster Schritt eine *Taxpayers' Charter* formuliert, in der die fundamentalen Rechte und Pflichten der Steuerzahler deklariert wurden. Der → Kasten „Taxpayers' Charta des Australian Taxation Office zu den Rechten und Pflichten der Steuerzahler" zeigt die aktuelle Version dieser Charta. Ähnliche Prinzipien wurden mittlerweile auch von den Steuerbehörden weiterer Länder wie zum Beispiel der USA oder Großbritanniens veröffentlicht.

Taxpayers' Charta des Australian Taxation Office zu den Rechten und Pflichten der Steuerzahler

Ihre Rechte
Sie können von uns erwarten, dass …
- Sie von uns fair und vernünftig behandelt werden
- wir Sie als ehrlichen Steuerzahler behandeln, außer Sie verhalten sich anders

- wir Ihnen einen professionellen Service und Unterstützung anbieten
- von uns akzeptiert wird, wenn Sie sich von einer Person Ihrer Wahl vertreten lassen oder Rat einholen
- wir Ihre Privatsphäre respektieren
- wir die Informationen, die wir über Sie haben, vertraulich behandeln
- wir Ihnen Zugang zu den Daten geben, die wir über Sie haben
- wir Ihnen helfen, Ihre Anliegen zu regeln
- wir Ihnen unsere Entscheidungen erklären
- wir Ihr Recht auf eine neuerliche Überprüfung respektieren
- wir Ihr Recht respektieren, eine Beschwerde einzubringen
- wir es einfacher für Sie machen wollen, zu kooperieren und die Regeln zu befolgen
- wir für unsere Entscheidungen zur Verantwortung gezogen werden können

Ihre Pflichten
   Wir erwarten uns von Ihnen, dass …
- Sie wahrheitsmäße Angaben machen
- Sie die erforderlichen Buchhaltungsunterlagen aufbewahren
- Sie Ihre Angaben sorgfältig machen
- Sie Ihre Dokumente fristgerecht einreichen
- Sie Ihre Steuerschuld fristgerecht begleichen
- Sie kooperativ sind
   Anmerkungen. Aus Australian Taxation Office (2013, Übers. d. Verf.).

Die in der Charta beschriebenen Rechte und Pflichten verlangen den Steuerbehörden bei ihrer Arbeit eine neue, zusätzliche Rolle ab. Neben der traditionellen Betrugsbekämpfung mithilfe von Steuerprüfungen und dem Auftreten als bestrafende Autorität soll die Behörde auch Unterstützungsarbeit für kooperationsbereite Steuerzahler leisten. Sie sollte sich dabei als Dienstleister verstehen, der professionelle Informationen, Beratung und Unterstützung bietet. Kleinere, aus Unachtsamkeit geschehene Fehler unverhältnismäßig streng zu sanktionieren, könnte die grundsätzliche Bereitschaft zur Kooperation untergraben. Welche Maßnahmen zielführend sind – die Androhung von Strafen oder ein kooperatives Serviceangebot –, hängt von den Einstellungen und dem Verhalten der Steuerzahler ab. Ein solcher Regulationsansatz, bei dem auf die individuellen Unterschiede der Steuerzahler eingeht und auf ihr Verhalten reagiert, wird als *Responsive Regulation* bezeichnet (Ayres und Braithwaite 1992; Braithwaite 2007). Die australische Behörde ATO hat mit Experten der australischen Nationaluniversität ein Regulationsmodell entwickelt, das auf der Idee der Responsive Regulation basiert (Braithwaite 2003a, 2007).

> Steuerbehörden sollten sich auch als Dienstleister verstehen, die kooperationsbereiten Steuerzahlern professionelle Information, Beratung und Unterstützung bieten.

6.3.1 Das ATO-Compliance-Modell

Das aus der Zusammenarbeit von Regulationsexperten mit der australischen Steuerbehörde ATO entstandene *ATO-Compliance-Modell* beschreibt die verschiedenen Strategien und Maßnahmen, die den Behörden zur Verfügung stehen, und stellt diese den motivationalen Haltungen der Steuerzahler gegenüber. Die konkrete Empfehlung einer Maßnahme bei der gegebenen Motivation lässt sich als Pyramide darstellen (siehe Abb. 6.6). Unterschieden werden vier Grundhaltungen, die die Motivation zum Steuerzahlen und vor allem die Einstellung zu den Steuerbehörden umfassen. Diese basieren auf vier der fünf von der australischen Psychologin Valerie Braithwaite (2003b) beschriebenen motivationalen Grundhaltungen (siehe auch Abschn. 2.2.2). *Commitment* und *Capitulation* bezeichnen die grundsätzliche Bereitschaft zur Kooperation, die Haltungen *Resistance* und *Disengagement* bedeuten negative Einstellungen gegenüber den Behörden – bis hin zur völligen Weigerung zu kooperieren. Die Motivationen lassen sich im ATO-Compliance-Modell auch als Ausdruck der sozialen Distanz zwischen den Steuerzahlern und den Behörden verstehen. Je stärker die Steuerzahler die Behörden ablehnen und je weniger sie ihren Status als Autorität anerkennen, desto weniger wollen sie mit ihnen kooperieren (Braithwaite 2003a, 2003b).

Die Regulationsstrategien des ATO-Compliance-Modells reichen von den traditionellen Maßnahmen wie Kontrollieren und Bestrafen bis hin zum Anbieten von Serviceleistungen für die Steuerpflichtigen. Bei einer grundsätzlich positiven Haltung wie Commitment soll diese dadurch stabilisiert und gefördert werden, dass die Steuerzahler von den Behörden dabei unterstützt werden, alles richtig zu machen. Bei Capitulation wird durch rasche und effiziente

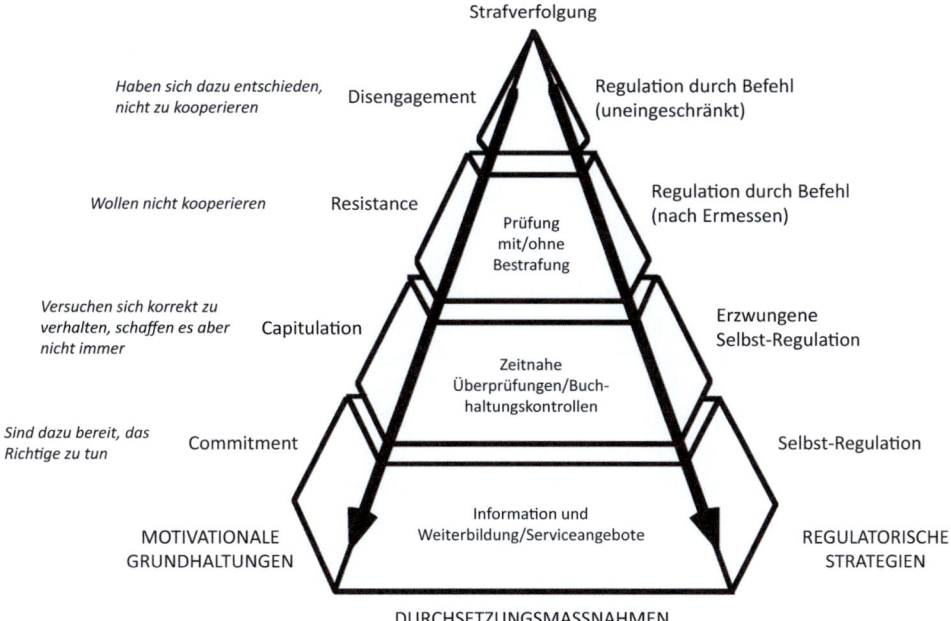

Abb. 6.6 Das ATO-Compliance-Modell der australischen Steuerbehörde als Beispiel für Responsive Regulation. (Adaptiert nach Braithwaite 2003a, S. 3, Übers. d. Verf.; McKerchar und Evans 2009, S. 174, Übers. d. Verf.)

Prüfung der Angaben versucht, unbeabsichtigte Fehler aufzuzeigen und zeitnah Rückmeldung zu geben. Bei den grundsätzlich unkooperativen Grundhaltungen Resistance und Disengagement wird mit der vollen Härte des Gesetzes durchgegriffen. Die Finanzbehörden reagieren flexibel auf das Verhalten und die Einstellungen der Steuerzahler.

Die pyramidenförmige Struktur des ATO-Compliance-Modells soll veranschaulichen, dass die Behörden nur jenes Maß an Zwang auszuüben brauchen, das die Situation erfordert, um die Befolgung von Vorschriften zu erreichen. Es wird angenommen, dass sich der Großteil der Bevölkerung an der Basis der Pyramide befindet und eine grundsätzlich positive Haltung gegenüber dem Steuerzahlen hat. Die kostenintensiven Steuerprüfungen müssen daher nicht unter den ohnehin Kooperationswilligen erfolgen, sondern können auf die lohnendere Zielgruppe an der Spitze der Pyramide fokussiert werden. Durch zielgerichtete Prüfungsstrategien wird für die schwarzen Schafe an der Spitze der Pyramide der Steuerbetrug weniger profitabel. Auf der untersten Ebene der Pyramide besteht außerdem die Möglichkeit, dass sich Steuerzahler und Steuerbehörden im Dialog gegenseitig beeinflussen und den jeweils anderen vom eigenen Standpunkt überzeugen. Bewegt sich der Konflikt auf die nächste Stufe der Pyramide, dann verlieren die Steuerzahler die Möglichkeiten zur Einflussnahme, und die Steuerbehörde beginnt ihre Autorität auszuspielen. Mit jeder Ebene der Pyramide steigen für beide Seiten die finanziellen, sozialen oder psychologischen Kosten, so dass keine der Parteien an einer Eskalation der Situation interessiert sein sollte. Durch die stufenweise Verstärkung des Drucks wird auch signalisiert, dass sich unkooperatives Verhalten nicht bezahlt macht und mit entsprechender Härte darauf reagiert wird (Braithwaite 2003a).

> Die Regulationsstrategien des ATO-Compliance-Modells reichen von den traditionellen Maßnahmen wie Kontrollieren und Bestrafen bis hin zum Anbieten von Serviceleistungen für die Steuerpflichtigen.

6.3.2 Diskussion

Bei Responsive Regulation werden die individuellen Unterschiede in Bezug auf die Einstellungen und das Verhalten der Steuerzahler berücksichtigt. Während im ökonomischen Modell (siehe Abschn. 6.1) eine rein extrinsische Motivation zum Steuerzahlen angenommen wird – man zahlt, wenn das Risiko einer Strafe höher ist als der durch Hinterziehung potenziell erzielbare Gewinn –, unterscheidet das ATO-Compliance-Modell vier verschiedene motivationale Grundhaltungen. Es wird angenommen, dass je nach Einstellung der Steuerzahler unterschiedliche regulatorische Maßnahmen wirksam sind. Die Regulationspyramide des Modells gibt konkrete Empfehlungen für die Praxis der Behörden und wurde von den Finanzbehörden vor allem in Trainings eingesetzt (Braithwaite 2009). Das ATO-Compliance-Modell hat nicht den Anspruch, zu erklären, wie die verschiedenen Haltungen und die Kooperationsbereitschaft der Steuerzahler zustande kommen. Es betont jedoch die Bedeutung der Interaktionen und der sozialen Distanz zwischen Steuerzahlern und Behörden. Der soziale Kontext erweitert sich bei der Analyse von Steuerhinterziehung, und die Finanzbehörden werden als weiterer Akteur im Steuersystem (siehe Abb. 6.4) berücksichtigt. Im ATO-Compliance-Modell richtet die Steuerbehörde ihr Verhalten nach dem der Steuerzahler. Deren Verhalten wird jedoch umgekehrt auch von der Steuerbehörde beeinflusst. Psychologische Studien zur distributiven und retributiven Gerechtigkeit zeigen, dass Steuerzahler auf unfaire Behandlung mit Widerstand reagieren (siehe auch Kap. 5). Neben dem Einfluss der anderen Steuerzahler, wie in Abschn. 6.2 zum sozialen Dilemma des Steuerzahlens und in Kap. 4 zur Bedeutung sozialer Normen beschrieben, scheinen also auch das Verhalten der Steuerbehörde und die Qualität der Interaktionen mit ihren „Kunden" die Steuermoral wesentlich zu bestimmen.

In das ATO-Compliance-Modell wurde *Game Playing*, die fünfte, ursprünglich von Braithwaite (2003b) beschriebene Grundhaltung von Steuerzahlern, nicht aufgenommen. Bei dieser wird die Steuerlast durch kreative Interpretation der gesetzlichen Grauzonen minimiert. Weil ja keine Gesetze gebrochen wurden, ist diese Praxis schwer zu bekämpfen. Auf jeden Versuch, die Gesetzeslücken zu schließen, wird mit neuen Ideen reagiert, um die Regelungen zu umgehen. Um dieses Katz-und-Maus-Spiel zu beenden, müsste die Einstellung zu den Gesetzen verändert werden. Eine Möglichkeit wäre auch, den Gesetzestexten Prinzipien voranzustellen, die den Sinn der Regelung zusammenfassen. Solche Grundsätze könnten in der Abwägung verwendet werden, welche Formen der Steuervermeidung noch als korrekt gelten und welche als Steuerumgehung gewertet werden müssen (Braithwaite 2009).

Die Arbeiten von Braithwaite zu den motivationalen Grundhaltungen und dem ATO-Compliance-Modell belegen vor allem die Bedeutung der individuellen Unterschiede zwischen den Steuerzahlern und die der Interaktionen mit den Steuerbehörden. Im nächsten Kapitel wird mit dem *Slippery Slope Framework* ein Ansatz vorgestellt, der neben den Einstellungen zum Steuerzahlen und zu den Behörden auch den sozialen Einfluss durch andere Steuerzahler berücksichtigt. Das Slippery Slope Framework ist der Versuch, die in den vorigen Kapiteln beschriebenen theoretischen Ansätze zu vereinen. Es betont die subjektiven Wahrnehmungen der regulatorischen Maßnahmen und des Verhaltens anderer. Außerdem werden im Gegensatz zum vergleichsweise komplexen Ansatz von Braithwaite nur zwei Motivationen zum Steuerzahlen unterschieden.

6.4 Slippery Slope Framework

Das *Slippery Slope Framework* (Kirchler 2007; Kirchler et al. 2008) ist aus einer Übersicht und einer Zusammenfassung der ökonomischen und psychologischen Fachliteratur entstanden. Dabei wurde festgestellt, dass Steuerehrlichkeit manchmal von „ökonomischen" Faktoren (z. B. Wahrscheinlichkeit einer Steuerprüfung und Strafe) beeinflusst wird, in anderen Fällen aber durch psychologische Variablen (z. B. Gerechtigkeit, soziale Normen) besser erklärt werden kann. Daher wurde versucht, beide Ansätze in einer Theorie zu vereinen. Neben der Abschreckungswirkung von Kontrollen und Strafen werden im Slippery Slope Framework die Interaktionen mit den Behörden und die Behandlung anderer Steuerzahler berücksichtigt. Das Modell fasst außerdem die individuellen Unterschiede bezogen auf die Einstellungen zum Steuerzahlen in zwei einander entgegengesetzten Motivationen zusammen – die freiwillige und die erzwungene Steuerehrlichkeit.

6.4.1 Freiwillige und erzwungene Steuerehrlichkeit

Warum Steuerzahler kooperieren oder eben nicht, wird, wie die psychologische Forschung zeigt, durch unterschiedliche Motive begründet. Manche empfinden eine moralische Verpflichtung gegenüber der Gesellschaft, andere fühlen sich ungerecht behandelt und würden freiwillig niemals etwas beitragen (Braithwaite 2003b). Je nach Motivation erfolgt die Kooperation also entweder freiwillig, oder sie muss durch behördliche Maßnahmen erzwungen werden. Der Finanzsoziologe Otto Veit verdeutlichte diesen Punkt bereits in den Zwanzigerjahren des letzten Jahrhunderts (Veit 1927, S. 323): *„Folge der Steuerwilligkeit ist stets Steuermoral, Voraussetzung für den Tatbestand der Steuermoral aber nicht immer das Vorliegen von Steuerwilligkeit. Diese kann vielmehr auch ersetzt werden durch technische Mittel der Finanzverwaltung: Strafandrohung, Zwang aller Art, geschickte Veranlagungsmethoden, die dem Erfolg etwa versuchter Steuerausweichungen keine Chance lassen, usw."* Eine ähnliche Unterscheidung der Motivation, die hinter dem Steuerverhalten steckt, wird auch im Slippery Slope Framework (Kirchler 2007; Kirchler et al. 2008) gemacht. Dort werden die individuellen Unterschiede der Steuerzahler als zwei einander entgegengesetzte Motivationen beschrieben. Die Einhaltung der Pflichten erfolgt entweder freiwillig oder weil sich die Steuerzahler zur Kooperation mit den Finanzbehörden gezwungen fühlen.

Mit *freiwilliger Steuerehrlichkeit* ist im Slippery Slope Framework die grundsätzliche, sich aus moralischen Überzeugungen ergebende Bereitschaft gemeint, die Steuern ordnungsgemäß zu verrichten. Bei dieser Motivation wird die Notwendigkeit von Steuerabgaben erkannt und eine gesellschaftliche Verpflichtung empfunden, einen Beitrag zum Gemeinwohl zu leisten. Die Steuerzahler wären theoretisch auch dann zur Kooperation bereit, wenn die Angaben in ihrer Steuererklärung gar nicht überprüft werden. Im Gegensatz dazu umfasst die Motivation der *erzwungenen Steuerehrlichkeit* rein extrinsische Gründe dafür, die Steuern zu bezahlen. Da bei Nichtkooperation Kontrollen und Strafen drohen, wird ein Zwang empfunden, der Steuerpflicht vorschriftsgemäß nachzukommen. Jede Chance, unerkannt Steuern zu hinterziehen, wird aber ohne Skrupel ausgenutzt. Zur Illustration der beiden Motivationen zeigt der → Kasten „Fragebogen-Items zur empirischen Erfassung freiwilliger und erzwungener Steuerehrlichkeit" die entsprechenden Skalen, mit denen die freiwillige und die erzwungene Steuerehrlichkeit empirisch erfasst werden können (Kirchler und Wahl 2010).

6.4.2 Macht und Vertrauen

Je nach Motivation kann die Compliance der Steuerzahler – also ihre Steuerehrlichkeit – im Slippery Slope Framework über zwei verschiedene Wege erreicht werden. Bei freiwilliger Steuerehrlichkeit muss eine vertrauensvolle Beziehung zu den Steuerzahlern aufgebaut und bestärkt werden, bei der Motivation der erzwungenen Steuerehrlichkeit ist die Autorität der Behörden entscheidend. Abb. 6.7 zeigt die im Modell postulierten Zusammenhänge zwischen den verschiedenen Motivationen zum Steuerzahlen, der wahrgenommenen Macht der Behörden und dem Vertrauen, das der Steuerzahler in sie hat.

> **Zwei Wege zur Steuerehrlichkeit im Slippery Slope Framework:**
> — Freiwillige Steuerehrlichkeit durch eine vertrauensvolle Beziehung der Behörden zum Steuerzahler.
> — Erzwungene Steuerehrlichkeit aufgrund der Autorität der Behörden.

Der linke Bereich von Abb. 6.7 bezieht sich auf die erzwungene Steuerehrlichkeit. Sie nimmt mit der wahrgenommenen Macht des Staates zu. Die Macht der Behörden zeigt sich vor allem in abschreckenden Maßnahmen, wie sie im ökonomischen Modell von Allingham und Sandmo (1972) beschrieben werden. Häufige Kontrollen und hohe Strafen lassen dem Steuerzahler

Fragebogen-Items zur empirischen Erfassung freiwilliger und erzwungener Steuerehrlichkeit

Wenn ich meine Steuern vorschriftsmäßig zahle, dann tue ich das, … | trifft nicht zu | | | | | | trifft zu

- … weil es für mich selbstverständlich ist.
- … um den Staat und andere Bürger zu unterstützen.
- … weil ich gerne zum Wohl aller beitrage.
- … weil es für mich ganz natürlich ist.
- … weil ich es als meine Pflicht als Bürger ansehe.

Wenn ich meine Steuern vorschriftsmäßig zahle, dann tue ich das, … | trifft nicht zu | | | | | | trifft zu

- … weil viele Steuerprüfungen stattfinden.
- … weil die Steuerbehörde häufig kontrolliert.
- … weil ich weiß, dass ich kontrolliert werde.
- … weil Hinterziehung sehr streng bestraft wird.
- … weil ich nicht genau weiß, wie ich Steuern unauffällig hinterziehen kann.

Anmerkungen. Aus dem TAX-Inventory von Kirchler und Wahl (2010, S. 344).

kaum eine andere Wahl als zu kooperieren. Den subjektiven Wahrnehmungen der Steuerzahler wird im Slippery Slope Framework größere Bedeutung beigemessen als der objektiv gegebenen Wahrscheinlichkeit einer Steuerprüfung und dem tatsächlichen Ausmaß der Strafen. Neben der Möglichkeit, die kostspieligen Prüfungen häufiger vorzunehmen, kann daher auch eine entsprechende Kommunikationspolitik einen Einfluss darauf haben, wie die Macht von Behörden wahrgenommen wird (Muehlbacher und Kirchler 2010). Zudem scheint es wichtig, dass die Ausübung von Macht als legitim empfunden wird. Das ist vor allem dann der Fall, wenn die Autoritäten als solche akzeptiert werden (Turner 2005). Im Gegensatz zur Machtausübung durch Zwang kann legitime Macht auch zu freiwilliger Steuerehrlichkeit führen (Gangl et al. 2015; Kirchler und Muehlbacher 2010).

Die Motivation der freiwilligen Steuerehrlichkeit wird im rechten Bereich von Abb. 6.7 dargestellt. Sie steigt mit dem Vertrauen der Steuerzahler in die Arbeit der Finanzbehörde. In der Psychologie werden häufig zwei Arten von Vertrauen unterschieden. Ein implizites Vertrauen, das automatisch und unbewusst als Reaktion auf externe Reize entsteht, und ein vernunft-

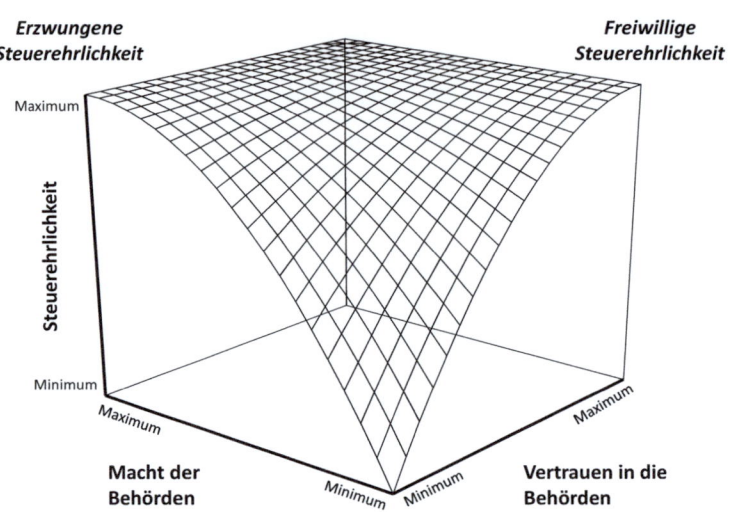

Abb. 6.7 Das Slippery Slope Framework zur Steuerehrlichkeit. (Adaptiert nach Kirchler et al. 2008, S. 212, Übers. d. Verf.)

basiertes Vertrauen, das sich aus einer rationalen Bewertung der Situation und den daraus abgeleiteten Erwartungen ergibt (Gangl et al. 2015). Das Vertrauen der Steuerzahler zu gewinnen ist sicher keine leichte Aufgabe für die Finanzbehörden. Dabei dürften vor allem die verschiedenen Aspekte der Gerechtigkeit des Steuersystems von Bedeutung sein (siehe dazu auch Kap. 5): Wenn die Verwendung der Steuergelder (distributive Gerechtigkeit), die Interaktionen mit den Steuerbehörden (prozedurale Gerechtigkeit) und die Bestrafung von Delikten (retributive Gerechtigkeit) als fair empfunden werden, nimmt das Vertrauen der Steuerzahler zu (Kogler et al. 2015). Einige Vorschläge für die Steuerbehörden, wie sie ein vertrauensvolles Klima schaffen können, werden in Abschn. 7.2 besprochen.

Macht und Vertrauen stellen im Slippery Slope Framework die fundamentalen Einflussgrößen der Steuermoral dar. Neben den direkten Effekten auf die Steuerehrlichkeit wird auch angenommen, dass sich die beiden Dimensionen wechselseitig beeinflussen. Zum Beispiel würden ständige Kontrollen und drakonische Strafen zwar die Macht des Staates vergrößern, diese könnten aber von den Steuerzahlern auch als Zeichen des Misstrauens gewertet werden, auf das wiederum mit Misstrauen reagiert wird. Aber auch wenn zu selten oder nur sehr oberflächlich geprüft wird, also nur sehr wenig Macht ausgeübt wird, könnten Zweifel daran aufkommen, wie effizient die Finanzbehörden arbeiten, und somit das Vertrauen der Steuerzahler schwinden. So wie die wahrgenommene Macht der Behörde auf das Vertrauen wirkt, könnte spiegelbildlich auch das Vertrauen der Bürger die Macht der Behörde größer werden lassen. Zum Beispiel werden in einem vertrauensvollen Klima durch die vielen „freiwilligen" Steuerzahler soziale Normen geschaffen, die neben den Behörden Druck auf unkooperative Steuerzahler ausüben. Außerdem könnten jene, die in einem vertrauensvollen Verhältnis mit den Finanzbehörden stehen, Steuersünder anzeigen. Durch diese wechselseitige Beeinflussung von Macht und Vertrauen besteht für die Steuerbehörden die folgende Gefahr: Bei Einbußen auf einer Dimension gerät auch die andere in Mitleidenschaft, was dazu führt, dass die Steuerehrlichkeit generell abnimmt. Die Arbeit der Steuerbehörden erfolgt auf dem sehr schmalen Grat – dem Slippery

Slope – zwischen ausreichend Vertrauen und dem richtigen Ausmaß bei der Ausübung von Zwang (Kirchler und Muehlbacher 2010; Muehlbacher und Kirchler 2010).

> **Macht und Vertrauen stellen im Slippery Slope Framework die fundamentalen Einflussgrößen der Steuermoral dar.**

Die konkrete Position auf der Macht- und auf der Vertrauensdimension im Modell, das in Abb. 6.7 dargestellt wird, lässt sich als *Interaktionsklima* beschreiben. Durch den Klimabegriff werden ähnlich wie in der Meteorologie die verschiedenen psychologischen Aspekte eines Steuersystems zusammengefasst. In den Extrempunkten herrscht bei hoher Macht und wenig Vertrauen ein antagonistisches Klima, in dem eine Art Räuber-und-Gendarm-Spiel betrieben wird. Bei hohem Vertrauen besteht ein synergistisches Klima, in dem eine Service- und Kundenbeziehung zwischen Autoritäten und Steuerzahlern gepflegt wird (Kirchler et al. 2008).

6.4.3 Empirische Untersuchungen

Das Slippery Slope Framework wurde auch in die „Formelsprache" der Ökonomie übersetzt (Prinz et al. 2014), um aus der mathematischen Formalisierung der Annahmen klare und eindeutige Vorhersagen zur empirischen Überprüfung abzuleiten. In Umfragen und Laborexperimenten wurden die grundlegenden Annahmen des Modells bestätigt. Zum Beispiel sollten sich in einer experimentellen Studie Selbstständige aus Österreich vorstellen, in einem fiktiven Land namens Varosia zu leben. Die Steuerbehörden von Varosia wurden entweder als besonders vertrauenswürdig und serviceorientiert oder als das genaue Gegenteil beschrieben. Die Macht der Autoritäten von Varosia wurde im Experiment dadurch variiert, dass man jeweils die Wahrscheinlichkeit einer Steuerprüfung und die Effizienz der durchgeführten Prüfungen beschrieb. Die Steuerehrlichkeit der Teilnehmer wurde wie erwartet durch beide Faktoren – Vertrauen und Macht der Behörden – beeinflusst (Wahl et al. 2010). Abb. 6.8 zeigt die Ergebnisse einer ähnlichen Studie, die an Studierenden aus Österreich, Ungarn, Rumänien und Russland durchgeführt wurde (Kogler et al. 2013).

In einer Befragung österreichischer Selbstständiger (Kogler et al. 2015; Muehlbacher und Kirchler 2010) sollten die Teilnehmer die Macht der Behörden in Österreich bewerten und ihr Vertrauen in diese angeben. Außerdem wurden die Teilnehmer zu ihrer Steuerehrlichkeit befragt. Wieder konnte die Bedeutung von Macht und Vertrauen für die Steuermoral bestätigt werden. Die Ergebnisse einer Regressionsanalyse aus dieser Studie sind in Abb. 6.9 dargestellt. Ähnliche Ergebnisse ergab eine Befragung englischer, österreichischer und tschechischer Steuerzahler (Muehlbacher et al. 2011). Die Zusammenhänge, die in den empirischen Untersuchungen beobachtet wurden, entsprechen weitgehend den Annahmen des Slippery Slope Frameworks. Bei einer Befragung von Selbstständigen in Italien (Kastlunger et al. 2013) wurden zwei Arten von Macht unterschieden: legitime Macht, die dazu dient, kooperative Bürger zu schützen, und Zwangsmacht, mit der die Kooperation erzwungen werden kann. Wie im Slippery Slope Framework angenommen, beeinflussen die Wahrnehmung und Bewertung der Macht das Vertrauen in die Steuerbehörden. Das Vertrauen der italienischen Selbstständigen war stärker, wenn diese die Macht der Behörden als legitim erachteten. Wenn die Machtausübung als Zwang erlebt wurde, war das Vertrauen geringer.

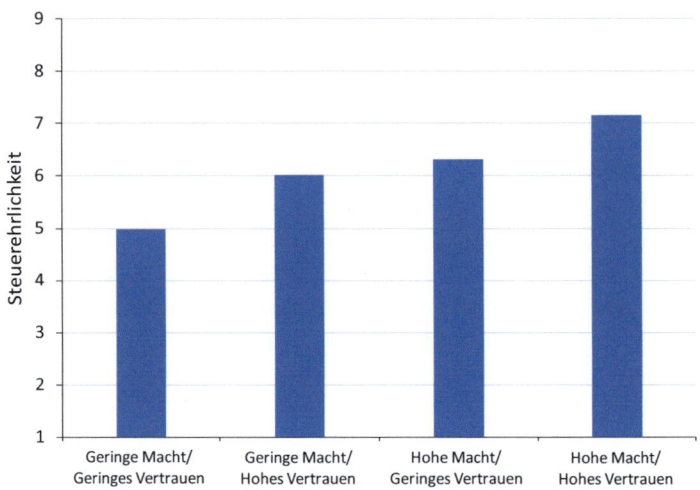

☐ **Abb. 6.8** Wirkung der Macht der Behörden und des Vertrauens der Steuerzahler auf die Steuerehrlichkeit in einem Experiment. Im Fragebogen dieser experimentellen Studie wurden die Steuerbehörden eines fiktiven Landes als entweder besonders mächtig und/oder besonders vertrauenswürdig beschrieben und die Steuerehrlichkeit der 1319 Teilnehmer aus Österreich, Rumänien, Russland und Ungarn auf einer Skala von *1 (ich würde ganz sicher hinterziehen)* bis *9 (ich würde ganz sicher nicht hinterziehen)* erhoben. Die Balken zeigen, dass die Steuerehrlichkeit besonders dann hoch war, wenn die Behörden als mächtig und vertrauenswürdig beschrieben wurden. Bei geringer Macht und geringem Vertrauen war die Steuerehrlichkeit am geringsten. (Daten für die Darstellung aus Kogler et al. 2013)

6.4.4 Diskussion

Im Slippery Slope Framework werden zwei Motivationen zur Kooperation mit den Steuerbehörden unterschieden. Steuerehrlichkeit kann nach diesem Modell entweder freiwillig erfolgen oder durch Autorität erzwungen werden. Wenn den Behörden vertraut wird, steigt die Bereitschaft zur freiwilligen Kooperation. Wenn das Vertrauen fehlt, kann die Steuerehrlichkeit auch durch die Ausübung von Macht erreicht werden. Übertriebene Machtausübung erzeugt aber ein antagonistisches Klima, in dem kaum noch jemand freiwillig kooperiert und jedes Schlupfloch und jede Möglichkeit zum Steuerbetrug ausgenutzt wird. Im Gegensatz dazu können eine als legitim wahrgenommene Machtausübung und die Akzeptanz der Behörden als wohlwollende, kompetente Instanz ein von Synergie geprägtes Klima schaffen. Durch das wechselseitige Vertrauen wird freiwillig kooperiert, und die Beziehung zwischen Behörden und Steuerzahlern gleicht eher der zwischen einer Serviceeinrichtung und ihren Kunden (Gangl et al. 2015; Kirchler et al. 2008).

Das Slippery Slope Framework berücksichtigt die individuellen Motivationen der Steuerzahler und erweitert den sozialen Kontext der Analyse um die Beziehungen zu anderen Steuerzahlern und zu den Behörden. Für die Praxis der Regulation leitet sich aus diesem Ansatz eine Erweiterung der traditionellen Arbeit der Steuerbehörden ab. Neben den traditionellen Machtinstrumenten der Kontrolle und der Strafe sollen auch vertrauensbildende Maßnahmen gesetzt und eine serviceorientierte Haltung gezeigt werden. In Abschn. 7.2 werden evidenzbasierte Vorschläge zum Aufbau eines Vertrauensklimas vorgestellt.

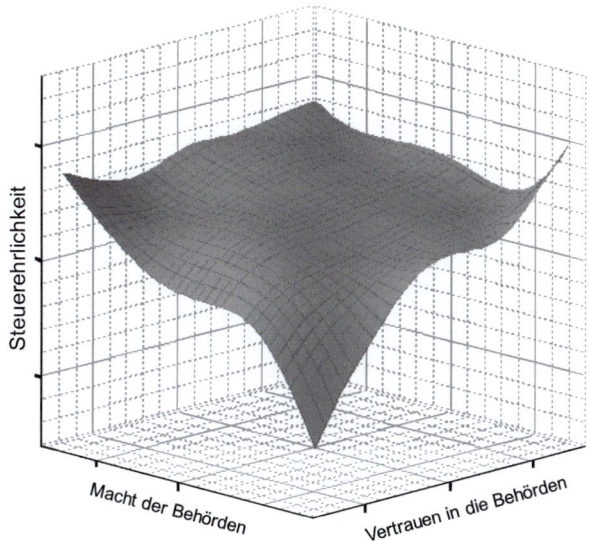

◘ Abb. 6.9 Die empirisch beobachteten Zusammenhänge zwischen der wahrgenommenen Macht der Finanzbehörden, dem Vertrauen der Steuerzahler und der Steuerehrlichkeit. Die Abbildung zeigt die Ergebnisse einer Regressionsanalyse der Daten von 476 befragten österreichischen Steuerzahlern. Die Teilnehmer gaben auf einer Skala von 1 bis 7 an, wie stark sie die Macht der Finanzbehörden einschätzen, wie sehr sie diesen vertrauen und wie ausgeprägt die eigene Steuermoral ist. Entsprechend den Annahmen des Slippery Slope Frameworks war die Steuerehrlichkeit am höchsten/geringsten, wenn Macht und Vertrauen hoch/gering waren. (Aus Muehlbacher und Kirchler 2010, S. 609, Übers. d. Verf.)

Zusammenfassung

In den verschiedenen Theorien zur Erklärung des Verhaltens der Steuerzahler werden sehr unterschiedliche Einflussgrößen der Steuermoral berücksichtigt. Im ökonomischen Modell wird vor allem die Bedeutung einer effizienten Strafverfolgung betont. Moderne Theorien erweitern jedoch den sozialen Kontext der Analyse, differenzieren die verschiedenen Motive der Steuerzahler und beachten neben Kontrollen und Strafen auch eine Reihe weiterer Faktoren. Betrachtet man Steuerhinterziehung als soziales Dilemma, tritt die Rolle der steuerfinanzierten staatlichen Leistungen in den Vordergrund, und es stellt sich die Frage, wie die Zahlungsmoral anderer Steuerzahler erlebt wird. Der Ansatz einer Responsive Regulation rückt hingegen die Qualität der Interaktionen mit den Steuerbehörden und die individuellen Unterschiede zwischen den Einstellungen der Steuerzahler in den Mittelpunkt. Im Slippery Slope Framework werden schließlich die verschiedenen ökonomischen und psychologischen Einflussgrößen der Steuermoral zu zwei Gruppen zusammengefasst: Einerseits können beispielsweise Steuerprüfungen und Strafen die wahrgenommene Macht der Steuerbehörden größer werden lassen, andererseits fördern Gerechtigkeit und positive soziale Normen das Vertrauen in das Steuersystem. Steuerehrlichkeit kann nach dieser Theorie durch Ausübung von Macht erzwungen werden oder als Folge von vertrauensfördernden Maßnahmen freiwillig entstehen.

Literatur

Ali, M. M., Cecil, H. W., & Knoblett, J. A. (2001). The effects of tax rates and enforcement policies on taxpayer compliance: a study of self-employed taxpayers. *Atlantic Economic Journal*, 29(2), 186–202.

Allingham, M. G., & Sandmo, A. (1972). Income tax evasion: A theoretical analysis. *Journal of Public Economics*, *1*(3–4), 323–338.

Alm, J., Jackson, B. R., & McKee, M. (1992a). Estimating the determinants of taxpayer compliance with experimental data. *National Tax Journal*, *45*(1), 107–114.

Alm, J., McClelland, G. H., & Schulze, W. D. (1992b). Why do people pay taxes? *Journal of Public Economics*, *48*(1), 21–38.

Alm, J., Sanchez, I., & de Juan, A. (1995). Economic and noneconomic factors in tax compliance. *Kyklos*, *48*(1), 3–18.

Alm, J., McClelland, G. H., & Schulze, W. D. (1999). Changing the social norm of tax compliance by voting. *Kyklos*, *52*(2), 141–171.

Alm, J., Kirchler, E., & Muehlbacher, S. (2012a). Combining psychology and economics in the analysis of compliance: from enforcement to cooperation. *Economic Analysis & Policy*, *42*(2), 133–151.

Alm, J., Kirchler, E., Muehlbacher, S., Gangl, K., Hofmann, E., Kogler, C., & Pollai, M. J. (2012b). Rethinking the research paradigms for analysing tax compliance behaviour. *CESifo Forum*, *2*, 33–40.

Andreoni, J., Erard, B., & Feinstein, J. (1998). Tax compliance. *Journal of Economic Literature*, *36*(2), 818–860.

Australian Taxation Office (2013). Taxpayers' charter. https://www.ato.gov.au/About-ATO/About-us/In-detail/Taxpayers-charter. Zugegriffen: 19. Mai 2017.

Axelrod, R. (1984). *The evolution of cooperation*. New York: Basic Books.

Ayres, I., & Braithwaite, J. (1992). *Responsive regulation: transcending the deregulation debate*. Oxford: Oxford University Press.

Baldry, J. C. (1987). Income tax evasion and the tax schedule: some experimental results. *Public Finance*, *42*(3), 357–383.

Becker, G. S. (1968). Crime and punishment: an economic approach. *The Journal of Political Economy*, *76*(2), 169–217.

Becker, G. S. (1992). The economic way of looking at life, nobel lecture. http://www.nobelprize.org/nobel_prizes/economic-sciences/laureates/1992/becker-lecture.pdf. Zugegriffen: 19. Mai 2017.

Braithwaite, V. (2003a). A new approach to tax compliance. In V. Braithwaite (Hrsg.), *Taxing democracy* (S. 1–11). Aldershot: Ashgate.

Braithwaite, V. (2003b). Dancing with tax authorities: motivational postures and non-compliant actions. In V. Braithwaite (Hrsg.), *Taxing democracy* (S. 15–39). Aldershot: Ashgate.

Braithwaite, V. (2007). Responsive regulation and taxation: introduction. *Law & Policy*, *29*(1), 3–10.

Braithwaite, V. A. (2009). *Defiance in taxation and governance: resisting and dismissing authority in a democracy*. Cheltenham: Edward Elgar.

Collins, J. H., & Plumlee, R. D. (1991). The taxpayer's labor and reporting decision: the effect of audit schemes. *The Accounting Review*, *66*(3), 559–576.

Cowell, F. A. (1985). Tax evasion with labour income. *Journal of Public Economics*, *26*(1), 19–34.

Dawes, R. M. (1980). Social dilemmas. *Annual Review of Psychology*, *31*, 189–193.

Dhami, S., & al-Nowaihi, A. (2007). Why do people pay taxes? Prospect theory versus expected utility theory. *Journal of Economic Behavior & Organization*, *64*(1), 171–192.

Dubin, J. A., Graetz, M. J., & Wilde, L. L. (1990). The effect of audit rates on the federal individual income tax, 1977–1986. *National Tax Journal*, *43*(4), 395–409.

Fehr, E., & Fischbacher, U. (2004a). Social norms and human cooperation. *Trends in Cognitive Science*, *8*(4), 185–190.

Fehr, E., & Fischbacher, U. (2004b). Third-party punishment and social norms. *Evolution and Human Behavior*, *25*(2), 63–87.

Feinstein, J. S. (1991). An econometric analysis of income tax evasion and its detection. *The RAND Journal of Economics*, *22*(1), 14–35.

Fischer, C. M., Wartick, M., & Mark, M. M. (1992). Detection probability and taxpayer compliance: a review of the literature. *Journal of Accounting Literature*, *11*, 1–46.

Fishlow, A., & Friedman, J. (1994). Tax evasion, inflation and stabilization. *Journal of Development Economics*, *43*(1), 105–123.

Friedland, N. (1982). A note on tax evasion as a function of the quality of information about the magnitude and credibility of threatened fines: some preliminary research. *Journal of Applied Social Psychology*, *12*(1), 54–59.

Friedland, N., Maital, S., & Rutenberg, A. (1978). A simulation study of income tax evasion. *Journal of Public Economics*, *10*, 107–116.

Gangl, K., Hofmann, E., & Kirchler, E. (2015). Tax authorities' interaction with taxpayers: a conception of compliance in social dilemmas by power and trust. *New Ideas in Psychology*, *37*, 13–23.

Hölzl, E. (2014). Reziprozität. In M. A. Wirtz (Hrsg.), *Dorsch – Lexikon der Psychologie* (17. Aufl. S. 1426–1427). Bern: Huber.

Internal Revenue Service (2016). Data book, 2015 (Publication 55B). https://www.irs.gov/pub/irs-soi/15databk.pdf. Zugegriffen: 19. Mai 2017.

Kahneman, D., & Tversky, A. (1979). Prospect theory: an analysis of decision under risk. *Econometrica, 47*(2), 263–292.

Kastlunger, B., Kirchler, E., Mittone, L., & Pitters, J. (2009). Sequences of audits, tax compliance, and taxpaying strategies. *Journal of Economic Psychology, 30*(3), 405–418.

Kastlunger, B., Lozza, E., Kirchler, E., & Schabmann, A. (2013). Powerful authorities and trusting citizens: the slippery slope framework and tax compliance in Italy. *Journal of Economic Psychology, 34*, 36–45.

Kirchler, E. (2007). *The economic psychology of tax behaviour*. Cambridge: Cambridge University Press.

Kirchler, E., & Maciejovsky, B. (2001). Tax compliance within the context of gain and loss situations, expected and current asset position, and profession. *Journal of Economic Psychology, 22*(2), 179–194.

Kirchler, E., & Muehlbacher, S. (2008). Kontrollen und Sanktionen im Steuerstrafrecht aus der Sicht der Rechtspsychologie. In R. Leitner (Hrsg.), *Finanzstrafrecht 2007* (S. 9–33). Wien: Linde.

Kirchler, E., & Muehlbacher, S. (2010). Das Slippery Slope Framework des Steuerverhaltens – zum Einfluss von Macht und Vertrauen auf erzwungene und freiwillige Kooperation. In E. H. Witte & T. Gollan (Hrsg.), *Sozialpsychologie und Ökonomie* (S. 173–182). Lengerich: Pabst Science.

Kirchler, E., & Wahl, I. (2010). Tax compliance inventory TAX-I: designing an inventory for surveys of tax compliance. *Journal of Economic Psychology, 31*(3), 331–346.

Kirchler, E., Hoelzl, E., & Wahl, I. (2008). Enforced versus voluntary tax compliance: the "slippery slope" framework. *Journal of Economic Psychology, 29*(2), 210–225.

Kirchler, E., Muehlbacher, S., Hoelzl, E., & Webley, P. (2009). Effort and aspirations in tax evasion: experimental evidence. *Applied Psychology, 58*(3), 488–507.

Kirchler, E., Muehlbacher, S., Kastlunger, B., & Wahl, I. (2010). Why pay taxes? A review of tax compliance decisions. In J. Alm, J. Martinez-Vazquez & B. Torgler (Hrsg.), *Developing alternative frameworks for explaining tax compliance* (S. 15–31). Abingdon: Routledge.

Kirchler, E., Kogler, C., & Muehlbacher, S. (2014). Cooperative tax compliance: from deterrence to deference. *Current Directions in Psychological Science, 23*(2), 87–92.

Knight, F. (1921). *Risk, uncertainty, and profit. Hart Schaffner Marx prize essays*. Bd. XXXI. Boston: Houghton Mifflin.

Kogler, C., Batrancea, L., Nichita, A., Pantya, J., Belianin, A., & Kirchler, E. (2013). Trust and power as determinants of tax compliance: Testing the assumptions of the slippery slope framework in Austria, Hungary, Romania and Russia. *Journal of Economic Psychology, 34*, 169–180.

Kogler, C., Muehlbacher, S., & Kirchler, E. (2015). Testing the "slippery slope framework" among self-employed taxpayers. *Economics of Governance, 16*(2), 125–142.

Lang, O., Nöhrbaß, K.-H., & Stahl, K. (1997). On income tax avoidance: the case of Germany. *Journal of Public Economics, 66*(2), 327–347.

Ledyard, J. O. (1993). Public goods: a survey of experimental research. In J. H. Kagel & A. E. Roth (Hrsg.), *Handbook of experimental economics* (S. 111–194). Princeton: Princeton University Press.

Martinez-Vazquez, J., Harwood, G. B., & Larkins, E. R. (1992). Withholding position and income tax compliance: some experimental evidence. *Public Finance Review, 20*(2), 152–174.

Mason, R., & Calvin, L. D. (1978). Study of admitted income tax evasion. *Law & Society Review, 13*, 73.

McKerchar, M., & Evans, C. (2009). Sustaining growth in developing economies through improved taxpayer compliance: challenges for policy makers and revenue authorities. *eJournal of Tax Research, 7*(2), 171–201.

Mittone, L. (2006). Dynamic behaviour in tax evasion: an experimental approach. *Journal of Socio-Economics, 35*(5), 813–835.

Moser, D. V., Evans, J. H., & Kim, C. K. (1995). The effects of horizontal and exchange inequity on tax reporting decisions. *The Accounting Review, 70*(4), 619–634.

Muehlbacher, S., & Kirchler, E. (2008). Arbeitsaufwand, Anspruchsniveau und Steuerehrlichkeit. *Zeitschrift für Arbeits- und Organisationspsychologie, 52*(2), 91–96.

Muehlbacher, S., & Kirchler, E. (2009). Origin of endowments in public good games: the impact of effort on contributions. *Journal of Neuroscience, Psychology, and Economics, 2*(1), 59–67.

Muehlbacher, S., & Kirchler, E. (2010). Tax compliance by trust and power of authorities. *International Economic Journal, 24*(4), 607–610.

Muehlbacher, S., & Kirchler, E. (2013). Mental accounting of self-employed taxpayers: on the mental segregation of the net income and the tax due. *FinanzArchiv: Public Finance Analysis, 69*(4), 412–438.

Muehlbacher, S., Hölzl, E., & Kirchler, E. (2007). Steuerhinterziehung und die Berücksichtigung des Einkommmens in der Strafbemessung. *Wirtschaftspsychologie, 9*(4), 116–121.

Muehlbacher, S., Kirchler, E., & Schwarzenberger, H. (2011). Voluntary versus enforced tax compliance: empirical evidence for the "slippery slope" framework. *European Journal of Law and Economics, 32*(1), 89–97.

Nagin, D. S. (2013). Deterrence in the twenty-first century. *Crime and Justice, 42*(1), 199–263.

Park, C.-G., & Hyun, J. K. (2003). Examining the determinants of tax compliance by experimental data: a case of Korea. *Journal of Policy Modeling, 25*(8), 673–684.

Pencavel, J. H. (1979). A note on income tax evasion, labor supply, and nonlinear tax schedules. *Journal of Public Economics, 12*(1), 115–124.

Pommerehne, W. W., & Weck-Hannemann, H. (1996). Tax rates, tax administration and income tax evasion in Switzerland. *Public Choice, 88*(1–2), 161–170.

Porcano, T. M. (1988). Correlates of tax evasion. *Journal of Economic Psychology, 9*(1), 47–67.

Prinz, A., Muehlbacher, S., & Kirchler, E. (2014). The slippery slope framework on tax compliance: an attempt to formalization. *Journal of Economic Psychology, 40*, 20–34.

Sandmo, A. (1981). Income tax evasion, labour supply, and the equity – efficiency tradeoff. *Journal of Public Economics, 16*(3), 265–288.

Schepanski, A., & Kelsey, D. (1990). Testing for framing effects in taxpayer compliance decisions. *Journal of the American Taxation Association, 12*(1), 60–77.

Schepanski, A., & Shearer, T. (1995). A Prospect theory account of the income tax withholding phenomenon. *Organizational Behavior and Human Decision Processes, 63*(2), 174–186.

Schwartz, R. D., & Orleans, S. (1967). On legal sanctions. *The University of Chicago Law Review, 34*(2), 274.

Slemrod, J. (1985). An empirical test for tax evasion. *The Review of Economics and Statistics, 67*(2), 232–238.

Slemrod, J., & Yitzhaki, S. (2002). Tax avoidance, evasion, and administration. In A. Auerbach & M. Feldstein (Hrsg.), *Handbook of public economics* (Bd. 3, S. 1423–1470). Amsterdam: Elsevier.

Slemrod, J., Blumenthal, M., & Christian, C. (2001). Taxpayer response to an increased probability of audit: evidence from a controlled experiment in minnesota. *Journal of Public Economics, 79*(3), 455–483.

Sonnemans, J., Schram, A., & Offerman, T. (1999). Strategic behavior in public good games: when partners drift apart. *Economics Letters, 62*(1), 35–41.

Spicer, M. W., & Becker, L. A. (1980). Fiscal inequity and tax evasion: an experimental approach. *National Tax Journal, 33*(2), 171–175.

Spicer, M. W., & Hero, R. E. (1985). Tax evasion and heuristics: a research note. *Journal of Public Economics, 26*(2), 263–267.

Spicer, M. W., & Lundstedt, S. B. (1976). Understanding tax evasion. *Public Finance, 21*(2), 295–305.

Srinivasan, T. N. (1973). Tax evasion: a model. *Journal of Public Economics, 2*(4), 339–346.

Turner, J. C. (2005). Explaining the nature of power: a three-process theory. *European Journal of Social Psychology, 35*(1), 1–22.

Tversky, A., & Kahneman, D. (1974). Judgement under uncertainty: heuristics and biases. *Science, 185*, 1124–1131.

Tversky, A., & Kahneman, D. (1981). The framing of decisions and the psychology of choice. *Science, 211*, 453–458.

Tversky, A., & Kahneman, D. (1992). Advances in prospect theory: Cumulative representation of uncertainty. *Journal of Risk and Uncertainty, 5*(4), 297–323.

Veit, O. (1927). *Grundlagen der Steuermoral. Eine finanzpsychologische Studie. Zeitschrift für die gesamte*. Staatswissenschaft, Bd. 83 (S. 317–344).

Wahl, I., Kastlunger, B., & Kirchler, E. (2010). Trust in authorities and power to enforce tax compliance: An empirical analysis of the "slippery slope framework". *Law & Policy, 32*(4), 383–406.

Webley, P., Robben, H. S. J., Elffers, H., & Hessing, D. J. (1991). *Tax evasion: An experimental approach*. Cambridge: Cambridge University Press.

Yaniv, G. (1999). Tax compliance and advance tax payments: A prospect theory analysis. *National Tax Journal, 52*(4), 753–764.

Yitzhaki, S. (1974). A note on income tax evasion: A theoretical analysis. *Journal of Public Economics, 3*, 201–202.

Strategien zur Verbesserung der Steuermoral

Stephan Mühlbacher

7.1 Maßnahmen zur Abschreckung – 100

7.2 Vertrauensbildende Maßnahmen – 106

Literatur – 117

© Springer-Verlag GmbH Deutschland 2018
S. Mühlbacher und M. Zieser, *Die Psychologie des Steuerzahlens*, Die Wirtschaftspsychologie
https://doi.org/10.1007/978-3-662-53846-3_7

Mit freundlicher Genehmigung von nel@nelcartoons.de

7.1 Maßnahmen zur Abschreckung

Der traditionelle Ansatz zur Bekämpfung von Steuerbetrug setzt auf Abschreckung. Häufige und effektive Kontrollen sowie hohe Geld- und Freiheitsstrafen sollen davon abhalten, die Steuererklärung zu manipulieren (siehe dazu auch Abschn. 6.1). Die Kriminologie befasst sich unter dem Schlagwort *Deterrence* (engl. für Abschreckung) seit Jahrzehnten mit dieser Strategie zur Kriminalitätsbekämpfung. Darin kommen den Strafverfolgungsbehörden die Aufgaben zu, Gesetzesübertretungen zu entdecken sowie Individuen anzuklagen und zu bestrafen. Kriminalität soll durch drei Mechanismen verhindert werden: (i) Verbrechen unmöglich machen, (ii) vor kriminellem Verhalten abschrecken und (iii) die wiederholte Begehung einer Tat abwenden.

Eine effektive Strategie zur Kriminalitätsbekämpfung sollte alle drei Mechanismen berücksichtigen. Empirische Untersuchungen zum Abschreckungseffekt von Strafandrohungen lassen aber Zweifel an der allgemeingültigen Wirksamkeit des Bestrafungssystems aufkommen. Während in manchen Studien relativ starke Effekte von Strafen beobachtet werden, zeigten sich in anderen überhaupt keine Auswirkungen. Meistens wurde in Untersuchungen zur Deterrence-Theorie festgestellt, dass die Wahrscheinlichkeit einer Kontrolle einen deutlich größeren und konsistenteren Effekt auf das Verhalten hat als die Höhe der Bestrafung selbst (Nagin 2013).

> Untersuchungen zur Deterrence-Theorie haben gezeigt, dass die Wahrscheinlichkeit einer Kontrolle einen deutlich größeren und konsistenteren Effekt auf das Verhalten hat als die Höhe der Bestrafung selbst.

Der Ökonom Gary Becker (1968) publizierte die erste mathematische Formalisierung des Deterrence-Ansatzes und beschrieb den Zusammenhang von Strafhöhe, Wahrscheinlichkeit einer Kontrolle und kriminellem Verhalten. In seinem Modell ist Kriminalität das Resultat einer reinen Kosten-Nutzen-Analyse. Verbrechen werden dann begangen, wenn sie sich auszahlen. Erst wenn die erwarteten Kosten durch Entdeckung und Strafe den Nutzen der Gesetzesübertretung übersteigen, wird nach dem Modell von kriminellem Verhalten Abstand genommen. Das in Abschn. 6.1 diskutierte ökonomische Standardmodell zur Steuerhinterziehung (Allingham und Sandmo 1972; Srinivasan 1973; Yitzhaki 1974) basiert auf dem theoretischen Ansatz von Gary Becker. Nach dieser Theorie sollte Steuerhinterziehung durch harte Strafen und häufige Kontrollen bekämpft werden können. Der → Kasten „Vorschläge zur Förderung der Steuerehrlichkeit durch Kontrollen und Strafen" zeigt wie die Abschreckungswirkung von Kontrollen und Strafen maximiert werden kann (Alm und Torgler 2011). In psychologischen Modellen wird besonders die subjektive Wahrnehmung der von den Behörden gesetzten Maßnahmen betont. Durch starke Präsenz und Androhung strenger Sanktionen werden die Finanzbehörden als mächtige Autoritäten wahrgenommen, die auch unwillige Steuerzahler zur Kooperation zwingen können (Kirchler et al. 2008). Im Folgenden werden Kontrollen und Strafen als Möglichkeit diskutiert, Steuerbetrug durch Abschreckungsmaßnahmen zu bekämpfen.

Vorschläge zur Förderung der Steuerehrlichkeit durch Kontrollen und Strafen
- Die Häufigkeit von Steuerprüfungen erhöhen, entweder indem zusätzliche Steuerprüfer eingesetzt werden oder durch Outsourcing der Prüfungen an profitorientierte Unternehmen.
- Die Qualität der Steuerprüfungen und die Expertise der Steuerprüfer verbessern.
- Die Strafen für Steuerdelikte erhöhen sowie Zinsen für verspätete Zahlungen verrechnen.
- Als alternative, nichtmonetäre Form der Bestrafung Verurteilungen in Steuerverfahren medial verbreiten.
- Die Effektivität von Steuerprüfungen verbessern, indem moderne Prüftechnologien eingesetzt werden, wie zum Beispiel systematisierte Auswahlverfahren beim Einsatz der Prüfungen.
- Kleinere, sanfte Strafen häufig und konsistent einsetzen, die Bezahlung per Überweisung vereinfachen, eher auf eine Quellenbesteuerung setzen.
- Den Behörden mehr Macht bei der Eintreibung der Steuern gewähren, indem zum Beispiel außer einer finanziellen Bestrafung auch die Möglichkeit besteht, den Gewerbe- oder Führerschein zu entziehen.
- Die Identifizierung und Registrierung der Steuerzahler verstärken, indem zum Beispiel Informationen von Dritten eingeholt werden.

Anmerkungen. Aus Alm und Torgler 2011, S. 646–647, Übers. d. Verf.

7.1.1 Abschreckung durch Kontrollen

Dass häufige Kontrollen zu höheren Steuerzahlungen führen, ist empirisch gut belegt. Es dürfte aber eine größere Rolle spielen, wie hoch die Wahrscheinlichkeit einer Kontrolle subjektiv eingeschätzt wird, als wie hoch die objektive Wahrscheinlichkeit einer Steuerprüfung tatsächlich ist (Fischer et al. 1992; Kirchler et al. 2010; siehe auch Abschn. 6.1.1). Die Erfahrung einer Steuerprüfung verändert die Einschätzung der Wahrscheinlichkeit weiterer Prüfungen und wirkt sich dadurch positiv auf die Steuerehrlichkeit aus (Spicer und Hero 1985; Webley 1987). In einer Umfrage schätzen jene Befragten, die nach eigenen Angaben schon einmal Steuern hinterzogen haben, die Wahrscheinlichkeit, entdeckt zu werden, geringer ein als andere Teilnehmer (Mason und Calvin 1978). Steuerprüfungen, die bereits zu Beginn einer unternehmerischen Tätigkeit erlebt werden, scheinen außerdem das Zahlungsverhalten besonders zu prägen. Wenn die ersten Prüfungen sehr spät in der unternehmerischen Laufbahn erfolgen, ist es schwieriger, die Gewohnheiten zu durchbrechen und das Verhalten durch Kontrollen wieder zu verändern (Kastlunger et al. 2009; Mittone 2006). Es dürfte daher empfehlenswert sein, neu gegründete Unternehmen bereits in den Anfangsjahren zu kontrollieren und eine umfassende Rückmeldung zu geben, ob alle Steuern ordnungsgemäß verrichtet wurden.

Die theoretischen Annahmen der Deterrence-Theorie (Allingham und Sandmo 1972; Becker 1968; Srinivasan 1973) basieren darauf, dass die Steuerprüfungen rein zufällig erfolgen. Im Normalfall verwenden Steuerbehörden allerdings verschiedene Prüfstrategien, um die kostspieligen Prüfungen effizient einzusetzen. Dabei kommen manchmal sehr kreative Methoden zum Einsatz, wie das im → Kasten „Steuerbetrüger in Italien" berichtete Beispiel zeigt. In der Fachliteratur werden häufig drei Arten von Prüfstrategien beschrieben (Collins und Plumlee 1991): (i) Zufallsbasierte Strategien (Random Audit Scheme), bei der alle eingereichten Steuererklärungen mit gleicher Wahrscheinlichkeit für eine Steuerprüfung ausgewählt werden, (ii) Cut-Off-Regeln (Cut-Off Audit Scheme), bei denen beispielsweise Einkommen überprüft werden, die unterhalb eines Schwellenwerts liegen, und (iii) informationsbedingte Prüfungen (Conditional Audit Scheme). Bei den informationsbedingten Prüfstrategien werden verfügbare Informationen dazu benutzt, die Steuerzahler vorher in die jeweils wahrscheinlichsten Einkommensklassen einzuordnen. Das tatsächlich deklarierte Einkommen wird dann mit dem theoretisch angenommenen verglichen und bei starker Abweichung genauer überprüft.

> Die Erfahrung einer Steuerprüfung verändert die Einschätzung der Wahrscheinlichkeit weiterer Prüfungen und wirkt sich dadurch positiv auf die Steuerehrlichkeit aus.

In der Praxis ist es üblich, die Angaben in der Steuererklärung automatisiert mit bestimmten Normwerten zu vergleichen. Liegt zum Beispiel das deklarierte Einkommen deutlich unter dem von anderen Steuerzahlern derselben Branche oder werden überdurchschnittlich hohe Beträge abgeschrieben, so steigt die Wahrscheinlichkeit einer Prüfung (Internal Revenue Service 2016). Im österreichischen Finanzministerium läuft derzeit ein Pilotprojekt zu informationsbedingten Prüfstrategien durch sogenannte *Predictive Analytics*. In diesem Data-Mining-Ansatz werden die bestehenden Datenbanken der Finanzbehörden statistisch analysiert, um Muster, Strukturen und Zusammenhänge in den gesammelten Daten zu erkennen. Aus den gewonnen Erkenntnissen wird ein Vorhersagemodell entwickelt, um die Steuerprüfungen möglichst effizient und erfolgreich einzusetzen. Durch diesen Zugang sollen die durch Steuerprüfungen erzielten Mehreinnahmen steigen. Denn es wird vor allem dort kontrolliert, wo es sich auszahlt. Außerdem sind die ehrlichen Unternehmen zufriedener, wenn Kontrollen entfallen, wo sie nicht benötigt werden (Madlberger 2016). Empirische Überprüfungen zeigen, dass sowohl Cut-off-Regeln als auch informationsbedingte Strategien effektiver sind als rein zufallsbasierte Prüfungen (Collins und Plumlee 1991).

> Empirische Überprüfungen zeigen, dass sowohl Cut-off-Regeln als auch informationsbedingte Strategien effektiver sind als rein zufallsbasierte Prüfungen.

Die Kontrollen scheinen sich nicht nur direkt auf die potenziellen Steuerhinterzieher auszuwirken. Sie könnten auch die ehrlichen Steuerzahler positiv beeinflussen, wenn das Erleben und Beobachten von Steuerprüfungen als Schutz vor schwarzen Schafen in der Gesellschaft verstanden wird (Gangl et al. 2015; Kirchler und Muehlbacher 2010; Kirchler et al. 2008). Die Beobachtung von Steuerprüfungen im sozialen Umfeld beeinflusst außerdem die subjektive Einschätzung der Wahrscheinlichkeit einer Steuerprüfung und damit die Steuerehrlichkeit (Spicer und Lundstedt 1976).

Steuerbetrüger in Italien – Im Land der steinreichen Armen

Italienische Finanzbeamte dürfen neuerdings die Bürger belästigen und stoßen bei Kontrollen auf Erstaunliches: Ferrari-Karossen, 20 Meter-Yachten und sogar Helikopter gehören Menschen, die laut Steuererklärung unterhalb der Armutsgrenze leben. Wie machen die das bloß?

Mit 80 Steuerinspektoren rückte die Staatsmacht am frühen Morgen im mondänen italienischen Ski-Ort Cortina d'Ampezzo ein. Einige Beamte verteilten sich auf Hotels, Restaurants, Bars, Schmuckläden und Boutiquen. Andere nahmen sich die überall im Ort geparkten Luxusautos vor. Nur solche freilich, die mehr als 185 Kw auf die Straße bringen und in der Regel mehr als 100.000 Euro kosten, Ferrari zum Beispiel oder Porsche Turbo. Sie fanden 251 solcher Super-Boliden, notierten die Kennzeichen, machten von Amts wegen die Eigentümer aus und fragten beim jeweils zuständigen Finanzamt, was die Besitzer denn so verdienen. Laut deren Steuererklärung.

Das Ergebnis der Aktion am Tag vor Silvester war erstaunlich: Etwa jeder dritte von den stolzen Eignern der Super-Luxusmobile verdiente in den vergangenen zwei Jahren gerade einmal 1800 Euro im Monat – brutto. Wie viele Jahre muss jeder von denen für sein prestigeträchtiges Fahrzeug wohl gespart haben?

Damit nicht genug der Wunder: In den Geschäften, Hotels und Restaurants, in denen am Tag vor Silvester ein Steuerfahnder neben der Kasse saß, ging der Umsatz steil in die Höhe. Restaurants nahmen das Doppelte vom Vortag ein und das Dreifache vom Vor-Silvestertag 2010. Bei Luxusboutiquen vervierfachte sich der Absatz sogar. „Wir sind offenbar gut fürs Geschäft", sagten die Kontrolleure und grinsten ironisch. Denn sie sind überzeugt, dass die Registrierkassen dank ihrer Präsenz ausnahmsweise ehrlich gefüttert wurden. Sonst, so der schlimme Verdacht, wären drei Viertel der Einnahmen wie üblich als Schwarzgeld kassiert worden.

Die Kontrollierten hingegen sind sauer und sprechen vom „Polizeistaat" […].

Quelle: Aus SPIEGEL ONLINE, Schlamp, H.-J. (7. Januar 2012). http://www.spiegel.de/wirtschaft/unternehmen/steuerbetrueger-in-italien-im-land-der-steinreichen-armen-a-807533.html

Neben den positiven Effekten auf die Steuermoral können Steuerprüfungen jedoch auch unerwünschte Konsequenzen haben. Zum Beispiel scheint die Erfahrung einer Steuerprüfung dazu zu verleiten, bei der nächsten Gelegenheit erst recht zu hinterziehen (Kastlunger et al. 2009; Mittone 2006). Außerdem werden als ungerechtfertigt empfundene Prüfungen auch als Signal des Misstrauens verstanden, auf das mit entsprechendem Vertrauensverlust und Widerstand reagiert wird (Kirchler et al. 2008). Wie bedrohlich die Möglichkeit einer Steuerprüfung wirkt, könnte auch davon abhängen, wie groß der zeitliche Abstand zwischen Abgabe der Steuererklärung und ihrer Überprüfung ist. In vielen Ländern ist ein sehr langer Zeitraum üblich, in dem eine Kontrolle durch die Finanzbehörden stattfinden könnte. In Österreich beispielsweise müssen alle Belege sieben Jahre aufgehoben werden. In Deutschland ist das ähnlich, manche Belege müssen sogar noch länger aufbewahrt werden. Eine mögliche Strafe, die sich aus einer weit in der Zukunft liegenden Steuerprüfung ergeben könnte, wirkt aber weniger abschreckend als eine Strafe, die man sofort bezahlen muss. Andererseits könnte aber auch die Vorwegnahme der Angst und der Spannung während des Wartens darauf, ob die Angaben in der Steuererklärung überprüft werden, zu mehr Ehrlichkeit in der Einkommensdeklaration führen (Muehlbacher et al. 2012).

7.1.2 Abschreckung durch Bestrafung

Die Befunde zu den Effekten von Strafen auf die Steuermoral sind nicht eindeutig. In manchen Studien wurde gar kein Einfluss der Strafhöhe auf die Steuerehrlichkeit festgestellt. In anderen Untersuchungen wurde der postulierte Effekt zwar beobachtet, allerdings war dieser deutlich geringer als theoretisch angenommen (Kirchler et al. 2010; siehe auch Abschn. 6.1.2).

Freiheitsstrafen sollten in der Kriminalitätsbekämpfung eigentlich besonders effektiv sein und eine starke Abschreckungswirkung haben. Tatsächlich hat aber selbst diese Strafform nicht den Effekt auf das Verhalten, den man erwarten würde, und sie wirkt weniger stark als vermutet. Kriminologische Studien zeigen: Selbst wenn die drohenden Freiheitsstrafen verschärft werden, wirkt sich dies kaum auf die Häufigkeit krimineller Delikte aus; und auch die Tatsache, dass eine Haftstrafe vollstreckt wird, beeinflusst die Wahrscheinlichkeit einer Wiederholungstat nicht (Nagin 2013). Es ist anzunehmen, dass – wie bei anderen Vergehen auch – die Häufigkeit von Steuerdelikten nur eingeschränkt davon abhängt, von wie langer Dauer die angedrohten Freiheitsstrafen sind. In Umfragen sprechen sich die meisten Steuerzahler außerdem dagegen aus, finanzielle Delikte wie Steuerhinterziehung mit Freiheitsentzug zu sanktionieren (Kirchler und Muehlbacher 2008; Vogel 1974; siehe auch Abschn. 5.3 zur Gerechtigkeit der Strafverfolgung).

Bei der Sanktionierung von Steuerdelikten dürften in der Praxis Geldstrafen ohnehin weitaus üblicher sein. Bei rein finanziellen Sanktionen muss bei der Strafbemessung darauf geachtet werden, dass die Strafen nicht als hinnehmbar und als kalkulierbares Risiko wahrgenommen werden. Zu geringe Strafen können den gegenteiligen Effekt dessen haben, was man eigentlich gewollt hatte, so dass das unerwünschte Verhalten sogar noch häufiger auftritt als ohne Bestrafung. Ein Feldexperiment, das in israelischen Kindergärten durchgeführt worden ist, zeigt diesen Effekt. Die Betreuungseinrichtungen hatten das Problem, dass die Eltern ihre Kinder häufig viel zu spät abholten, was zu teuren Überstunden und vermutlich vielen Tränen geführt hat. Die zu Hilfe gerufenen Ökonomen führten in etwa der Hälfte der Kindergärten geringe Geldstrafen (10 Schekel, etwa 2,50 €) für das Zuspätkommen der Eltern ein, in der anderen Hälfte wurde alles beim Alten belassen. Abb. 7.1 zeigt die Anzahl der zu spät kommenden Eltern pro Woche nach Einführung der Strafe und die Anzahl der Zuspätkommenden in der Kontrollgruppe ohne Strafe. Ohne Strafen schienen die Eltern vom schlechten Gewissen getrieben zu sein und wenigstens zu versuchen, ihre Kinder pünktlich abzuholen. Die eingeführten Strafen führten aber nicht wie erhofft zu einer Besserung der Situation. Tatsächlich wurde sogar ein starker Anstieg der Verspätungen beobachtet. Anscheinend wurde die geringe Geldstrafe als „Preis" für die zusätzliche Nachbetreuung verstanden und als kostengünstige Kinderbetreuung gesehen. So konnten sich die Eltern auch ohne Gewissensbisse verspäten (Gneezy und Rusticchini 2000).

> Bei rein finanziellen Sanktionen muss bei der Strafbemessung darauf geachtet werden, dass die Strafen nicht als hinnehmbar und als kalkulierbares Risiko wahrgenommen werden.

Neben der Gefahr, Strafen zu niedrig anzusetzen, darf die Bestrafung aber auch nicht übertrieben hoch ausfallen, so dass diese als unfair erlebt wird (siehe Abschn. 5.3 zur Gerechtigkeit der Strafverfolgung). Als unangemessen streng empfundene Strafen verursachen negative Einstellungen gegenüber den Behörden (Strümpel 1969) und verstärken den Drang, die Steuern auf legalem Weg zu vermeiden. Statt zu hinterziehen und eine Strafe zu riskieren, werden

7.1 · Maßnahmen zur Abschreckung

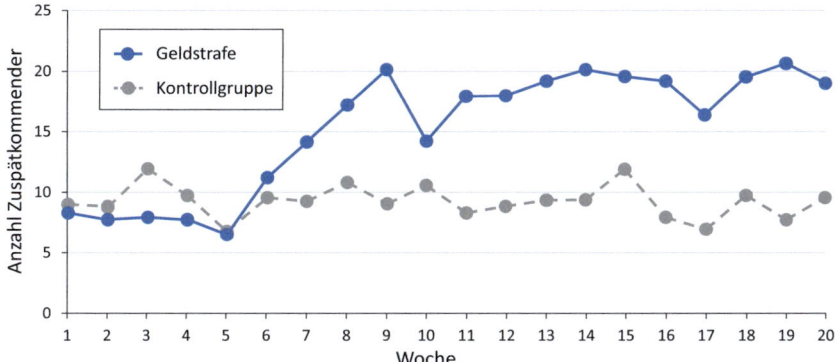

Abb. 7.1 „A Fine is a Price": Der unerwünschte Effekt von Geldstrafen auf das Zuspätkommen von Eltern beim Abholen ihrer Kinder aus dem Kindergarten. Die beiden Linien zeigen die durchschnittliche Anzahl zu spät kommender Eltern (von insgesamt 337 Kindern) bei der Abholung ihrer Kinder in einem Feldversuch, der in zehn israelischen Kindergärten durchgeführt worden ist. Die *blaue Linie* zeigt die Häufigkeiten für jene Kindergärten, in denen eine geringe Geldstrafe für das Zuspätkommen eingeführt wurde. Die *graue Linie* steht für eine Kontrollgruppe, bei der keine Strafen eingesetzt wurden. (Adaptiert nach Gneezy und Rustichini 2000, S. 7, Übers. d. Verf.)

dann vermehrt Möglichkeiten zur Steuerumgehung ausgeschöpft (Fjeldstad und Semboja 2001; Schwartz und Orleans 1967). Um die Balance zwischen zu niedrigen und zu hohen Strafen zu erreichen, könnten die Strafen für Steuerdelikte – wie es auch bei vielen anderen Delikten üblich ist – an die wirtschaftliche Leistungsfähigkeit des Steuerzahlers angepasst werden, statt die Geldstrafe etwa pauschal zu bestimmen oder anhand des hinterzogenen Betrags zu bemessen. Wohlhabende Steuerhinterzieher würden dann höhere Strafen bezahlen als Geringverdiener, die dasselbe Delikt begehen. An das Einkommen angepasste Strafen wurden bei einer Befragung von einer Mehrheit als gerecht beurteilt, und ihre abschreckende Wirkung wurde höher eingeschätzt als die von Strafen, die rein am Hinterziehungsbetrag bemessen werden (Kirchler und Muehlbacher 2008; Muehlbacher et al. 2007).

> Fällt die Bestrafung übertrieben hoch aus, wird diese als unfair erlebt. Als unangemessen streng empfundene Strafen verursachen negative Einstellungen gegenüber den Behörden und verstärken den Drang, Steuern auf legalem Weg zu vermeiden.

Der Versuch, unerwünschtes Verhalten durch monetäre Strafen zu regulieren, birgt außerdem die Gefahr, die *intrinsische Motivation* der kooperationsbereiten Steuerzahler zu untergraben. Im Gegensatz zur *extrinsischen Motivation*, bei der Verhalten durch äußere Konsequenzen wie Strafen oder Belohnungen bedingt ist, werden bei intrinsischer Motivation Handlungen von innen heraus und aus persönlichen Motiven getätigt (Romaniuc und Bazart im Druck). Der Schweizer Ökonom Bruno Frey versteht das Gefühl einer moralischen Verpflichtung zum Steuerzahlen als intrinsische Motivation. Er betont die Rolle des *psychologischen Vertrages* zwischen den Steuerzahlern und den Behörden, zu dem wechselseitige Einstellungen, Gefühle, Wahrnehmungen und informelle Verpflichtungen gehören. Frey argumentiert, dass ein rein auf Bestrafung basierender Regulationsansatz die Moral der Steuerzahler korrumpiert, weil dieser ihnen Unehrlichkeit unterstellt. Er plädiert für Gesetze, die kooperationsbereite Steuerzahler unterstützen und dazu ermuntern, ihre staatsbürgerlichen Pflichten zu erfüllen (Alm et al. 2012; Feld und Frey 2002; Frey 1997, 2003). Ein ähnlicher Ansatz wird auch im *Slippery*

Slope Framework (siehe Abschn. 6.4) verfolgt. In diesem wird auch die Schutzfunktion diskutiert, die Strafen für ehrliche Steuerzahler vor dem gemeinschaftsschädigen Verhalten anderer haben (Kirchler 2007; Kirchler et al. 2008). Wenn das Ziel von Sanktionen sein soll, die Steuerzahler zu einer besseren Zahlungsmoral zu „erziehen", könnten neben den Strafen für Hinterziehung auch Belohnungen für Steuerehrlichkeit eingeführt werden. Nach den Prinzipien der operanten Konditionierung sollten Belohnungen für erwünschtes Verhalten stärkere und stabilere Verhaltensänderungen bewirken als die Bestrafung unerwünschten Verhaltens (Estes 1944; Skinner 1938, 1965). Tatsächlich kam in der wissenschaftlichen Diskussion die Idee, Steuerehrlichkeit in irgendeiner Form zu belohnen, schon öfter auf (Falkinger und Walther 1991; Feld et al. 2006; Jackson und Milliron 1986) und wurde in Experimenten auch empirisch untersucht. Beobachtet wurden meistens die zu erwartenden positiven Effekte monetärer Belohnungen auf die Steuerehrlichkeit (Alm et al. 1992; Bazart und Pickhardt 2011; Torgler 2003). Durch die Belohnungen wurde aber auch das Zahlungsverhalten der Teilnehmer an den Experimenten extremer, und es etablierte sich eine Art „Alles-oder-Nichts"-Einstellung. Wer sonst vielleicht nur ein bisschen hinterzogen hätte, deklarierte bei der Aussicht auf Belohnung entweder vollständig oder tendierte ins andere Extrem, riskierte eine Strafe und hinterzog die gesamte Steuerschuld (Alm et al. 1992; Kastlunger et al. 2011). Die Belohnung ehrlicher Steuerzahler wird in manchen Ländern bereits erprobt. Zum Beispiel veranstalten die Steuerbehörden der Slowakei oder von Portugal Gewinnspiele, an denen jeder mithilfe eines eingesendeten Kassenbons teilnehmen kann (Süddeutsche Zeitung 2014). So werden Kunden motiviert, auf günstigere Geschäfte „ohne Rechnung" zu verzichten und auf einer offiziellen Abwicklung des Geschäfts zu bestehen. Die Ökonomen Lars Feld und Bruno Frey (2007) warnen allerdings vor Folgendem: Rein finanzielle Belohnungen könnten dazu führen, dass sich die Steuerzahler daran gewöhnen und die Belohnung von korrektem Verhalten zu einer Bedingung für ihre Kooperationsbereitschaft wird. Nichtmonetäre Belohnungen können ihrer Meinung nach die Steuermoral viel positiver beeinflussen als finanzielle Belohnungen. Feld und Frey schlagen als Beispiele für nichtmonetäre Belohnungen freien Eintritt in Museen, Ausstellungen und andere kulturelle Veranstaltungen oder Tickets für öffentliche Verkehrsmittel vor. Solche Vorteile würden eher als Zeichen der Anerkennung durch die Autoritäten gewertet werden als reine Geldbeträge. Belohnungen wirken einerseits als materieller Anreiz für die Steuerehrlichkeit, sie haben aber auch die Funktion, sich in irgendeiner Form bei ehrlichen Steuerzahlern zu bedanken. In Indien hat beispielsweise die Steuerbehörde in einer personalisierten E-Mail jenen Steuerzahlern gedankt, die ihre Zahlungen vollständig und zeitgerecht erledigt hatten (The Times of India 2016).

> Belohnungen wirken einerseits als materieller Anreiz für die Steuerehrlichkeit, sie haben aber auch die Funktion, sich in irgendeiner Form bei ehrlichen Steuerzahlern zu bedanken.

7.2 Vertrauensbildende Maßnahmen

Die Arbeit der Steuerbehörden hat sich in den letzten Jahrzehnten stark verändert. In vielen Ländern werden sie nicht länger als reine Kontroll- und Bestrafungsinstitutionen gesehen, sondern auch als serviceorientierte Dienstleister. Im Sinne einer *Responsive Regulation* (siehe Abschn. 6.3) sollten die Strategien, die von den Behörden eingesetzt werden, möglichst den Einstellungen und Haltungen ihrer Kunden entsprechen. Kooperationswillige Steuerzahler benötigen Anleitung und Unterstützung bei der Einhaltung der oft komplizierten Steuergesetze und sollten nicht unverhältnismäßig streng bestraft werden, wenn ihnen kleine Fehler passiert sind. Freiwillige Kooperation bei der Zusammenarbeit mit den Behörden setzt das Vertrauen der Steuerzahler und ein von Synergien bestimmtes Klima voraus (siehe dazu Abschn. 6.4 zum Slippery Slope Framework). Die Steuerbehörden müssen daher in ihrer Arbeit auch vertrauensbildende Maßnahmen setzen, um die Kooperationsbereitschaft der Steuerzahler zu stabilisieren.

> Kooperationswillige Steuerzahler benötigen Anleitung und Unterstützung bei der Einhaltung der oft komplizierten Steuergesetze und sollten nicht unverhältnismäßig streng bestraft werden, wenn ihnen kleine Fehler passiert sind.

In der Fachliteratur werden vier elementare Dimensionen beschrieben, auf denen die Einschätzung der Vertrauenswürdigkeit anderer Personen basiert (Dietz und Den Hartog 2006): Kompetenz (Competence), Wohlwollen (Benevolence), Integrität (Integrity) und Berechenbarkeit (Predictability). Tab. 7.1 zeigt die Definitionen dieser Attribute nach Dietz und Den Hartog (2006). Man kann davon ausgehen, dass diese vier Eigenschaften auch das Vertrauen der Steuerzahler in die Behörden bestimmen. Neben dieser vernunftbasierten und berechnenden Form des Vertrauens wird davon noch ein gefühlsbasiertes, automatisches Vertrauen unterschieden, das zum Beispiel Folge der Identifikation mit einer sozialen Gruppe oder Folge positiver Erfahrungen bei Interaktionen ist. Wenn die soziale Distanz zwischen Steuerzahler und Finanzbehörde gering ist oder bei früheren Interaktionen keine Probleme auftraten, kommt es automatisch und ohne Berechnung zu einem vertrauensvollen Verhältnis (Gangl et al. 2015).

Die vernunftbasierte Form des Vertrauens kann am ehesten durch praktische Maßnahmen der Steuerbehörden beeinflusst werden. Die in den vorangegangenen Kapiteln beschriebenen Untersuchungen lassen vermuten, dass vor allem dann vertraut wird, wenn (i) das Steuersystem als gerecht erlebt wird, (ii) die Finanzämter professionelle Serviceleistungen anbieten und (iii) nicht der Eindruck besteht, dass sich andere vor der Steuerpflicht drücken. Im Folgenden werden zu diesen drei Punkten evidenzbasierte Beispiele gegeben, wie ein vertrauensvolles Klima in der Interaktion mit den Steuerzahlern geschaffen werden kann.

Tab. 7.1 Dimensionen, auf denen die Vertrauenswürdigkeit anderer Personen oder Gruppen eingeschätzt werden. (Nach Dietz und Den Hartog 2006)

Wohlwollen	Spiegelt gutartige Motive und ein gewisses Maß an Freundlichkeit wider, die der anderen Partei entgegengebracht wird, sowie ein ehrliches Interesse an deren Wohlergehen
Kompetenz	Bezieht sich auf das Wissen und die Fähigkeit der anderen Partei, ihren Verpflichtungen nachzukommen
Integrität	Betrifft die Einhaltung einer Reihe von Prinzipien, wie zum Beispiel ehrliche, faire und integre Behandlung
Berechenbarkeit	Bezieht sich speziell auf die Konsistenz und Regelmäßigkeit des Verhaltens (und unterscheidet sich daher von der Kompetenz und Integrität)

7.2.1 Vertrauen durch Gerechtigkeit

Vertraut wird dann, wenn die Steuerzahler das Gefühl haben, dass bei den Entscheidungen der Behörden alles mit rechten Dingen zugeht und die Konsequenzen als fair empfunden werden (siehe auch Kap. 5). Wenn beispielsweise die Verteilungsgerechtigkeit als hoch empfunden wird, nimmt auch das Vertrauen in die staatlichen Behörden zu (Zmerli und Castillo 2015) und die Bereitschaft steigt, freiwillig mit den Steuerbehörden zusammenzuarbeiten (Kogler et al. 2015). Die staatlichen Leistungen und die sinnvolle Verwendung des Budgets sollten daher ausgiebig – zum Beispiel in Informationskampagnen oder Pressekonferenzen – beworben werden. Damit wird eine Verbindung zwischen den unangenehmen Steuerzahlungen und dem Nutzen, der sich daraus ergibt, hergestellt (Kamleitner und Hoelzl 2009) und so die Wahrnehmung der Verteilungsgerechtigkeit beeinflusst (Alm et al. 2012; Alm und Torgler 2011). Um den Effekt von Informationskampagnen empirisch zu belegen, wurden für ein US-amerikanisches Experiment verschiedene Werbevideos für öffentliche Institutionen gedreht, die sachliche und emotionale Inhalte zur Progression der Steuerlast und zu steuerfinanzierten öffentlichen Gütern darboten. Wenn diese Videos vor dem Ausfüllen eines Fragebogens vorgeführt wurden, stuften die Teilnehmer die Gerechtigkeit des Steuersystems höher ein als eine Kontrollgruppe, in der keine Videos gezeigt wurden (Roberts 1994).

> Wird die Verteilungsgerechtigkeit als hoch empfunden, nimmt das Vertrauen in staatliche Behörden zu und die Bereitschaft steigt, freiwillig mit den Steuerbehörden zusammenzuarbeiten.

Neben der Verteilungsgerechtigkeit hängt das Vertrauen der Steuerzahler auch davon ab, ob die behördlichen Entscheidungsverfahren als gerecht empfunden werden. Um prozedurale Gerechtigkeit zu erreichen, müssen die sogenannten Leventhal-Prinzipien (Leventhal 1980) eingehalten werden (siehe dazu auch Abschn. 5.2). Diesen Prinzipien zufolge wirkt beispielsweise die Möglichkeit, an politischen Entscheidungen zu partizipieren, positiv auf die wahrgenommene Gerechtigkeit des politischen Systems. Die prozedurale Gerechtigkeit beeinflusst wiederum die Steuermoral (Alm et al. 1993; Alm und Torgler 2006; Casal et al. 2016; Feld und Tyran 2002; Pommerehne und Weck-Hannemann 1996; Torgler 2005; Wahl et al. 2010). Torgler (2005) argumentiert, dass sich die Bürger in direkten Demokratien ernst genommen fühlen, weil sie die Möglichkeit haben, die Entscheidungen der Politik zu kontrollieren und zu beeinflussen: *„Eine Regierung, die sich selbst an die Regeln einer direkten Demokratie bindet, setzt ihrer eigenen Macht Grenzen und sendet damit ein Signal an die Steuerzahler, dass sie als mündige Bürger verstanden werden [...]. Die Steuerzahler [...] sind durch die Möglichkeit, Referenden einzuleiten, in der Lage, die Politik zu kontrollieren und zu korrigieren. Außerdem können sie durch Abstimmungsinitiativen die vereinbarten Regeln mit der Regierung neu aushandeln und zum Beispiel das Steuergesetz und die Steuersätze beeinflussen"* (S. 526, Übers. d. Verf.).

Das Vertrauen der Steuerzahler dürfte außerdem dadurch bestimmt sein, wie fair die Praxis von Steuerprüfungen und die Bestrafung von Hinterziehungsdelikten erlebt wird (retributive Gerechtigkeit; siehe dazu auch Abschn. 5.3). Empirische Untersuchungen zu dieser Frage sind allerdings rar. Eine Ausnahme stellt eine Befragung österreichischer Steuerzahler dar, bei der – wie bei den beiden anderen Formen der Gerechtigkeit – die Einschätzung der retributiven Gerechtigkeit des österreichischen Steuersystems mit dem Vertrauen der befragten Steuerzahler zusammenhing (Kogler et al. 2015). In einer in Schweden durchgeführten Umfrage waren die Befragten eher der Meinung, dass Steuerhinterziehung weit verbreitet ist, wenn sie ihren

Mitbürgern und der Politik nicht vertrauten (Hammar et al. 2009). Wenn die Ausübung von Macht als legitim empfunden wird und Gesetzesübertretungen geahndet und bestraft werden, dürfte auch das Vertrauen in das Steuersystem wachsen (Gangl et al. 2015; Kirchler et al. 2008).

7.2.2 Vertrauen durch professionellen Service

Kompetenz und professionelle Dienstleistungen der Finanzbehörden fördern und festigen das Vertrauen von kooperationswilligen Steuerzahlern. Dienstleistungen wie Websites, telefonische und persönliche Auskünfte oder Unterstützung bei der Einreichung der Steuererklärung zeigen die Kompetenz und Expertise der Behörden und signalisieren ihr Wohlwollen. Alm und Torgler (2011) geben einige einfache Beispiele, wie die Servicequalität in der regulatorischen Praxis verbessert werden kann (siehe → Kasten „Vorschläge zur Verbesserung der Servicequalität der Steuerbehörden"). Im Wesentlichen zielen diese darauf ab, den Prozess des Steuerzahlens für kooperationswillige Steuerzahler zu vereinfachen.

> **Kompetenz und professionelle Dienstleistungen der Finanzbehörden fördern und festigen das Vertrauen kooperationswilliger Steuerzahler.**

Dass Dienstleistungen die Steuerehrlichkeit verbessern, konnte auch in einem Laborexperiment gezeigt werden. Wenn die Teilnehmer der Studie Unterstützung bei der komplexen Berechnung ihrer Steuerschuld erhielten, wurden die Steuern eher vollständig bezahlt als in einer Kontrollgruppe, deren tatsächliche Steuerschuld selbst zu berechnen war (Alm et al. 2010). Die Serviceorientierung der Behörden wirkt (unter anderem) deshalb auf die Steuermoral, weil sie das Vertrauen der Steuerzahler stärkt. Bei einer niederländischen Umfrage wurde die Vertrauenswürdigkeit der Finanzbehörden umso höher eingeschätzt, je besser die Qualität der von ihnen gebotenen Dienstleistungen bewertet wurde. Bei hohem Vertrauen war außerdem die Bereitschaft höher, die Steuern vorschriftsmäßig zu bezahlen (Gangl et al. 2013). Eine ausgeprägte Kunden- und Serviceorientierung der Finanzbehörden und professionelle Unterstützung bei der Verrichtung der Steuerpflicht wirken vermutlich deshalb auf das Vertrauen, weil dadurch Unvoreingenommenheit und Wohlwollen, aber auch Kompetenz und Expertise bewiesen werden (siehe Tab. 7.1, Attribute zur Einschätzung der Vertrauenswürdigkeit anderer). Außerdem erhöhen professionelle Dienstleistungen die prozedurale Gerechtigkeit (siehe auch

---

Vorschläge zur Verbesserung der Servicequalität der Steuerbehörden
- Informationen und Bildungsangebote für Steuerzahler verbessern
- Dienstleistungen zur Unterstützung der Steuerzahler bei der Steuererklärung und beim Bezahlen der Steuern anbieten
- Telefonischen Beratungsservice verbessern
- Internetseite der Steuerbehörden verbessern
- Steuergesetze vereinfachen
- Die Bezahlungsmöglichkeiten vereinfachen

Anmerkungen. Aus Alm und Torgler 2011, S. 647, Übers. d. Verf.

Abschn. 5.2), wenn beispielsweise durch die Bereitstellung von Informationen mehr Transparenz in den behördlichen Entscheidungsverfahren entsteht oder die Wege vereinfacht werden, um Einspruch einzulegen.

Beispiele aktueller Methoden in der Regulationspraxis sind kooperative Ansätze wie *Horizontal Monitoring*. Sie basieren auf der stärkeren Serviceorientierung der Steuerbehörden und setzen auf das wechselseitige Vertrauen sowie auf die Kooperation zwischen Steuerzahlern und Behörden. Im folgenden Abschnitt wird der Horizontal-Monitoring-Ansatz näher erläutert und ein Interview mit dem behördlichen Leiter des in Österreich durchgeführten Pilotprojektes aufgeführt.

7.2.3 Professionelle Dienstleistungen in der Praxis: Horizontal Monitoring[1]

Im Bereich der „aggressiven Steuerplanung" rückte zuletzt besonders das Ausnutzen von Steueroasen durch Großkonzerne in den medialen Fokus (z. B. Becker et al. 2016; Buchter 2016). Internationale Organisationen haben sich in den letzten Jahren verstärkt des Problems angenommen. Die OECD (Organisation für wirtschaftliche Zusammenarbeit und Entwicklung) richtete beispielsweise ein Projekt zum Thema *Base Erosion and Profit Shifting* (BEPS) ein. Ziel ist es, Lösungen zum Problem der Steuervermeidungspraktiken internationaler Unternehmen zu finden. Die internationalen Rahmenbedingungen sollen so gestaltet werden, dass es nicht mehr möglich ist, einen großen Anteil der Gewinne der Besteuerung zu entziehen (OECD 2013a).

Neben gemeinsamen, internationalen Lösungsversuchen werden auch auf nationaler Ebene Methoden diskutiert, die den Behörden zur Verfügung stehen. Das Interesse an neuen und kreativen Regulierungsansätzen ist groß. Unter den Titeln *Enhanced Relationship* (OECD 2008) und *Co-Operative Compliance* (OECD 2013b) wird in vielen Ländern die Rolle der Steuerbehörden überdacht und nach effektiven Methoden gesucht, um Kooperation und Vertrauen zwischen Unternehmen und der Finanzverwaltung zu fördern. Den meisten dieser kooperativen Ansätze ist gemeinsam, dass sich Unternehmen bereit erklären, den Behörden gegenüber transparent zu agieren und alle ihre Unterlagen offen zu legen. Im Gegenzug werden die Unternehmen weniger intensiv geprüft. Zudem erhalten sie zeitnahe Auskünfte der Behörden und dadurch rechtliche Sicherheit. Mittlerweile haben zahlreiche Länder kooperative Ansätze getestet und umgesetzt. Die US-amerikanische Steuerbehörde IRS beispielsweise startete den *Compliance Assurance Process*, und in Australien wurde das *Annual Compliance Arrangement* eingerichtet. Ein Bericht der OECD aus dem Jahr 2013 nennt insgesamt 24 Staaten, die bereits kooperative Compliance-Modelle umsetzten oder zumindest planten, darunter auch England, Japan, Russland, Schweden und Südafrika (OECD 2013b).

Kooperative Ansätze stellen einen starken Gegensatz zu den herkömmlichen Prüfmethoden dar. In Österreich beispielsweise werden Großbetriebe von einer eigenen Behörde – der Großbetriebsprüfung – oft lückenlos geprüft. Dies bedeutet, dass im Gegensatz zur stichprobenartigen Überprüfung kleinerer Unternehmen alle Geschäftsjahre einer Überprüfung unterliegen. Durch die intensive Prüfung kann auch für die Unternehmen ein hoher Aufwand entstehen, insbesondere bei der Aufbereitung der Daten (Sieger 2016). Unklare Auslegungen von Gesetzestexten können dazu führen, dass auch steuerehrliche Unternehmen falsche oder

---

[1] Der Abschnitt zu Horizontal Monitoring wurde von Maximlian Zieser verfasst.

rechtlich strittige Entscheidungen treffen. Oft haben Betriebe erst Jahre später Nachzahlungen in großer Höhe zu leisten. In Deutschland etwa überwiegen die Nachzahlungen an das Finanzamt bei weitem die Rückerstattungen an Unternehmen (PwC 2015).

Eines der vielversprechenden, kooperativen Konzepte für die Praxis der Finanzverwaltung wird als *Horizontal Monitoring* bezeichnet. In den Niederlanden wurde dies 2005 in einem Pilotprojekt umgesetzt, um die Zusammenarbeit mit großen Unternehmen zu verbessern. Anstelle von langwierigen, vergangenheitsbezogenen Prüfungen sollten steuerehrliche Unternehmen zeitnah betreut werden (OECD 2008; The Netherlands Tax and Customs Administration 2010). Neben den Niederlanden wurde auch in Slowenien ein gleichnamiges Pilotprojekt umgesetzt (OECD 2013b), und in Österreich lief nach niederländischem Vorbild von 2011 bis 2016 ebenfalls ein Pilotprojekt mit dem Namen Horizontal Monitoring, an dem 13 Unternehmensgruppen mit insgesamt etwa 200 Gruppenmitgliedern teilnahmen (Elmecker et al. 2016).

> Unter Horizontal Monitoring versteht man die zeitnahe Betreuung steuerehrlicher, kooperationsbereiter Unternehmen anstelle vergangenheitsbezogener Prüfungen.

Beim Horizontal Monitoring treten die Finanzbehörden mit den Unternehmen in einen intensiven Diskurs, der auf Augenhöhe – eben horizontal statt von oben nach unten – erfolgt. Das österreichische Horizontal-Monitoring-Programm soll die Arbeit der Finanzbehörden und das vorschriftsgemäße Abführen von Steuern für Unternehmen vereinfachen. Anstelle vergangenheitsbezogener Prüfungen, die für beide Seiten mit erheblichem Aufwand verbunden sind, sollen steuerehrliche und kooperationsbereite Unternehmen begleitend geprüft und Rechtsunsicherheiten sofort gemeinsam geklärt werden (Bundesministerium für Finanzen 2012). Die Unternehmen legen dafür laufend die relevanten Daten und Unterlagen offen und besprechen diese „in Echtzeit" mit den Behörden. Dafür erlangen sie zeitnah Rückmeldung, ob ihre steuerlich relevanten Entscheidungen (z. B. Änderungen in der Firmenstruktur oder Investmententscheidungen) der rechtlichen Auslegung der Finanzverwaltung entsprechen. Die Unternehmen können dadurch das Risiko von teuren Nachzahlungen vermeiden, die oft erst Jahre später gefordert werden. Gleichzeitig wird auch ein verstärkter Fokus auf unternehmensinterne Kontrollsysteme gelegt, die ebenfalls das korrekte Abführen von Steuern sicherstellen sollen (Elmecker et al. 2016). Aufseiten der Behörden soll sich der zeitliche und personelle Aufwand für die Betriebsprüfungen verringern, außerdem sollen die Steuern zeitgerecht in vollständiger Höhe eingehoben werden. Frei werdende Ressourcen innerhalb der Steuerbehörde sollen in der Folge auf „Problemfälle" konzentriert werden können (Ehrke-Rabel und Gunacker-Slawitsch 2014; Elmecker et al. 2016).

Neben den erwarteten betriebswirtschaftlichen Vorteilen haben Projekte wie Horizontal Monitoring auch aus psychologischer Sicht das Potenzial, die Kooperationsbereitschaft von Unternehmen zu fördern und zu stabilisieren. Im österreichischen Projekt werden Vertrauen, Offenheit und Transparenz als Eckpfeiler für eine funktionierende Kooperation genannt (Bundesministerium für Finanzen 2012; Elmecker et al. 2016). Für die Teilnahme am Horizontal-Monitoring-Programm müssen Unternehmen bereit sein, ihrer Steuerpflicht vollständig und zeitgerecht nachzukommen. Im Sinne der *Responsive Regulation* (Braithwaite 2007; siehe Abschn. 6.3) ist eine auf wechselseitigem Vertrauen basierende Zusammenarbeit nur bei Unternehmen und Steuerzahlern angebracht, die von sich aus bereit sind, sich gesetzestreu und ehrlich zu verhalten (Ehrke-Rabel und Gunacker-Slawitsch 2014). Die „bevorzugte" Behandlung von Steuerzahlern in kooperativen Ansätzen wie Horizontal Monitoring könnte zwar Fragen zur Gleichbehandlung aufwerfen, sie könnte aber für noch nicht teilnehmende Steuerzahler als Anreiz verstanden werden, dubiose Strategien zu unterlassen und mit den Finanzbehörden zusammenzuarbeiten (OECD 2013b). Die Offenlegung der Strategien der Unternehmen und die Beratung durch Experten der Finanzbehörden signalisiert wechselseitiges Vertrauen. Gerade für kooperationswillige Steuerzahler stellen vertrauensbildende Maßnahmen die effektivste Form der Verhaltensregulation dar (siehe dazu auch Abschn. 6.4 zum Slippery Slope Framework). Moderne Ansätze wie das Horizontal-Monitoring-Programm scheinen gut geeignet, ein vertrauensvolles Klima im Umgang mit den Steuerzahlern zu schaffen und dadurch die Steuerehrlichkeit an sich zu verbessern. Die Steuerbehörden scheinen die Relevanz von Macht und Vertrauen erkannt zu haben und müssen nun die richtige Balance zwischen Service und Kontrolle finden (Kirchler et al. 2014).

Es liegen nur wenig empirische Daten zu Horizontal Monitoring und anderen kooperativen Ansätzen vor. Eine theoretische Analyse zeigte, dass Unternehmen, die mit den Steuerbehörden in „verbesserten Beziehung" stehen, weniger dazu neigen sollten, rechtlich strittige Strategien zu wählen. Auf der anderen Seite sollten die Behörden die Entscheidungen der Unternehmen seltener anfechten. Somit können sowohl die Compliance-Kosten der Unternehmen als auch die Kosten für die Finanzbehörden reduziert werden. Diese Vorhersagen gelten unter der Voraussetzung, dass Steuerbehörden fragwürdige steuerliche Entscheidungen effektiv erkennen können (De Simone et al. 2013). Für den US-amerikanischen Compliance Assurance Process wurde festgestellt, dass die engere Zusammenarbeit mit der Steuerbehörde IRS zu einer deutlichen Verringerung der rechtlichen Unsicherheit aufseiten der Unternehmen führen kann. Die Ergebnisse legen nahe, dass der Compliance Assurance Process insbesondere für Firmen attraktiv ist, die nur geringe Aggressivität in ihrer Steuerplanung, dafür aber hohe Unsicherheit in ihren erwarteten Steuerzahlungen aufweisen (Beck und Lisowsky 2014). Einige Staaten, darunter auch Österreich, führten oder führen projektbegleitende Evaluationen durch. Die ersten Ergebnisse der kooperativen Ansätze sind vielversprechend, insbesondere was die Akzeptanz aufseiten der Steuerzahler betrifft. Die Frage, ob sie tatsächlich eine Ressourcenersparnis auf beiden Seiten ermöglichen, kann allerdings aufgrund der unzureichenden Datenlage noch nicht eindeutig beantwortet werden (OECD 2013b). Das Evaluationskomitee des niederländischen Horizontal-Monitoring-Projekts kam etwa zu dem Schluss, dass Horizontal Monitoring gerade für den Sektor der Großunternehmen ein geeignetes Werkzeug darstellen kann, um die Compliance zu verbessern. Eine verlässliche Einschätzung der Effizienz war zum damaligen Zeitpunkt aber nicht möglich (Committee Horizontal Monitoring Tax and Customs Administration 2012). Ähnliche Ergebnisse hatte auch die Evaluation des Horizontal Monitoring in Österreich. Im Pilotzeitraum wurden die teilnehmenden Großunternehmen, Steuerberater sowie Steuerprüfer zu verschiedenen Zeitpunkten während des Projektes zu ihren Einschätzungen befragt sowie verschiedene Daten zur Messung der wirtschaftlichen Effekte erhoben. Die Wahrnehmung des Projektes fiel insgesamt positiv aus. Das vertrauensvolle Klima und die Kooperation zwischen Unternehmen und Finanzverwaltung sowie die erhöhte Rechtssicherheit wurden insbesondere von den teilnehmenden Unternehmen als sehr positiv bewertet. Direkt in das Projekt einbezogene Mitarbeiter der Finanzverwaltung hatten ebenfalls mehrheitlich positive Erfahrungen mit Horizontal Monitoring, während unbeteiligte Mitarbeiter der Steuerbehörden dem Pilotprojekt öfter skeptisch gegenüberstanden. Die beiden wichtigsten Fragen aufseiten der Finanzverwaltung – ob sich durch den kooperativen Ansatz die Steuerehrlichkeit tatsächlich verbesserte und ob eine Ressourcenersparnis möglich war – konnten aufgrund betriebswirtschaftlicher Daten nicht eindeutig beantwortet werden. Die erhobenen Daten sowie die Meinungen der Beteiligten zeichneten allerdings ein insgesamt sehr positives Bild (Elmecker et al. 2016).

Der Leiter des österreichischen Horizontal-Monitoring-Projektes Hubert Woischitzschläger wurde über die Hintergründe, Ziele und Erfolgsaussichten von Horizontal Monitoring, über die neuartige Situation für die Mitarbeiter der Finanzverwaltung sowie über die Zukunft von Steuerprüfungen interviewt (→ Kasten „Interview mit Hubert Woischitzschläger").

7.2.4 Vertrauen und soziale Normen

Was andere tun – beziehungsweise was man glaubt, dass andere es tun – beeinflusst auch das eigene Verhalten. Als soziale Normen werden auf Verhalten, Emotionen oder Kognitionen bezogene gesellschaftliche Regeln verstanden. Diese Regeln werden innerhalb von Gruppen oder Gesellschaften als einigermaßen verbindlich angesehen (Six 2014). Die Wahrnehmung der sozialen Normen ist oft verzerrt, und die Häufigkeit, mit der gesellschaftlich unerwünschtes Verhalten auftritt, wird überschätzt. Dennoch werden die wahrgenommenen Normen als Vergleichsstandard bei der Reflexion des eigenen Verhaltens herangezogen (Schultz et al. 2007; Wenzel 2005). Eine Aufgabe der Steuerbehörden ist es daher, dafür zu sorgen, dass die Fehlwahrnehmungen der Steuerzahler korrigiert werden. Durch Informationskampagnen zur tatsächlich beobachteten Steuerehrlichkeit könnten die sozialen Normen beeinflusst und so das Vertrauen der Steuerzahler untereinander gefördert werden. Solche auf soziale Normen abzielende Werbekampagnen werden als *Social Norms Marketing* bezeichnet und wurden bereits erfolgreich in anderen Bereichen der staatlichen Regulation wie beispielsweise zur Eindämmung von gesundheitsschädlichem Alkoholkonsum, umweltschädigendem Verhalten, oder ungeschütztem Sexualverkehr angewendet (Miller und Prentice 2016; Wechsler et al. 2003). Der Einsatz sozialer Normen in Informationskampagnen führt aber nicht immer zu den erhofften Effekten. Manchmal wurden in Evaluationsstudien auch keine Verhaltensänderungen oder sogar ein Anstieg der unerwünschten Verhaltensweisen beobachtet (Schultz et al. 2007).

> Durch Informationskampagnen zur tatsächlich beobachteten Steuerehrlichkeit könnten soziale Normen beeinflusst und so das Vertrauen der Steuerzahler untereinander gefördert werden.

Beim Social Norms Marketing wird ein einzelnes Faktum an eine Zielgruppe kommuniziert, das die weite Verbreitung eines erwünschten Verhaltens belegt. Der Vorteil dieser Marketing-Methode ist, dass Informationen zu sozialen Normen relativ einfach und kostengünstig verbreitet werden können. Die Nachteile sind, dass die propagierten Fakten auch falsch verstanden und angezweifelt werden könnten. Der Ansatz setzt außerdem voraus, dass das erwünschte Verhalten bereits von einer Mehrheit gezeigt wird. Eine zweite, etwas aufwendigere Interventionsstrategie, die sich ebenfalls sozialer Normen bedient, besteht darin, personalisiertes normatives Feedback zum eigenen Verhalten zu geben. Zum Beispiel indem einem Haushalt bei der Abrechnung der Energiekosten rückgemeldet wird, wie viel Prozent der anderen Kunden mehr (oder weniger) Energie verbrauchen. Die individuell abgestimmte Information soll ihn darin unterstützen, die soziale Norm tatsachengetreu wahrzunehmen und das eigene Verhalten den geltenden Standards anzupassen. Diese Methode ist zwar aufwendiger, dürfte aber eher Verhaltensänderungen bewirken als nur allgemeine Informationen, die die breite Masse betreffen. Bei einem dritten Ansatz, um die Wahrnehmung sozialer Normen zu beeinflussen, geht man so vor, dass man in Fokusgruppen die Verbreitung eines bestimmten (un-)erwünschten Ver-

Interview mit Hubert Woischitzschläger

Magister Hubert Woischitzschläger ist Vorstand der Großbetriebsprüfung in Österreich und Leiter des österreichischen Pilotprojektes Horizontal Monitoring.

Was war die Ausgangssituation, die dazu führte, den Horizontal-Monitoring-Ansatz in Österreich auszuprobieren?
Die Prüfung von Größtbetrieben ist insbesondere aufgrund der internationalen wirtschaftlichen Verflechtungen mit den herkömmlichen Prüfungstechniken immer schwieriger zu bewältigen. Bücher und Aufzeichnungen werden manchmal gar nicht mehr im Inland geführt. Dies bedeutet zusätzliche Verzögerungen, um die für die Prüfung erforderlichen Unterlagen zu erhalten. Im Jahr 2008 haben wir uns international nach neuen Instrumenten für die Kontrolle von Betrieben umgesehen und sind auf das Projekt Horizontal Monitoring in den Niederlanden aufmerksam geworden. Horizontal Monitoring wurde damals von der niederländischen Finanzverwaltung für Größtbetriebe und Konzerne eingeführt. Wir haben dieses Modell „austrifiziert" und in Form eines Pilotprojektes in Österreich getestet.

Für welche Unternehmen ist Horizontal Monitoring gedacht?
Man muss die wirtschaftlichen Strukturen bedenken. Österreich hat überwiegend Klein- und Mittelbetriebe. Hätte wir das Projekt auf 40 Finanzämter verteilt, wäre es wahrscheinlich sofort gescheitert. Wir haben deshalb als Anknüpfungspunkt für die Teilnahme an Horizontal Monitoring u. a. festgelegt, dass eine Pflicht zur Wirtschaftsprüfung vorliegt und die Unternehmen in die Prüfungszuständigkeit der Großbetriebsprüfung fallen müssen. Unternehmen, die der Wirtschaftsprüfungspflicht unterliegen, haben im Regelfall auch interne Kontrollsysteme. Weitere Voraussetzungen waren natürlich das bisherige steuerliche Wohlverhalten und die Bereitschaft, offen und transparent gegenüber der Finanzverwaltung aufzutreten.

Welche Vorteile erwartet man sich aus Horizontal Monitoring für die Behörde, welche für die Unternehmen?
Unser Ziel ist es, mittelfristig eine Ressourcenverlagerung zu schaffen. Wie bei allem Neuen muss natürlich zu Beginn mehr in Personalressourcen investiert werden. Sobald das System jedoch läuft, sollte der Ressourceneinsatz sinken. Nach erster Einschätzung stimmt diese Hypothese auf alle Fälle im Bereich der größten Betriebe. Es wird sich die Frage stellen, ob dies auch für Großbetriebe gilt. Als wichtigen Nebeneffekt erhoffen wir uns, dass Unternehmen auf Verzögerungstaktiken verzichten. Aus Sicht der Betriebe gelten Rechts- und Planungssicherheit als die größten Vorteile.

Inwieweit bieten Projekte wie Horizontal Monitoring Unternehmen einen Anreiz zur Steuerehrlichkeit?
Es gibt einige Unternehmen, die in der Vergangenheit nicht nur steuerliche, sondern sogar finanzstrafrechtliche Probleme hatten, weil bei der steuerlichen Planung zu sehr auf Steuerminimierung geachtet wurde. Manche dieser Unternehmen möchten jetzt ihre Kooperationsbereitschaft signalisieren und an Horizontal Monitoring teilnehmen. Unternehmen hingegen, die bereits in der Vergangenheit bemüht waren, sich steuerlich korrekt zu verhalten, sehen Horizontal Monitoring als große Chance, sich weiterzuentwickeln und mehr Rechts- und Planungssicherheit zu bekommen. Auch schätzen sie die Möglichkeit, rechtliche Fragen bereits im Vorfeld mit der Abgabenbehörde abzuklären.

Gibt/Gab es Befürchtungen in der Belegschaft der Finanzverwaltung?
Es gab die allgemeine Angst vor Veränderung. Wenn man jahrelang oder jahrzehntelang erfolgreiche Prüferin oder erfolgreicher Prüfer war und plötzlich werden Alternativmodelle eingeführt, gibt es die Hemmschwelle, sich weiterzuentwickeln. Wir hatten etwa einen Fall, bei dem im Vorfeld intern diskutiert wurde, ob das Unternehmen für Horizontal Monitoring zugelassen werden soll. Wir haben uns darauf geeinigt, dass das Unternehmen teilnehmen darf, wenn bei der Eingangsprüfung alles in Ordnung ist. Der Prüfer, der die Eingangsprüfung durchgeführt hat, hatte jedoch die Einstellung, dass Unternehmen grundsätzlich nicht zu trauen sei. Die Situation wäre beinahe eskaliert, als von der Beraterseite angeboten wurde, alles offenzulegen, solange es außerhalb des laufenden Prüfverfahrens stattfindet. Dieses Verhalten hat beim verantwortlichen Prüfer noch mehr Misstrauen ausgelöst.

Bei Horizontal Monitoring handelt es sich um eine begleitende Kontrolle, aufbauend auf wechselseitigem Vertrauen, Offenheit und Transparenz. Diese Sichtweise wird nicht von 100 % der Belegschaft mitgetragen. Es gibt auch ein Spannungsverhältnis zwischen den herkömmlichen Prüfungen und dem Horizontal Monitoring und damit Befürchtungen über die Zukunft der Außenprüfung. Bis zu einem gewissen Grad beruhen die Befürchtungen auf mangelnden Informationen oder Fehlinformationen, wenn beispielsweise Ängste um den Prüferarbeitsplatz auftauchen. Horizontal Monitoring wird aber neben den herkömmlichen Prüfungen eine alternative Methode sein, Kontrollen durchzuführen.

Was ändert sich konkret an der Tätigkeit eines Prüfers?
Bei Außenprüfungen im Jahr 2016 werden beispielsweise die Jahre 2012 bis 2014 geprüft. Die Rechtslage ist für diese Jahre großteils schon durch Erlässe und teilweise durch die Judikatur geklärt. Im Nachhinein ist es überdies leichter, ermittelte Sachverhalte rechtlich zu beurteilen. Beim Horizontal Monitoring sind wir zeitnäher. Wenn es im Jahr 2016 eine Gesetzesänderung gibt, möchten die Unternehmen spätestens im Rahmen der Erstellung der Steuererklärung 2016 wissen, wie die Finanzverwaltung diese auslegt, und nicht im Jahr 2020 erfahren, ob ihre damalige Auslegung richtig oder falsch war. Die Fortbildung unserer Bediensteten ist diesbezüglich noch ein Schwachpunkt, da wir zurzeit stark vergangenheitsbezogen ausbilden.

Was zeigen die bisherigen Erfahrungen im Pilotprojekt?
Zurzeit läuft Horizontal Monitoring sehr stark auf persönlicher Ebene. Dort, wo es persönlich sehr gut funktioniert, kommen natürlich gute Rückmeldungen. Funktioniert es persönlich nicht optimal, kommen eher kritische Berichte. In Summe funktioniert Horizontal Monitoring allerdings gut. Manche im Projekt aufgezeigten Schwachpunkte müssen wir nachschärfen, wie beispielsweise das Steuerkontrollsystem und die Zusammenarbeit zwischen Großbetriebsprüfung und Finanzamt.

Wie geht es mit dem Projekt in Österreich weiter?
Es handelt sich um ein Pilotprojekt, und wir haben immer klar gesagt, dass die begleitende Kontrolle von Großbetrieben (auf freiwilliger Basis) ein sensibles Thema ist. Es besteht die Gefahr, dass es Unterstellungen gibt, wie „die Großen richten es sich". Mit so einem Argument kann alles zerstört werden. Das Wichtigste ist daher eine völlige Transparenz, damit solche Angriffe nicht erfolgreich sind. Schlussendlich muss Horizontal Monitoring aber auch von der politischen Führung mitgetragen werden. Auf dieser Ebene wird auch die Entscheidung über die Zukunft des Projektes fallen.

Wie sieht die Zukunft von Steuerprüfungen allgemein aus?
Bei Steuerprüfungen muss man zwei Gruppen unterscheiden. Im Bereich der kleinen und mittleren Betriebe bewegen wir uns stark auf der Tatebene – Stichwort „Registrierkassen" [Seit 01.01.2016 gilt in Österreich die „Registrierkassensicherheitsverordnung". Unternehmen müssen elektronisch gesicherte Registrierkassen verwenden und Käufern digital signierte Belege ausstellen; Anm. d. Verf.]. Die Legistik [Gesetzschreibung] hat Verschärfungen der Aufzeichnungspflichten gebracht, und auf dieser Ebene wird verstärkt geprüft. Im Bereich der Großbetriebe wird die internationale Vernetzung immer relevanter. Der Nationalstaat hat immer größere Probleme, seine Steueransprüche – oder das, was der Staat als seinen Steueranspruch sieht – durchzusetzen. Der Trend wird in Richtung internationaler Prüfungen gehen. Hier gibt es bereits Ansätze, zum Beispiel MLC, also multilaterale Kontrollen oder Simultanprüfungen.
Durch die Digitalisierung liegen Aufzeichnungen und Unterlagen nur mehr elektronisch vor. Egal, wo sich die Daten befinden, kann auf diese zugegriffen und sie im Weiteren auch ausgewertet werden. Hier müssen wir unseren Prüferinnen und Prüfern die erforderlichen Hilfsmittel zur Bewältigung dieser Herausforderung zur Verfügung stellen. Die Richtung bei den Großbetrieben ist klar: Internationalisierung und Digitalisierung der Prüfungen – ob diese durch die nationalen Steuerbehörden oder eventuell durch eine supranationale Prüfeinheit erfolgt, ist – denke ich – noch offen.

haltens und seine Vor- und Nachteile für den Einzelnen und die Gesellschaft diskutiert. Dies ist sicher die aufwendigste Methode, um Verhaltensänderungen zu bewirken, und es erfordert erfahrene Diskussionsleiter, um die wahren Einstellungen der Teilnehmer offen diskutieren zu können (Miller und Prentice 2016).

In zumindest zwei Fällen wurde Social Norms Marketing bereits mit Erfolg dazu genutzt, die Zahlungsmoral von Steuerzahlern positiv zu beeinflussen. In Australien wurde versucht, die verzerrte Wahrnehmung sozialer Normen durch Informationen zu den tatsächlichen Einstellungen anderer Steuerzahler zu korrigieren. Die Teilnehmer an dem Feldexperiment wurden zuerst zu ihren persönlichen Normen befragt und sollten auch die Einstellungen anderer Steuerzahler einschätzen. Interessanterweise waren die Befragten der Meinung, dass ihre Mitbürger weit negativere Einstellungen zum Steuerzahlen hatten als sie selbst. Wenige Wochen später wurden ihnen die gemittelten Angaben aus der Befragung rückgemeldet, um über die tatsächlich vorherrschenden sozialen Normen aufzuklären. Durch diese Information entwickelten die Befragten wie erwartet eine bessere Meinung zu den Normen der anderen Steuerzahler, und auch ihre Steuerehrlichkeit nahm zu (Wenzel 2005). In einem anderen, britischen Feldversuch wurde gezeigt, dass soziale Normen umso stärker die Steuermoral beeinflussen, je enger die soziale Gruppe gefasst ist, auf die sich die Normen beziehen. Steuerzahler, die noch eine offene Steuerschuld hatten, erhielten einen Brief vom Finanzamt. Eine Kontrollgruppe erhielt den üblichen Standardbrief, um daran zu erinnern, den ausstehenden Betrag zu bezahlen. Drei andere Gruppen erhielten denselben Brief, der durch eine auf die soziale Norm bezogene Information ergänzt war: „*9 von 10 Einwohnern in _____ bezahlen ihre Steuern zeitgerecht.*" Die Aussage bezog sich entweder auf das gesamte Land, auf dieselbe Postleitzahl wie die des Angeschriebenen oder dieselbe Stadt. In Abb. 7.2 sind die Prozentsätze der angeschriebenen Steuerzahler wie-

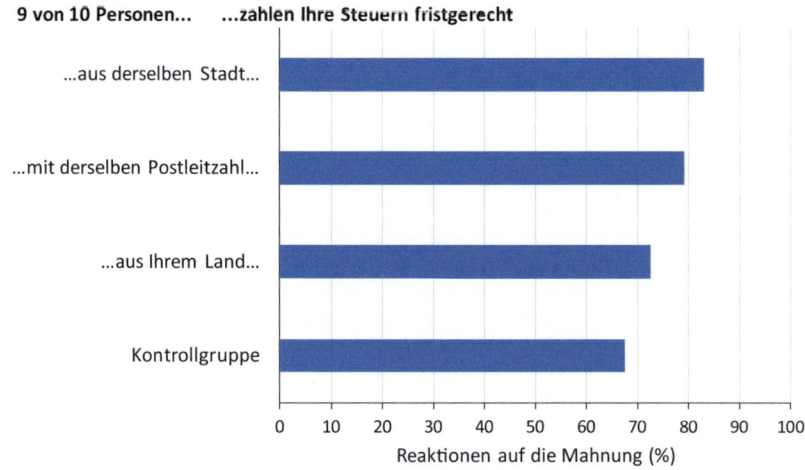

Abb. 7.2 Der Effekt der Formulierung einer Mahnung wegen Rückständen in der Steuerschuld auf die Zahlungsbereitschaft der angeschriebenen Steuerzahler. In diesem britischen Feldexperiment wurden insgesamt 140.000 Steuerzahler angeschrieben, bei denen noch eine Steuerschuld offen war. Dabei wurde der Text des Schreibens so variiert, dass die darin kommunizierte soziale Norm sich entweder auf das ganze Land, auf dieselbe Stadt oder auf dieselbe Postleitzahl bezog, in der die Angeschriebenen gemeldet waren. In einer Kontrollgruppe wurde ein Standardschreiben verschickt, dass keinen Bezug auf die soziale Norm nahm. Die Balken zeigen die Anzahl der Steuerzahler, die innerhalb von drei Monaten auf das Schreiben reagiert haben. (Adaptiert nach Cabinet Office Behavioural Insights Team 2012, S. 23, Übers. d. Verf.)

dergegeben, die auf die Mahnung reagiert haben. Die Briefe mit der Information zur sozialen Norm führten eher zu einer Reaktion als der Standardbrief in der Kontrollgruppe. Je kleiner und konkreter die Bezugsgruppe der beschriebenen sozialen Norm war (Land, Postleitzahl, Stadt), desto besser wirkte die Aufforderung, die Schulden zu begleichen (Cabinet Office Behavioural Insights Team 2012).

Soziale Normen beeinflussen die Einstellungen und das Verhalten der Steuerzahler. Zu wissen, was andere tun und welches Verhalten gesellschaftlich akzeptiert ist, führt dazu, dass man die eigene Haltung überdenkt und an die geltenden Standards anpasst. Außerdem wirkt sich die Wahrnehmung der sozialen Normen auf das Vertrauen in die anderen Steuerzahler aus. Wenn Steuerbetrug gemeinhin akzeptiert wird, dann ist auch das Vertrauen gering, dass die anderen ihre Steuerschuld vorschriftsmäßig entrichten. Einer Steuerbehörde, die nichts gegen die demoralisierenden Normen unternimmt, wird wohl ebenso wenig vertraut. Fehlwahrnehmungen der sozialen Standards können am einfachsten durch Informationskampagnen korrigiert werden. Durch Social Norms Marketing könnte das Vertrauen der Steuerzahler untereinander und in die Steuerbehörden bekräftigt und damit die Bereitschaft zur Kooperation gesteigert werden.

Zusammenfassung

Den Finanzbehörden stehen grundsätzlich zwei Strategien zur Verfügung, um das Verhalten der Steuerzahler zu regulieren: einerseits auf die Abschreckungswirkung von Kontrollen und Strafen zu setzen und andererseits Maßnahmen zu ergreifen, um das Vertrauen der Steuerzahler zu gewinnen. Durch Ausübung von Macht kann Steuerehrlichkeit erzwungen werden. Gerechte Entscheidungsprozesse, professionelle Dienstleistungen und positive soziale Normen können das Vertrauen und damit freiwillige Kooperation fördern. Die beiden Strategien müssen ausgewogen eingesetzt und an den vorherrschenden sozialen Normen ausgerichtet werden. Idealtypisch gilt es, ein „Steuerklima" zu schaffen, das von wechselseitigem Vertrauen zwischen Steuerzahlern und -behörden geprägt ist.

Literatur

Allingham, M. G., & Sandmo, A. (1972). Income tax evasion: A theoretical analysis. *Journal of Public Economics, 1*(3–4) (S. 323–338).
Alm, J., & Torgler, B. (2006). Culture differences and tax morale in the United States and in Europe. *Journal of Economic Psychology, 27*(2), 224–246.
Alm, J., & Torgler, B. (2011). Do ethics matter? Tax compliance and morality. *Journal of Business Ethics, 101*(4), 635–651.
Alm, J., Jackson, B., & McKee, M. (1992). Deterrence and beyond: Toward a kinder, gentler IRS. In J. Slemrod (Hrsg.), *Why people pay taxes* (S. 311–329). Ann Arbor: University of Michigan Press.
Alm, J., Jackson, B. R., & McKee, M. (1993). Fiscal exchange, collective decision institutions, and tax compliance. *Journal of Economic Behavior and Organization, 22*(3), 285–303.
Alm, J., Cherry, T., Jones, M., & McKee, M. (2010). Taxpayer information assistance services and tax compliance behavior. *Journal of Economic Psychology, 31*(4), 577–586.
Alm, J., Kirchler, E., & Muehlbacher, S. (2012). Combining psychology and economics in the analysis of compliance: From enforcement to cooperation. *Economic Analysis & Policy, 42*(2), 133–151.
Bazart, C., & Pickhardt, M. (2011). Fighting income tax evasion with positive rewards. *Public Finance Review, 39*(1), 124–149.
Beck, P. J., & Lisowsky, P. (2014). Tax uncertainty and voluntary real-time tax audits. *The Accounting Review, 89*(3), 867–901.
Becker, G. S. (1968). Crime and punishment: An economic approach. *The Journal of Political Economy, 76*(2), 169–217.

Becker, M., Henrichs, C. & Stotz, P. (7. April 2016). Weltrangliste der Steueroasen: Dreister als Panama. *Spiegel Online*. Zuletzt zugegriffen am 17. Mai 2017 unter http://www.spiegel.de/wirtschaft/soziales/panama-papers-weltrangliste-der-steueroasen-a-1086027.html.

Braithwaite, V. (2007). *Responsive regulation and taxation: Introduction to special issue*. Law & Policy 29(1) (S. 3–10).

Buchter, H. (15. April 2016). Steueroasen: Besser als Panama. *Die Zeit*. Zuletzt zugegriffen am 23. Februar 2017 unter http://www.zeit.de/2016/17/steueroasen-usa-panama-papers-briefkastenfirma

Bundesministerium für Finanzen. (2012). *Geschäftsbericht 2011 der österreichischen Steuer- und Zollverwaltung*. Zuletzt zugegriffen am 19. Mai 2017 unter https://www.bmf.gv.at/services/publikationen/BMF-Geschaeftsbericht_2011_der_oesterreichischen_Steuer-_und.pdf.

Cabinet Office Behavioural Insights Team. (2012). *Applying behavioural insights to reduce fraud, error and debt*. Zuletzt zugegriffen am 19. Mai 2017 unter https://www.gov.uk/government/uploads/system/uploads/attachment_data/file/60539/BIT_FraudErrorDebt_accessible.pdf.

Casal, S., Kogler, C., Mittone, L., & Kirchler, E. (2016). Tax compliance depends on voice of taxpayers. *Journal of Economic Psychology*, 56, 141–150.

Collins, J. H., & Plumlee, R. D. (1991). The taxpayer's labor and reporting decision: The effect of audit schemes. *The Accounting Review*, 66(3), 559–576.

Committee Horizontal Monitoring Tax and Customs Administration (2012). *Tax supervision – made to measure*. Zuletzt zugegriffen am 19. Mai 2017 unter https://download.belastingdienst.nl/belastingdienst/docs/tax_supervision_made_to_measure_tz0151z1fdeng.pdf.

Dietz, G., & Den Hartog, D. N. (2006). Measuring trust inside organisations. *Personnel Review*, 35(5), 557–588.

Ehrke-Rabel, T., & Gunacker-Slawitsch, B. (2014). Die Bedeutung von Governance für das Steuerrecht. *Austrian Law. Journal*, 1, 99–111.

Elmecker, M., Fahrenberger, J., Körper, S., Konrad, G., Lang, M., & Zieser, M. (2016). *Horizontal Monitoring Evaluationsbericht*. Zuletzt zugegriffen am 19. Mai 2017 unter https://www.bmf.gv.at/services/publikationen/BMF_Evaluationsbericht_Horizontal_Monitoring.pdf.

Estes, W. K. (1944). An experimental study of punishment. *Psychological Monographs*, 57(3), i–40.

Falkinger, J., & Walther, H. (1991). Rewards versus penalties: On a new policy against tax evasion. *Public Finance Quarterly*, 19(1), 67–79.

Feld, L. P., & Frey, B. S. (2002). Trust breeds trust: How taxpayers are treated. *Economics of. Governance*, 3(2), 87–99.

Feld, L. P., & Frey, B. S. (2007). Tax compliance as the result of a psychological tax contract: The role of incentives and responsive regulation. *Law & Policy*, 29(1), 102–120.

Feld, L. P., & Tyran, J. R. (2002). Tax evasion and voting: An experimental analysis. *Kyklos*, 55(2), 197–221.

Feld, L. P., Frey, B. S. & Torgler, B. (2006). *Rewarding honest taxpayers? Evidence on the impact of rewards from field experiments*. (CREMA Working Paper No. 2006 – 16). Zuletzt zugegriffen am 19. Mai 2017 unter http://www.crema-research.ch/papers/2006-16.pdf.

Fischer, C. M., Wartick, M., & Mark, M. M. (1992). Detection probability and taxpayer compliance: A review of the literature. *Journal of Accounting Literature*, 11, 1–46.

Fjeldstad, O.-H., & Semboja, J. (2001). Why people pay taxes. The case of the development levy in Tanzania. *World Development*, 29(12), 2059–2074.

Frey, B. S. (1997). A constitution for knaves crowds out civic virtues. *The Economic Journal*, 107(443), 1043–1053.

Frey, B. S. (2003). Deterrence and tax morale in the European Union. *European Review*, 11(3), 385–406.

Gangl, K., Muehlbacher, S., de Groot, M., Goslinga, S., Hofmann, E., Kogler, C., Antonides, G., & Kirchler, E. (2013). "How can I help you?" Perceived service orientation of tax authorities and tax compliance. *FinanzArchiv: Public Finance. Analysis*, 69(4), 487–510.

Gangl, K., Hofmann, E., & Kirchler, E. (2015). Tax authorities' interaction with taxpayers: A conception of compliance in social dilemmas by power and trust. *New Ideas in Psychology*, 37, 13–23.

Gneezy, U., & Rustichini, A. (2000). A fine is a price. *Journal of Legal Studies*, 29(1), 1–17.

Hammar, H., Jagers, S.C., & Nordblom, K. (2009). Perceived tax evasion and the importance of trust. *The Journal of Socio-Economics*, 38(2), 238–245.

Internal Revenue Service. (5. Dezember 2016). *IRS audits*. Zuletzt zugegriffen am 19. Mai 2017 unter https://www.irs.gov/businesses/small-businesses-self-employed/irs-audits.

Jackson, B. R., & Milliron, V. C. (1986). Tax compliance research: Findings, problems, and prospects. *Journal of Accounting Literature*, 5(1), 125–165.

Kamleitner, B., & Hoelzl, E. (2009). Cost-benefit associations and financial behavior. *Applied Psychology*, 58(3), 435–452.

Literatur

Kastlunger, B., Kirchler, E., Mittone, L., & Pitters, J. (2009). Sequences of audits, tax compliance, and taxpaying strategies. *Journal of Economic Psychology*, *30*(3), 405–418.

Kastlunger, B., Muehlbacher, S., Kirchler, E., & Mittone, L. (2011). What goes around comes around? Experimental evidence of the effect of rewards on tax compliance. *Public Finance Review*, *39*(1), 150–167.

Kirchler, E. (2007). *The economic psychology of tax behaviour*. Cambridge: Cambridge University Press.

Kirchler, E., & Muehlbacher, S. (2008). In R. Leitner (Hrsg.), *Kontrollen und Sanktionen im Steuerstrafrecht aus der Sicht der Rechtspsychologie*. Finanzstrafrecht, (Bd. 2007, S. 9–33). Wien: Linde.

Kirchler, E. & Muehlbacher, S. (2010). Das Slippery Slope Framework des Steuerverhaltens – zum Einfluss von Macht und Vertrauen auf erzwungene und freiwillige Kooperation. In E. H. Witte & T. Gollan (Hrsg.), *Sozialpsychologie und Ökonomie* (S. 173–182). Lengerich, Deutschland: Pabst Science.

Kirchler, E., Hoelzl, E., & Wahl, I. (2008). Enforced versus voluntary tax compliance: The "slippery slope" framework. *Journal of Economic Psychology*, *29*(2), 210–225.

Kirchler, E., Muehlbacher, S., Kastlunger, B. & Wahl, I. (2010). Why pay taxes? A review of tax compliance decisions. In J. Alm, J. Martinez-Vazquez & B. Torgler (Hrsg.), *Developing alternative frameworks for explaining tax compliance* (S. 15–31). Abingdon, England: Routledge.

Kirchler, E., Kogler, C., & Muehlbacher, S. (2014). Cooperative tax compliance: From deterrence to deference. *Current Directions in Psychological Science*, *23*(2), 87–92.

Kogler, C., Muehlbacher, S., & Kirchler, E. (2015). Testing the "slippery slope framework" among self-employed taxpayers. *Economics of. Governance*, *16*(2), 125–142.

Leventhal, G. S. (1980). What should be done with equity theory? New approaches to the study of justice in social relationships. *Social Exchange: Advances in Experimental and. Social Psychology*, *9*, 91–113.

Madlberger, H. (2016). *Innovatives Risikomanagement mit Predictive Analytics* [Präsentationsfolien]. Zuletzt abgerufen am 19. Mai 2017 unter https://www.oeffentlicherdienst.gv.at/verwaltungsinnovation/innovate2016.html/Streams/Innovatives_Risikomanagement_mit_Predicitve_Analytics.pdf.

Mason, R., & Calvin, L. D. (1978). Study of admitted income tax evasion. *Law & Society Review*, *13*(1), 73–89.

Miller, D. T., & Prentice, D. A. (2016). Changing norms to change behavior. *Annual Review of Psychology*, *67*(1), 339–361.

Mittone, L. (2006). Dynamic behaviour in tax evasion: An experimental approach. *Journal of Socio-Economics*, *35*(5), 813–835.

Muehlbacher, S., Hölzl, E., & Kirchler, E. (2007). Steuerhinterziehung und die Berücksichtigung des Einkommens in der Strafbemessung. *Wirtschaftspsychologie*, *9*(4), 116–121.

Muehlbacher, S., Mittone, L., Kastlunger, B., & Kirchler, E. (2012). Uncertainty resolution in tax experiments: Why waiting for an audit increases compliance. *Journal of Socio-Economics*, *41*(3), 289–291.

Nagin, D. S. (2013). Deterrence in the twenty-first century. *Crime and Justice*, *42*(1), 199–263.

OECD. (2008). *Study into the role of tax intermediaries*. Zuletzt abgerufen am 19. Mai 2017 unter http://www.oecd.org/tax/administration/39882938.pdf.

OECD (2013a). *Action plan on base erosion and profit shifting*. Paris: OECD Publishing.

OECD (2013b). *Co-operative compliance: A framework*. Paris: OECD Publishing.

Pommerehne, W. W., & Weck-Hannemann, H. (1996). *Tax rates, tax administration and income tax evasion in Switzerland*. Public Choice, *88(1–2)* (S. 161–170).

PwC (2015). *AG Wirtschaftsprüfungsgesellschaft*. Betriebsprüfung, Bd. 2015. Frankfurt am Main: PricewaterhouseCoopers.

Roberts, M. L. (1994). An experimental approach to changing taxpayers' attitudes towards fairness and compliance via television. *The. Journal of the American Taxation Association*, *16*(1), 67–86.

Romaniuc, R., & Bazart, C. (im Druck). Intrinsic and extrinsic motivation. In J. Backhaus (Hrsg.), *Encyclopedia of law and economics*. New York: Springer.

Schultz, P. W., Nolan, J. M., Cialdini, R. B., Goldstein, N. J., & Griskevicius, V. (2007). The constructive, destructive, and reconstructive power of social norms. *Psychological Science*, *18*(5), 429–434.

Schwartz, R. D., & Orleans, S. (1967). On legal sanctions. *The. University of Chicago Law Review*, *34*(2), 274.

Sieger, H. (2016). Wenn der Prüfer zweimal klingelt. PwC next: Das Magazin Für Vorausdenker. http://next.pwc.at/2016-01/wenn-der-pruefer-zweimal-klingelt.html. Zugegriffen: 19. Mai 2017.

De Simone, L., Sansing, R. C., & Seidman, J. K. (2013). When are enhanced relationship tax compliance programs mutually beneficial. *The Accounting Review*, *88*(6), 1971–1991.

Six, B. (2014). Normen, soziale. In M. A. Wirtz (Hrsg.), *Dorsch – Lexikon der Psychologie* (17. Aufl. S. 1177–1178). Bern: Huber.

Skinner, B. F. (1938). *The behavior of organisms*. New York: Appleton-Century Crofts.

Skinner, B. F. (1965). *Science and human behavior*. New York: The Macmillan Company.
Spicer, M. W., & Hero, R. E. (1985). Tax evasion and heuristics: a research note. *Journal of Public Economics*, *26*(2), 263–267.
Spicer, M. W., & Lundstedt, S. B. (1976). Understanding tax evasion. *Public Finance*, *21*(2), 295–305.
Srinivasan, T. N. (1973). Tax evasion: a model. *Journal of Public Economics*, *2*(4), 339–346.
Strümpel, B. (1969). The contribution of survey research to public finance. In A. T. Peacock (Hrsg.), *Quantitative analysis in public finance* (S. 14–32). New York: Praeger.
Süddeutsche Zeitung (2014). Kassenbon-Lotterie gegen die Schattenwirtschaft. Süddeutsche Zeitung. http://www.sueddeutsche.de/wirtschaft/portugal-kassenbon-lotterie-gegen-die-schattenwirtschaft-1.1881922. Zugegriffen: 23. Febr. 2017.
The Netherlands Tax and Customs Administration (2010). Horizontal monitoring within the medium to very large business segment. https://download.belastingdienst.nl/belastingdienst/docs/horizontal_monitoring_very_large_businesses_dv4061z1pleng.pdf. Zugegriffen: 19. Mai 2017.
The Times of India (2016). Thank you note from income tax department. The Times of India. http://timesofindia.indiatimes.com/business/india-business/Thank-you-note-from-income-tax-department/articleshow/54787212.cms. Zugegriffen: 19. Mai 2017.
Torgler, B. (2003). Beyond punishment: a tax compliance experiment with taxpayers in Costa Rica. *Revista de Analisis Economico*, *18*(1), 27–56.
Torgler, B. (2005). Tax morale and direct democracy. *European Journal of Political Economy*, *21*(2), 525–531.
Vogel, J. (1974). Taxation and public opinion in Sweden: an interpretation of recent survey data. *National Tax Journal*, *27*(4), 499–513.
Wahl, I., Muehlbacher, S., & Kirchler, E. (2010). The impact of voting on tax payments. *Kyklos*, *63*(1), 144–158.
Webley, P. (1987). Audit probabilities and tax evasion in a business simulation. *Economics Letters*, *25*(3), 267–270.
Wechsler, H., Nelson, T., Lee, J. E., Seiberg, M., Lewis, C., & Keeling, R. (2003). Perception and reality: a national evaluation of social norms marketing interventions to reduce college students' heavy alcohol use. *Quarterly Journal of Studies on Alcohol*, *64*(4), 484–494.
Wenzel, M. (2005). Misperceptions of social norms about tax compliance: from theory to intervention. *Journal of Economic Psychology*, *26*(6), 862–883.
Yitzhaki, S. (1974). A note on income tax evasion: a theoretical analysis. *Journal of Public Economics*, *3*(2), 201–202.
Zmerli, S., & Castillo, J. C. (2015). Income inequality, distributive fairness and political trust in Latin America. *Social Science Research*, *52*, 179–192.

Verhaltenslenkung durch Steuern und Nudging

Maximilian Zieser

8.1   Lenkungssteuern – 122

8.2   Nudging: Ein Schubs in die richtige Richtung – 134

Literatur – 139

> **Russland: Der Staat will erziehen**
>
> Im Wodka-Land Russland hat der Staat übermäßigem Alkoholkonsum den Kampf angesagt. Der Preis für das Nationalgetränk und anderer harter Getränke steigt mit dem Jahresbeginn um knapp ein Drittel. Eine Halbliterflasche kostet nun mindestens 4,20 Euro. Darüber hinaus ist Werbung für alkoholische Getränke in den Medien verboten. Die Regierung will die Bürger zum Alkoholverzicht erziehen, gleichzeitig aber die Staatseinnahmen steigern. […] Der Preisanstieg, so befürchten Experten, wird allenfalls dazu führen, dass die Menschen sich ihren Alkohol anderswo beschaffen, etwa zu Frostschutzmitteln greifen. Oder sie brennen selbst. […]
>
> Quelle: Aus Handelsblatt, Bilger, O., Freund, M., Kort, K., Mayer-Kuckuk, F. & Rüdel, N. (5. Jänner 2013). http://www.handelsblatt.com

Vorrangiges Ziel der Besteuerung ist es, den Staat und seine Ausgaben zu finanzieren. Daneben werden Steuern aber auch dazu eingesetzt, das Verhalten der Bürger zu lenken. Gesellschaftlich „unerwünschtes" Verhalten wie übermäßiger Alkoholkonsum, Rauchen oder der Konsum von stark fett- und zuckerhaltigen Lebensmitteln soll durch hohe Besteuerung dieser Güter unattraktiv werden, wie es etwa die World Health Organisation (WHO) für Tabakprodukte fordert (WHO 2015). Im Gegensatz dazu kann „erwünschtes" Verhalten wie Bildung, Sport oder Spenden für gemeinnützige Zwecke durch unterschiedliche Steuertarife, Steuerbefreiungen oder Förderungen durch den Staat begünstigt werden. So gibt es zur Regulierung des Energiekonsums hohe Mineralöl- und Stromsteuern (z. B. die „Ökosteuer" in Deutschland, Böhringer und Schwager 2003), während gleichzeitig Steuerbefreiungen für biologische Kraftstoffe oder Förderungen für Photovoltaikanlagen angeboten werden, um die umweltfreundlichen Alternativen attraktiver zu machen (Green 2004). Mit solchen Maßnahmen wird durch finanzielle Anreize versucht, das Verhalten der Verbraucher zu verändern. Neben diesem traditionellen Ansatz wird in diesem Kapitel mit *Nudging* auch ein moderner Zugang zur Verhaltensregulation vorgestellt. Nudging (Anstoßen, Stupsen) bezeichnet verschiedene Methoden, bei denen versucht wird, sanft und ohne Zwang auf die Entscheidungen der Konsumenten Einfluss zu nehmen (Thaler und Sunstein 2011).

8.1 Lenkungssteuern

Steuern, bei denen die Regulation des Verhaltens anstelle zusätzlicher Steuereinnahmen im Vordergrund steht, werden *Lenkungssteuern* (oft auch *Lenkungsabgaben*) genannt. Im angloamerikanischen Raum wird in der medialen Berichterstattung die Besteuerung von Alkohol, Tabak, Glücksspiel oder ungesunden Lebensmitteln häufig als *Sin Tax* bezeichnet (z. B. Hardford 2016; Heath 2016). Lenkungssteuern sind in der Regel Verbrauchssteuern, da sie meist beim Kauf von bestimmten Gütern anfallen. Durch die resultierende Preiserhöhung sollen sie den Konsum einschränken und so etwa die Gesundheit der Bevölkerung fördern. Lenkungssteuern werden auch als *Pigou-Steuern* bezeichnet, wenn sie den Hauptzweck haben, negative Auswirkungen des Verhaltens auf andere Marktteilnehmer bzw. auf die Allgemeinheit (in den Wirtschaftswissenschaften als externe Kosten oder negative *Externalitäten* bezeichnet) entgegenzuwirken. Kosten für die Allgemeinheit, wie zum Beispiel die von einer industriellen Produktion verursachte Umweltverschmutzung, sollen durch Besteuerung der umweltschädlichen Produktion „internalisiert" und vom Verursacher bezahlt werden. So soll die finanzielle Ersparnis durch mangelnden Umweltschutz im Vergleich zu umweltfreundlicheren Mitbewerbern wieder ausgeglichen werden (Sandmo 1975).

In der Praxis sind die Lenkungseffekte einer Besteuerung nicht immer eindeutig vom Zweck zu trennen, mehr Steuereinnahmen zu erzielen. So erhoffte man sich zum Beispiel in Österreich einerseits höhere Einnahmen durch die Anhebung der Tabaksteuer, während gleichzeitig der Tabakkonsum durch diese Maßnahme zurückgehen sollte (Die Presse 2014). Diese zweifache Wirkung mancher Steuern wird vor allem im Zusammenhang mit Umweltsteuern als *Doppelte-Dividenden-Hypothese* bezeichnet. Sie besagt, dass die Gesellschaft auf zwei Arten von Lenkungssteuern profitieren kann. Einerseits führen die Steuern zu einer Änderung des Verhaltens und reduzieren so die Umweltbelastung, andererseits profitiert der Staat durch die zusätzlichen Steuereinahmen (Goulder 1995). Lenkungssteuern können noch einen weiteren Vorteil haben. Viele dieser Steuern, wie etwa Verbrauchsteuern auf Strom oder Benzin, sind im Vergleich zu anderen Steuerarten oft schwieriger zu hinterziehen. Gerade in Ländern mit niedriger Steuermoral könnten solche Steuern die Effizienz des Steuersystems insgesamt erhöhen (Liu 2013).

> Lenkungssteuern sollen durch die resultierende Preiserhöhung den Konsum von Alkohol, Tabak, Glücksspiel oder ungesunden Lebensmitteln einschränken und so etwa die Gesundheit der Bevölkerung fördern.

Von großer Bedeutung für die Lenkung von Verhalten durch Besteuerung ist, wie eine Steuer benannt wird und ob sie einem bestimmten Verwendungszweck zugeordnet wird – das sogenannte *Earmarking* von Steuern. Die Gelder aus der Tabaksteuer könnten zum Beispiel dem Gesundheitssystem gewidmet sein und Vorsorgeuntersuchungen oder Nichtraucherprogramme finanzieren. Eine Zweckbindung der Einnahmen kann die politische und gesellschaftliche Akzeptanz einer Steuer verbessern und eine zielgerichtete Finanzierung von kostspieligen öffentlichen Strukturen ermöglichen. Die effektive Umsetzung von Lenkungssteuern und insbesondere von Earmarking ist jedoch komplex und stößt oft auf organisatorische und politische Hindernisse (Bird 2015).

Im Folgenden werden verschiedene empirische Untersuchungen zur Wirkung von Lenkungssteuern vorgestellt. Viele Studien haben sich mit der Frage beschäftigt, ob die Besteuerung von Tabak, Alkohol, kalorienreichen Lebensmitteln und von umweltschädlichem Verhalten wirklich die zu erwartende Wirkung hat. Die in den folgenden Kapiteln dargestellten Ergebnisse zeigen, dass Lenkungssteuern durchaus effektiv sein können, jedoch oft auch unerwünschte Nebeneffekte haben.

8.1.1 Tabaksteuern

Die gesundheitlichen und volkswirtschaftlichen Kosten des Tabakkonsums sind evident. Weltweit wurde bereits eine Vielzahl an Maßnahmen umgesetzt, um den Tabakkonsum und seine negativen Folgen einzuschränken (WHO Europe 2007). Die Erhöhung von Tabaksteuern scheint eine der wirksamsten Maßnahmen zu sein, wie die Ergebnisse einer internationalen Studie der Weltbank und der WHO (World Health Organization) belegen. Eine zehnprozentige Preiserhöhung von Zigaretten führt in wohlhabenden Ländern zu einer Senkung des Tabakkonsums um 4 %, in einkommensschwächeren Ländern um bis zu 8 % (Jha und Chaloupka 2000). In einer Studie aus dem Jahr 2011 wurde die empirische Datenlage zur Effektivität von steuerlichen und preislichen Maßnahmen zur Kontrolle des Tabakkonsums gesichtet. Der Bericht legt nahe, dass 12 der 18 erwarteten Effekte ausreichend empirisch belegt sind (Chaloupka et al. 2011). Die Ergebnisse der Studie sind in Tab. 8.1 zusammengefasst.

Lenkungssteuern führen nicht immer zum intendierten Verhalten, und sie sind auch nicht immer fair. Eine im Staat New York durchgeführte Studie zeigt, dass hohe Tabaksteuern zwar eine effektive Methode darstellen, um den Zigarettenkonsum einzuschränken, die Besteuerung aber auch verschiedene Nebenwirkungen hat. So treffen Tabaksteuern insbesondere die ärmere Bevölkerung, wirken also *regressiv*, ein Umstand, der oft im Zusammenhang mit Lenkungssteuern diskutiert wird. Zudem umgehen die Raucher in New York die Tabaksteuer in hohem Maß durch den illegalen Bezug unversteuerter Importe (Farrelly et al. 2012). Dass Lenkungssteuern auf Tabak vor allem einkommensschwächere Bevölkerungsgruppen treffen, zeigt auch eine australische Studie. In dieser wurde eine mehrstufige Tabakreform evaluiert, in der verschiedene regulatorische Maßnahmen umgesetzt wurden. Eine Preiserhöhung von Zigaretten hatte im Vergleich zu einer Informationskampagne zwar die stärksten Effekte, Raucher mit niedrigerem Einkommen waren davon jedoch am stärksten betroffen (Scollo et al. 2003). Im Gegensatz dazu wurde in einer südafrikanischen Studie festgestellt, dass eine Erhöhung der Tabaksteuer die finanzielle Belastung der ärmeren Bevölkerung in gewisser Weise sogar reduzierte. Diese reagierte deutlich stärker auf die Preiserhöhung, schränkte den Tabakkonsum stärker ein und hatte so mehr Geld für andere Ausgaben zur Verfügung (Bosch und Koch 2014).

Tabaksteuern können neben dem gewünschten Effekt auf die Nachfrage nach Tabakprodukten auch zu anderen Veränderungen im Kaufverhalten führen. Je nach persönlichen Möglichkeiten werden aufgrund von Steuererhöhungen Kaufgewohnheiten geändert. Vor dem Preisanstieg kann es zu „Hamsterkäufen" kommen, danach importieren viele Raucher Zigaretten aus angrenzenden Regionen mit geringeren Tabaksteuern. Viele Konsumenten weichen auch auf günstigere Zigarettenmarken aus (Chiou und Muehlegger 2014). Es zeigt sich außerdem oft eine Verschiebung der Nachfrage von fertig abgepackten zu selbstgedrehten Zigaretten, die ebenfalls günstiger sind. Dieser Trend wurde in Australien, England, den USA und Kanada vor allem bei jungen Rauchern und Personen mit niedrigem Einkommen festgestellt (Scollo et al. 2003; Young et al. 2012). Neben dem Ausweichen auf andere Tabakprodukte werden in Zukunft auch der Konsum und die Besteuerung von „rauchlosen" nikotinhaltigen Produkten stärker zu berücksichtigen sein, da etwa elektrische Zigaretten (sogenannte E-Zigaretten) zunehmend an Popularität gewinnen (O'Connor 2012; Schaller und Pötschke-Langer 2015). Neben Substitutionseffekten kann auch die direkte Vermeidung von Tabaksteuern ihre Lenkungseffekte untergraben. Zum Beispiel gingen nach einer Erhöhung der Tabaksteuer in Teilen der USA in den betroffenen Bundesstaaten die offiziellen Verkaufszahlen zurück. Der in Umfragen von den Konsumenten berichtete Zigarettenkonsum sank aber viel weniger deutlich (siehe Abb. 8.1). Gleichzeitig stiegen in anderen, von der Steuererhöhung nicht berührten Bundesstaaten die Verkaufszahlen, obwohl auch dort der Konsum gleich blieb. Die Ergebnisse legen nahe, dass die Wirksamkeit von Tabaksteuern überschätzt wird, wenn der Erwerb aus alternativen Bezugsquellen wie illegalen Importen und Online-Handel nicht berücksichtigt wird (Stehr 2005).

Die Besteuerung von Tabak kann jedoch auch positive Nebeneffekte haben. In einer Studie des amerikanischen National Institute of Health wurde beobachtet, dass sowohl Tabaksteuern als auch Rauchverbote nicht nur den Zigarettenkonsum, sondern auch den Alkoholkonsum zurückgehen lassen. Der Zusammenhang wird durch die enge Verknüpfung von Tabak- und Alkoholkonsum erklärt, da der eine oft den „Trigger" (also den Auslöser) für den anderen darstellt (Krauss et al. 2014).

8.1 · Lenkungssteuern

◘ **Tab. 8.1** Empirische Evidenz zur Effektivität von Lenkungssteuern auf den Tabakkonsum. (Adaptiert nach Chaloupka et al. 2011, S. 236, Übers. d. Verf.)

Effekte von Tabaksteuern	Empirische Datenlage
Erhöhungen der Tabakpreise durch Tabaksteuern verringern den Tabakkonsum insgesamt	Umfassend
Erhöhungen der Tabakpreise durch Tabaksteuern verringern den Tabakkonsum von Erwachsenen	Umfassend
Erhöhungen der Tabakpreise durch Tabaksteuern bewegen Raucher zum Aufhören	Umfassend
Erhöhungen der Tabakpreise durch Tabaksteuern verringern den Tabakkonsum von Jugendlichen	Umfassend
Erhöhungen der Tabakpreise durch Tabaksteuern verringern die Zahl neuer jugendlicher Raucher	Umfassend
Erhöhungen der Tabakpreise durch Tabaksteuern verringern den Tabakkonsum von Rauchern	Umfassend
Tabaksteuern und -preise haben einen stärkeren Effekt auf den Tabakkonsum von Jugendlichen als von Erwachsenen	Umfassend
Tabakpreise haben in einkommensschwachen Ländern einen stärkeren Effekt auf die Nachfrage als in reicheren Ländern	Eingeschränkt
In einkommensstarken Ländern reagiert die einkommensschwache Bevölkerung auf Preis- und Steuerhöhungen von Tabak stärker als die einkommensstarke Bevölkerung	Solide
In Ländern mit geringem und mittlerem Einkommen reagiert die einkommensschwache Bevölkerung auf Preiserhöhungen von Tabak stärker als die einkommensstarke Bevölkerung	Eingeschränkt
Änderungen des Tabakpreises führen zur Verschiebung des Konsums auf andere Produkte, die relativ gesehen billiger wurden	Solide
Lobbying, Preisnachlässe und Marketing der Tabakindustrie untergraben die Effekte von Tabaksteuern	Umfassend
Erhöhungen von Tabaksteuern verbessern die Gesundheit der Bevölkerung	Umfassend
Höhere und einheitlichere spezifische Tabaksteuern haben höhere Tabakpreise zur Folge und sind effektiver	Umfassend
Steuerhinterziehung und -umgehung reduzieren die Effektivität von Tabaksteuern, heben ihre Wirkung aber nicht auf	Umfassend
Koordinierte Maßnahmen wie internationale Zusammenarbeit, die Stärkung von Steuerbehörden und strenge Strafen reduzieren den illegalen Handel mit Tabakprodukten	Solide
Erhöhungen von Tabaksteuern erhöhen die Steuereinnahmen aus Tabakverkäufen	Umfassend
Erhöhungen von Tabaksteuern lassen die Arbeitslosigkeit nicht zunehmen	Solide

Anmerkungen. Die Tabelle zeigt die empirische Datenlage zu angenommenen Effekten von Tabaksteuern und weiteren Einflussfaktoren. Die Evidenz reicht von *umfassend* (kausale Effekte können mit relativ großer Sicherheit angenommen werden) über *solide* bis zu *eingeschränkt* (Effekte sind nicht eindeutig und alternative Erklärungen sind möglich)

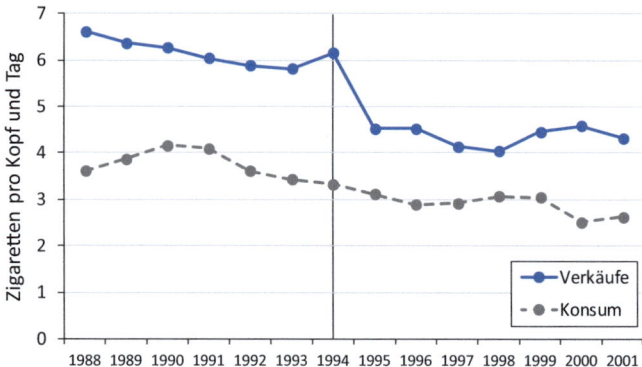

Abb. 8.1 Gegenüberstellung der Zigarettenverkäufe und des Tabakkonsums im US-Bundesstaat Michigan vor und nach einer Steuererhöhung von 25 auf 75 Cent. Die vertikale Linie repräsentiert das Jahr der Steuerreform. (Adaptiert nach Stehr 2005, S. 285, Übers. d. Verf.)

8.1.2 Alkoholsteuern

Neben Tabakprodukten ist auch die Bekämpfung übermäßigen Alkoholkonsums ein häufiges Ziel staatlicher Interventionen. Als Folgen ausufernden Alkoholkonsums geben in vielen Ländern schwerwiegende, gesundheitliche Konsequenzen, soziale Probleme und hohe volkswirtschaftliche Kosten Anlass zur Sorge. Gerade in den bevölkerungsreichsten Staaten wie Indien oder China nimmt der Alkoholkonsum stark zu. Wie bei Tabakprodukten soll auch die Besteuerung von Alkohol den übermäßigen Konsum und seine negativen Folgen einschränken (WHO 2004). Vor allem bei Jugendlichen ist riskantes Trinkverhalten weit verbreitet. In Deutschland sind zudem in den letzten Jahrzehnten die Preise für alkoholische Getränke im

---

Putin fordert nach Todesfällen neues Alkoholgesetz

Präsident: Regierung soll Steuern auf Spirituosen senken

Zwanzig Liter Wodka trinkt der erwachsene männliche Durchschnittsrusse laut einer Studie von 2014 im Jahr. Da 2010 ein Mindestpreis von 190 Rubel (2,95 Euro) für einen Liter des beliebten Destillats vorgeschrieben wurde, können sich in Krisenzeiten allerdings viele keinen Trinkalkohol mehr leisten und greifen auf billigere Ersatzstoffe zurück. Einer Fallstudie des russischen Gesundheitsministeriums zufolge geben 13 Prozent der Bevölkerung an, Alkoholersatzprodukte zu konsumieren. Besonders beliebt ist der Badezusatz Bojarischnik, der neben Zitronenöl und Weißdornextrakt bis zu 93 Prozent Ethanol enthält. Im Gegensatz zu alkoholhaltigen Getränken, die nur von 8 bis 23 Uhr verkauft werden dürfen, ist Bojarischnik rund um die Uhr erhältlich, in der westrussischen Stadt Kaluga gibt es sogar Badeessenz-Automaten, um die Versorgung rund um die Uhr sicherzustellen. Für nur 20 Rubel kann man sich jederzeit ein Fläschchen der Mixtur, der auch eine herzstärkende Wirkung zugesagt wird, aus dem Automaten ziehen. Nachdem Ende Jänner in Sibirien über 70 Bojarischnik-Trinker ums Leben gekommen waren, weil ihr Badezusatz giftigen Methylalkohol enthielt, wies Präsident Wladimir Putin die Regierung an, die Steuern auf Spirituosen zu senken. Bereits vor zwei Jahren hatte er die Rücknahme einer Erhöhung des Wodka-Mindestpreises auf 220 Rubel verfügt. Seitdem geht die Zahl der schweren Alkoholvergiftungen zurück, aber in den ersten neun Monates des Jahres 2016 waren es immer noch 36.000 Fälle landesweit, ein Viertel davon mit tödlichem Ausgang.

Quelle: Aus derstandard.at. © Bert Eder, DER STANDARD, 3. Jänner 2017. http://derstandard.at/2000050169240/Putin-fordert-nach-Todesfaellen-neues-Alkohol-Gesetz

8.1 · Lenkungssteuern

Tab. 8.2 Geschätzte Effekte einer Verdoppelung der Alkoholsteuern. (Daten aus Wagenaar et al. 2010)

Negative Konsequenzen durch Alkoholkonsum	Geschätzte Reduzierung durch Verdoppelung der Alkoholsteuern (in %)
Alkoholbedingte Todesfälle	−35
Tödliche Verkehrsunfälle	−11
Sexuell übertragbare Krankheiten	−6
Gewalt	−2
Kriminalität	−1,2

Anmerkungen. Die Schätzungen basieren auf den Zusammenhängen, die man in insgesamt 50 empirischen Studien fand, und geben die vorhergesagten Effekte einer hypothetischen Verdoppelung der Alkoholsteuern wieder

Vergleich zum allgemeinen Preisniveau weniger stark gestiegen und in Relation somit billiger geworden. Alkoholsteuern werden deshalb als wichtiges Werkzeug diskutiert, um die Preise für alkoholische Getränke zu regulieren und dadurch insbesondere den Alkoholkonsum von Jugendlichen zu reduzieren (Adams und Effertz 2009a, 2009b). Wie Metaanalysen von über hundert Studien zeigen, sind die Ergebnisse empirischer Untersuchungen zu den Effekten von Alkoholsteuern vielversprechend. Die Erhöhung von Alkoholsteuern ist demnach eine effektive Strategie, um den Konsum einzuschränken und seine schädlichen Auswirkungen abzuschwächen (Elder et al. 2010; Wagenaar et al. 2009). Eine in den USA durchgeführte Untersuchung zeigte beispielsweise, dass höhere Alkoholsteuern die Häufigkeit von *Binge-Drinking* (Rauschtrinken) effektiv verringern können (Xuan et al. 2015). Sobald Lenkungssteuern unerwünschtes Verhalten beeinflussen, sollten sie in der Folge auch die damit verbundenen negativen Auswirkungen verringern. Nachdem beispielsweise im Jahr 2009 im amerikanischen Bundesstaat Illinois die Alkoholsteuern angehoben wurden, war ein Rückgang der alkoholbedingten tödlichen Verkehrsunfälle um 26 % zu beobachten. Erstaunlich an diesen Ergebnissen ist, dass die durch die Steuererhöhung verursachte Preissteigerung von Bier und Wein nicht einmal 1 Cent, die von Spirituosen weniger als 5 Cent pro Getränk ausmachte. Die Studienautoren geben zu bedenken, dass auch die damals schlechte Wirtschaftslage die Effektivität der Steuererhöhung zusätzlich gesteigert haben könnte. Bereinigt man die Analysen um diesen Faktor, wurde trotzdem ein Rückgang der alkoholbedingten tödlichen Verkehrsunfälle um 15 % geschätzt (Wagenaar et al. 2015). Die Erhöhung von Alkoholsteuern scheint demnach weitreichende positive Effekte zu haben. In einer Metaanalyse wurde neben dem deutlichen Rückgang alkoholbedingter tödlicher Verkehrsunfälle auch ein starker Rückgang von alkoholbedingten Erkrankungen und Verletzungen festgestellt. Darüber hinaus wurde ein geringerer, aber signifikanter Rückgang von Gewalt, Drogenkonsum, Kriminalität und sexuell übertragbaren Krankheiten gefunden (siehe Tab. 8.2; Wagenaar et al. 2010).

> Die Erhöhung der Alkoholsteuer scheint weitreichende positive Effekte zu haben, wie ein Rückgang alkoholbedingter tödlicher Verkehrsunfälle und ein starker Rückgang von alkoholbedingten Erkrankungen und Verletzungen.

In Gegensatz dazu fand eine skandinavische Studie keinen eindeutigen Zusammenhang zwischen steuerbedingten Preisänderungen und Alkoholkonsum. Zwischen 2003 und 2004 wurden in Dänemark und Finnland die Alkoholsteuern gesenkt, in Finnland wurden außerdem die Freigrenzen für die Einfuhr alkoholischer Getränke aus anderen EU-Mitgliedsstaaten stark angehoben. Parallel zum Anstieg des Konsums in den direkt betroffenen Ländern wurde angenommen, dass dieser auch im angrenzenden Südschweden steigen würde. Als Vergleichsgruppe wurde Nordschweden in die Analyse miteinbezogen. Entgegen den Erwartungen wurde in keinem der untersuchten Länder ein eindeutiger Anstieg des Alkoholkonsums beobachtet, der auf die Nachlässe und Freigrenzen zurückzuführen war (Mäkelä et al. 2008). Eine detailliertere Analyse, die sich ausschließlich mit dem finnischen Markt beschäftigte, kam jedoch zu dem Schluss, dass die günstigeren Preise und die höheren Freigrenzen sehr wohl den Alkoholkonsum in Finnland anstiegen ließen und letztendlich ernst zu nehmende negative Effekte auf die Gesundheit der finnischen Bevölkerung zur Folge hatten. Alkoholbedingte tödliche Lebererkrankungen stiegen sogar um 46 %. Die negativen Effekte schienen insbesondere für ärmere Bevölkerungsgruppen zu gelten, in der die stärksten Auswirkungen aufgrund der Preisnachlässe und Freigrenzen festgestellt wurden (Mäkelä und Österberg 2009). Eine spätere Untersuchung der Reformen in Skandinavien bestätigt die Ergebnisse der erneuten Analyse. In Dänemark und Südschweden wurden die befürchteten Ergebnisse der Liberalisierung nicht beobachtet, in Finnland aber stieg der Alkoholkonsum an, und negative gesundheitliche Konsequenzen wurden insbesondere für die sozioökonomisch schlechter gestellte Bevölkerung beobachtet (Room et al. 2013).

Ähnlich wie bei Tabaksteuern können auch Alkoholsteuern zu unerwarteten und unerwünschten Änderungen des Kauf- bzw. Konsumverhaltens führen. In einer australischen Studie, in der die Jahre 1974 bis 2012 analysiert wurden, bestätigte, dass sich der Alkoholkonsum nach Erhöhung der entsprechenden Steuern wie erwartet verringerte. Um die gewünschten Verhaltensänderungen zu erzielen, müssen bei der Besteuerung von Alkohol aber das Einkommen der Zielgruppe und die Erschwinglichkeit von alkoholischen Getränken berücksichtigt werden. Außerdem ist bei der Besteuerung einzelner Arten von Getränken Vorsicht geboten. Denn die Konsumenten reagieren häufig so, dass sie auf andere alkoholische Getränke ausweichen (Jiang und Livingston 2015). In Deutschland etwa wurde nach der erfolgreichen Markteinführung von „Alkopops" festgestellt, dass der Alkoholkonsum bei Jugendlichen zunahm. Um dem entgegenzuwirken, wurde im Jahr 2004 eine spezielle Steuer auf die süß schmeckenden Mischgetränke eingeführt. Die Steuer erwies sich in zweifacher Hinsicht als wirkungsvoll. Einerseits ging der Konsum von Alkopops deutlich zurück, das vorrangige Ziel der Lenkungssteuer wurde also erreicht. Andererseits wichen Jugendliche verstärkt auf andere alkoholische Getränke wie Bier, Biermischgetränke oder Spirituosen aus (Farke 2008). In Russland zeigte sich, dass sogar auf alkoholhaltige Badeessenzen zurückgegriffen wird, um hohe Alkoholpreise zu umgehen (Kasten „Mehr als 70 Tote durch alkoholhaltigen Badezusatz"). Um den Konsum dieser manchmal tödlichen Alternativen einzuschränken, sollen Steuern auf Spirituosen gesenkt werden (Der Standard 2017). Preiserhöhungen von alkoholischen Getränken können auch dazu führen, dass Menschen vermehrt andere berauschende Substanzen konsumieren. Jugendliche scheinen beispielsweise öfter auf Marihuana zurückzugreifen, wenn die Preise für Alkohol steigen oder das Mindestalter für Alkoholkonsum angehoben wird. Umgekehrt wird mehr Alkohol konsumiert, wenn (erfolgreiche) Maßnahmen gegen den Konsum von Marihuana umgesetzt werden (Chaloupka und Laixuthai 1997).

Ähnlich wie bei Tabakprodukten gilt auch für alkoholische Getränke: Steuererhöhungen führen dazu, dass die besteuerten Produkte vermehrt im benachbarten Ausland eingekauft und von dort importiert werden. Die in den Nachbarländern geltenden Preise beeinflussen daher auch den Konsum und die Steuereinnahmen im eigenen Land. Je näher die Konsumenten an den Landesgrenzen wohnen, desto stärker ist dieser Effekt (Asplund et al. 2007). Bei Steuererhöhungen scheint die Nachfrage im Inland also auch deshalb zu sinken, weil alkoholische Getränke vermehrt im Ausland erworben werden. Der Nachfragerückgang aufgrund von Preisänderungen alkoholischer Getränke dürfte zu etwa 20 bis 40 % durch den Anstieg von Importen aus Nachbarländern bedingt sein (Stehr 2007). Für dieses sogenannte *Cross-Border Shopping* ist Voraussetzung, dass die Fahrtkosten die Einsparung durch niedrigere Preise über der Grenze nicht übersteigen (Leal et al. 2010). Und natürlich beeinflussen auch die erlaubten Freimengen das Kaufverhalten (Crawford und Tanner 1995).

8.1.3 Steuern auf Lebensmittel

Auch bei den Ernährungsgewohnheiten wird versucht, diese durch spezielle Lenkungssteuern zu beeinflussen. Beispielsweise führte Dänemark im Oktober 2011 die weltweit erste „Fettsteuer" ein, die jedoch nach nur 15 Monaten wieder abgeschafft wurde. Die Steuer fiel auf Produktion und Import von Produkten an, die mehr als 2,3 % gesättigte Fettsäuren enthielten. Ihre Höhe richtete sich nach der Menge des enthaltenen Fettes. Zwar nahm nach Einführung der neuen Steuer der Konsum von fetthaltigen Produkten leicht ab, ein eindeutiger Effekt auf die Gesundheit der Bevölkerung konnte jedoch nicht nachgewiesen werden. Zudem wurden Verlagerungen des Konsums auf andere ungesunde Nahrungsmittel beobachtet (Bødker et al. 2015). In einer amerikanischen Studie wurde der Zusammenhang zwischen der Höhe von speziellen Verbrauchsteuern auf stark zuckerhaltige Softdrinks und deren Verkaufszahlen für den Zeitraum 1988 bis 2006 untersucht. Es wurde zwar ein Einfluss der Höhe der Steuern auf die Menge der konsumierten Softdrinks beobachtet, gleichzeitig konnte jedoch auch ein vermehrter Konsum anderer kalorienreicher Getränke wie beispielsweise Vollmilch festgestellt werden. Die Verlagerung des Konsums von Softdrinks zu anderen Produkten wird zwar einerseits als möglicher gesundheitlicher Vorteil gesehen, als Maßnahme gegen Übergewichtigkeit in der Bevölkerung sind die Steuern jedoch scheinbar wenig geeignet (Fletcher et al. 2010).

In einer gesundheitspolitischen Analyse der Wirkung von Lenkungssteuern auf Lebensmittel berichten Caraher und Cowburn (2005), dass einige der in verschiedenen Ländern umgesetzten Maßnahmen aufgrund des verstärkten Einflusses der Industrie und der niedrigen Akzeptanz in der Bevölkerung wieder abgeschafft wurden. Unklar sei außerdem, ob die Besteuerung von Lebensmitteln tatsächlich eine wirkungsvolle Maßnahme zur Beeinflussung des Konsumverhaltens ist (Caraher und Cowburn 2005). In einer Zusammenschau der empirischen Datenlage zu Lebensmittelsteuern wurde festgestellt, dass diese mindestens 20 % des Preises ausmachen müssen, um überhaupt einen Effekt auf die Gesundheit der Bevölkerung zu haben. Die Besteuerung stark zuckerhaltiger Getränke scheint am meisten Erfolg zu haben. Im Idealfall sollten aber verschiedene ungesunde Lebensmittel besteuert werden und zusätzlich gesunde Alternativen subventioniert werden. Zudem ist zu berücksichtigen, dass auch Lebensmittelsteuern regressiv wirken, die ärmere Bevölkerung also stärker von ihnen betroffen ist. Für Personen mit niedrigem Einkommen sind jedoch auch die größten Effekte auf die Gesundheit zu erwarten, da dieser Personenkreis häufiger ungesunde Lebensmittel konsumiert (Mytton et al. 2012). Zu einer eindeutigen und positiven Schlussfolgerung kam eine aktuelle Zusammenschau von 38 Studien zur Besteuerung von Lebensmitteln. Die Besteuerung von Softdrinks und die steuerliche Förderung von gesunden Lebensmitteln stellen nach dem Überblicksartikel effektive Maßnahmen dar, um die Konsumenten zu einer Umstellung ihrer Ernährungsgewohnheiten zu bewegen und vermehrt zu gesünderen Lebensmitteln zu greifen (Thow et al. 2014).

8.1.4 Umweltsteuern

Auch der Umweltschutz wird durch finanzielle Anreize gefördert. Wie bei Lenkungssteuern auf Alkohol, Tabak oder ungesunde Lebensmittel geht es bei dieser Besteuerung darum, das Verhalten der Bevölkerung zu regulieren und in eine erwünschte Richtung zu lenken. Durch Ökosteuern wird versucht, den negativen Konsequenzen des Verhaltens Einzelner auf Umwelt und Gesellschaft entgegenzuwirken. Konsumenten und Produzenten sollen dazu bewegt werden, natürliche Ressourcen zu schonen, schädliche Emissionen und Abfälle zu verringern und die Umwelt zu schützen (OECD 2015). Neben der Besteuerung knapper Ressourcen – beispielsweise fossiler Brennstoffe – wird im industriellen Bereich auch durch Beschränkungen von Emissionen und den Handel mit Emissionsrechten versucht, den Ausstoß von Treibhausgasen in den Griff zu bekommen (International Carbon Action Partnership 2015). Neben dem hohen Verbrauch fossiler Brennstoffe wird die weltweit wachsende Fleischproduktion als eine der Hauptursachen für den Ausstoß von klimaschädlichen Treibhausgasen gesehen. Eine höhere Besteuerung der Produktion oder des Konsums von Fleisch scheint daher ebenfalls geeignet, um einen nachhaltigen Lebensstil zu fördern. Freiwerdende Anbauflächen könnten etwa für die Erzeugung von Biotreibstoffen genutzt werden (Wirsenius et al. 2011).

In Deutschland wurde 1999 eine Steuerreform umgesetzt, die zum Ziel hatte, den Verbrauch fossiler Brennstoffe zu drosseln und schädliche Emissionen einzuschränken („Ökosteuer"). Das deutsche Bundesministerium der Finanzen zog nach etwa fünf Jahren eine positive Bilanz. Die Emissionen klimaschädlicher Treibhausgase konnten gesenkt und Anreize für Investitionen in umweltfreundliche Technologien gesetzt werden. Zudem floss durch die neue Ökosteuer mehr Geld in die deutsche Staatskasse (Bundesministerium der Finanzen 2004, 2005). Aus fiskalischer Sicht schien die Steuerreform ein Erfolg zu sein. Insgesamt werden ihr jedoch nur geringe Auswirkungen auf das Klima zugeschrieben, da zum Schutz der energieintensiven Industrie einige Ausnahmen gemacht wurden (Bach 2009). Immerhin schien die Steuerreform laut einer Befragung eine starke Motivation für private Haushalte darzustellen, ihren Energieverbrauch zu verringern (Umweltbundesamt 2004). Für den Straßenverkehr wurde außerdem ein etwa fünfprozentiger Rückgang der CO_2-Emissionen durch private Kraftfahrzeuge festgestellt. Im Zusammenhang mit dem Verbrauch von Benzin bzw. Diesel müssen jedoch auch Einkäufe im benachbarten Ausland mitberücksichtigt werden. Durch den „Tanktourismus" wurden die für Deutschland ausgewiesenen Emissionen in der Evaluation wahrscheinlich unterschätzt (Steiner und Cludius 2010).

Lenkungssteuern können dennoch eine wirksame Maßnahme zum Klimaschutz darstellen. In einer aktuellen US-amerikanischen Studie wurde der Zusammenhang zwischen Benzinsteuern, dem Benzinpreis und der Nachfrage nach Benzin in den Jahren 2007 bis 2009 untersucht. Es zeigte sich, dass Änderungen der Treibstoffsteuer langfristig einen etwa siebenmal so hohen Effekt auf die Nachfrage hatten wie ausschließlich durch Marktentwicklungen verursachte Preisänderungen (Tiezzi und Verde 2016). Ähnliche Ergebnisse wurden bereits zuvor in empirischen Analysen gefunden (Davis und Kilian 2011; Li et al. 2014). Auch in Kanada hatte die *Carbon Tax* einen größeren Einfluss auf die Benzinnachfrage, als nur aufgrund der Preisänderung zu erwarten wäre (Rivers und Schaufele 2015). Die Nachfrage nach Benzin scheint bei einer Steuererhöhung durch zwei Faktoren beeinflusst zu werden. Einerseits verringert sich die Nachfrage aufgrund der Preiserhöhung, die durch zusätzliche Steuern verursacht wird. Andererseits scheinen spezielle Verbrauchsteuern im Gegensatz zu anderen Preiserhöhungen als politisches Signal für eine langfristige, beständige Preiserhöhung aufgefasst zu werden. Die Verbraucher scheinen deshalb als Reaktion auf die Besteuerung eher dazu bereit zu sein, ihre Verhaltensweisen anzupassen und zum Beispiel auch in sparsamere Autos zu investieren (Tiezzi und Verde 2016).

> Spezielle Verbrauchsteuern scheinen im Gegensatz zu anderen Preiserhöhungen als politisches Signal für eine langfristige, beständige Preiserhöhung aufgefasst zu werden. Die Verbraucher scheinen deshalb als Reaktion auf die Besteuerung eher dazu bereit zu sein, ihre Verhaltensweisen anzupassen.

Durch spezielle Steuern und Abgaben wird auch die Abfallproduktion privater Haushalte reguliert. Um die stetig wachsenden Mengen an Restmüll zu verringern, wurden verschiedene Methoden getestet, Mülltrennung zu fördern und die Menge an nichtwiederverwertbarem Abfall einzuschränken. Im flämischen Teil Belgiens wurden verschiedene Varianten finanzieller Anreize umgesetzt, um die Menge an Restmüll zu verringern. Ziel war es, das jährliche Restmüllaufkommen pro Kopf auf 150 kg oder weniger zu reduzieren und auf diesem Niveau zu halten. Für das Jahr 2003 wurde überprüft, welche Abgabenarten dieses Ziel am besten erfüllen konnten. Die größten Effekte zeigte das *Pay-by-the-Bag-System*, bei dem nur spezielle, mit einer Abgabe für die Entsorgung versehene Müllsäcke von der Müllabfuhr abgeholt wurden. Die vergleichsweise hohen Preise der Säcke für Restmüll dürften einen Anreiz bieten, den verwertbaren Abfall sorgfältig zu trennen und so die Menge des Restmülls einzuschränken. Das Pay-by-the-Bag-System dürfte besonders in Kombination mit häufiger Abholung des Recycling- und Bio-Mülls sowie seltenerer Abholung des Restmülls auf private Mülltrennung wirken (Gellynck et al. 2011). Auch in den USA durchgeführte Studien zeigen, dass die Belegung von Müllsäcken mit Abgaben eine Verringerung der Restmüllmenge bewirkt (Fullerton und Kinnaman 1996; Van Houtven und Morris 1999). Als Nebeneffekt wurde jedoch auch festgestellt, dass manche Haushalte versuchten, die einzelnen Beutel mit so viel Abfall wie möglich zu füllen, oder den Abfall illegal deponierten, um die hohen Preise der Müllsäcke zu umgehen (Fullerton und Kinnaman 1996).

8.1.5 Diskussion

Lenkungssteuern können das Verhalten von Verbrauchern deutlich beeinflussen. Die starke Wirkung von Steuererhöhungen auf das Konsumverhalten im Vergleich zu anders bedingten Preiserhöhungen kann unter anderem durch die höhere *Salienz* solcher durch Steuern verursachten Preisanstiege erklärt werden. Salienz bedeutet in der Psychologie, dass ein Reiz oder Objekt hervorsticht und dadurch die Aufmerksamkeit auf sich zieht (Ansorge 2014). Steuererhöhungen oder -nachlässe werden in den Medien vermutlich intensiver behandelt und öffentlich kontroverser diskutiert als andere Preisveränderungen, weshalb sich Konsumenten der Preiserhöhungen durch Steuern bewusster sind. Je salienter Zahlungen sind, desto deutlicher können ihre Auswirkungen auf das Verhalten sein. Elektronisch erhobene Mautgebühren haben etwa einen geringeren Einfluss auf die Fahrgewohnheiten als Gebühren, die in bar zu bezahlen sind. Die mit Bargeld bezahlten Gebühren werden bewusster wahrgenommen und üben so einen stärkeren Einfluss auf das Verhalten aus (Finkelstein 2009). Zudem spielt es eine Rolle, ob Kaufpreise inklusive oder exklusive der anfallenden Steuern angegeben werden. In vielen Teilen der USA ist es beispielsweise üblich, dass in Supermärkten die Preise ohne Steuern angeschrieben werden. Die anfallenden Steuern werden dann erst beim Bezahlen an der Kasse ausgewiesen. In einem Experiment zur Preisgestaltung wurden die Preise für manche Produkte inklusive Steuern angeschrieben, die anderen Produkte waren mit Nettopreisen versehen. Durch eine klar ausgewiesene und somit salientere Darstellung der Steuern sank die Nachfrage nach diesen Produkten stärker. Waren die Steuern unauffälliger, passten die Konsumenten ihr Kaufverhalten weniger an, als theoretisch aufgrund der Preiserhöhung angenommen. Ähnliche Ergebnisse wurden auch für die Besteuerung alkoholischer Getränke berichtet. Diese kann auch stärker zur Senkung des Alkoholkonsums beitragen, wenn die Preise brutto angeschrieben werden, und Steuern nicht erst an der Kasse dazugerechnet werden (Chetty et al. 2009). Die Effekte der Salienz von Lenkungssteuern werden auch als Mittel diskutiert, der Regressivität von Tabaksteuern entgegenzuwirken. Werden die anfallenden Steuern bei der Preisangabe nicht explizit angegeben, ist die Preiserhöhung weniger salient. Wohlhabende Konsumenten agieren beim Einkauf weniger preisbewusst und reagieren daher auf nicht extra ausgewiesene Steuern weniger stark. Personen mit niedrigerem Einkommen beziehungsweise preisbewusste Konsumenten scheinen ihre Nachfrage jedoch auch dann zu verringern, wenn die Steuern erst an der Kasse addiert werden. Eine Verringerung der Salienz – wie das Hinzurechen erst an der Kasse – könnte somit zu einer geringeren Regressivität von Lenkungssteuern führen, da die Steuern so vermehrt von den „unaufmerksamen", wohlhabenden Einkäufern getragen werden (Goldin und Homonoff 2013). Je salienter Preiserhöhungen sind, desto größer scheint später also auch ihr Einfluss auf das Verhalten der Konsumenten zu sein. Informations- und Aufklärungskampagnen etwa zu den negativen Konsequenzen des Rauchens erhöhen das Bewusstsein für das Thema in der Gesellschaft und könnten so auch die Salienz und Effektivität gleichzeitig eingeführter Steuererhöhungen verstärken.

Neben den Effekten der Salienz scheint es eine generelle Abneigung gegen explizit durch Steuern verursachte Preiserhöhungen zu geben, die den Lenkungseffekt möglicherweise noch weiter verstärkt. Diese allgemeine Ablehnung von Steuern wird als *Tax Aversion* bezeichnet. Selbst wenn sich die effektiven Preisänderungen objektiv betrachtet nicht voneinander unterscheiden, reagieren Menschen auf durch Steuern verursachte Preisanstiege und auf Steuerrabatte stärker als auf Preiseänderungen aus anderen Gründen. Neu eingeführte Steuern werden dabei oft besonders negativ bewertet. Gibt man Preisanstiegen eine andere Bezeichnung als „Steuer", werden diese im Vergleich eher akzeptiert (McCaffery & Baron 2006). In Experimenten konnte auch gezeigt werden, dass Konsumenten größere Kosten und Mühen auf sich nehmen, um Steuern zu vermeiden, als um gleichwertige oder sogar höhere andere Kosten zu sparen. In einer experimentellen Studie waren die Teilnehmer beispielsweise eher dazu bereit, für Steuernachlässe in einer Warteschlange zu stehen als für andere Rabatte. In einem weiteren Experiment dieser Studie wurde eine längere Anfahrtszeit beim Kauf eines Fernsehers eher akzeptiert, wenn ein Preisnachlass als Steuerersparnis beschrieben wurde, als wenn der niedrigere Preis anders begründet wurde. Effekte der allgemeinen Ablehnung von Steuern scheinen erwartungsgemäß auch von den allgemeinen Einstellungen zu Steuern abzuhängen. Bei Anhängern von politischen Parteien, die Steuern grundsätzlich positiv gegenüberstehen, können sich auch umgekehrte Effekte zeigen (Sussman und Olivola 2011). Die Salienz von Steuern in Kombination mit dem Phänomen der allgemeinen Ablehnung von Steuern könnte auf der einen Seite die Lenkungseffekte von Steuern verstärken. Es ist zu erwarten, dass Konsumenten ihr Verhalten stärker anpassen, um Steuern zu entgehen, die beim Kauf als besonders unangenehm wahrgenommen werden. Andererseits ist auch anzunehmen, dass negative Einstellungen zu Steuern nicht nur zur Einschränkung des Konsums führen, sondern auch eine unerwünschte Vermeidung und Hinterziehung der Lenkungssteuern zur Folge haben können. Zudem könnte die starke Ablehnung von Steuern die gesellschaftliche Akzeptanz und dadurch die politische Umsetzung von neuen Lenkungssteuern untergraben. Earmarking – also die Zweckbindung der Steuereinnahmen für die gezielte Förderung bestimmter Bereiche – kann die Beliebtheit von Lenkungssteuern jedoch erhöhen. In einer experimentellen Studie in Norwegen konnte gezeigt werden, dass sich die Mehrheit der befragten Personen für eine Erhöhung der Treibstoffsteuer aussprach, wenn die Einnahmen der Förderung des Umweltschutzes gewidmet waren. Das Earmarking schien die positiven Auswirkungen der Steuer auf die Umwelt zu untermauern und dadurch zu einer höheren Akzeptanz zu führen. Wurde als Zweck die allgemeine Umverteilung des Einkommens angegeben, waren die Steuern deutlich weniger populär (Sælen und Kallbekken 2011).

> Unter Earmarking versteht man die Zweckbindung von Steuereinnahmen für die gezielte Förderung bestimmter Bereiche.

Lenkungssteuern können auch als Anreiz zur stärkeren Selbstkontrolle angesehen werden. Besonders bei Menschen, die mangelnde Selbstkontrolle aufweisen und bestimmte Produkte – beispielsweise Tabak – nach eigener Einschätzung zu häufig konsumieren, können erhöhte Steuern eine Verhaltensänderung bewirken. Viele Raucher möchten zum Beispiel in Zukunft weniger Tabak konsumieren, halten sich jedoch oft nicht an die eigenen Vorsätze. Lenkungssteuern könnten für diese Konsumentengruppe einen Anreiz zur Befolgung ihrer selbstauferlegten Regeln bieten. In einer theoretischen Analyse wurde gezeigt, dass Lenkungssteuern durch diesen Mechanismus einen Wohlfahrtsgewinn für die gesamte Bevölkerung bedeuten können (O'Donoghue und Rabin 2006).

Vieles spricht für den Einsatz von Lenkungssteuern, insbesondere wenn es um den gesundheitsgefährdenden Konsum von Alkohol und Tabak geht. Es wird jedoch kritisiert, dass gesundheitspolitische Zielsetzungen als Rechtfertigungen missbraucht werden, um Steuererhöhungen zur Budgetsanierung durchzusetzen. Zudem wird argumentiert, dass solche Steuern als „paternalistische" Maßnahmen einen übertriebenen Eingriff in die Entscheidungsfreiheit der Konsumenten darstellen (Fichte 2014). Ein häufiges Argument für die Erhöhung von Tabaksteuern ist die Belastung des Gesundheits- und Sozialversicherungssystems durch das Rauchen, das so beträchtliche Ausgaben für den Staat verursacht. Diese Kosten scheinen aber etwa in Deutschland durch die Einnahmen aus Tabaksteuern bereits mehr als gedeckt zu sein. Die aus dem Tabakkonsum erzielten Steuereinnahmen scheinen also die zusätzlichen Behandlungskosten nicht nur aufzuwiegen, sondern sogar zu übersteigen. Sozialversicherungen und Steuerzahler werden letztlich durch den Tabakkonsum entlastet. Aus einer reinen Kostenperspektive ließen sich daher weitere Erhöhungen von Lenkungssteuern – so die Schlussfolgerung – nicht rechtfertigen (Steidl und Wigger 2015). Ähnliche Ergebnisse zur volkswirtschaftlichen Bilanz von Lenkungssteuern wurden im Zusammenhang mit ungesunder Ernährung und Übergewicht gefunden. Die Belastung des Gesundheitssystems scheint hier nicht zu steigen, da gesund lebende Menschen eine höhere Lebenserwartung haben und so insgesamt höheren Behandlungskosten insbesondere im höheren Alter aufweisen (van Baal et al. 2008). Verfolgt der Staat jedoch das Ziel, die Gesundheit der Bevölkerung zu fördern, scheinen Steuern auf gesundheitsgefährdende Produkte ein wirksames Werkzeug darzustellen, vor allem in Kombination mit Informationskampagnen und Förderungen gesunder Alternativen. In der Praxis müssen bei der Umsetzung von Lenkungssteuern jedoch ihre vielfältigen Auswirkungen berücksichtigt werden. Es sind vor allem mögliche Verlagerungen des Konsums auf andere Produkte oder Märkte und die differenzielle Wirkung der Steuern auf verschiedene Bevölkerungsgruppen zu beachten.

Im folgenden Abschnitt wird auf moderne Ansätze zur Lenkung des (Konsum-)Verhaltens eingegangen. Durch Nudging wird versucht, erwünschtes oder empfohlenes Verhalten zu fördern, ohne gesetzliche Verbote zu verhängen oder finanziellen Druck auszuüben.

8.2 Nudging: Ein Schubs in die richtige Richtung

Laut Richard Thaler und Cass Sunstein lassen sich Menschen auch etwas sanfter zu „erwünschtem Verhalten" bewegen als durch Zwangsmaßnahmen oder finanzielle Lenkungsmechanismen. Sie prägten mit ihrem Buch *„Nudge. Wie man kluge Entscheidungen anstößt"* (Thaler und Sunstein 2008, 2011) den Begriff des *Nudging* (Anstoßen, Stupsen). Als Nudge wird eine „sanfte" Methode bezeichnet, um das Verhalten von Individuen in eine bestimmte Richtung zu lenken. Die Entscheidungssituation soll so gestaltet sein, dass zwar eine Option auf die eine oder andere Art empfohlen wird, aber immer die Möglichkeit bestehen bleibt, sich ohne direkte negative Konsequenzen (wie etwa höhere Kosten oder Strafen) gegenteilig zu entscheiden (Thaler und Sunstein 2008). Die Anwendungen des Prinzips reichen von schwerwiegenden Entscheidungen bis zu scheinbar unbedeutenden Situationen des Alltags. Viele Menschen sind etwa grundsätzlich bereit, mehr zu sparen, oft aber zu träge, die notwendigen Anpassungen vorzunehmen. Um sie zum Sparen zu animieren, werden im Sparprogramm *Save More Tomorrow* die Beiträge zur Pensionsvorsorge automatisch jedes Jahr angehoben. Finden die Sparenden ihre Einzahlungen tatsächlich zu hoch, steht ihnen frei, zu einer niedrigeren Beitragsquote zu wechseln (Thaler und Benartzi 2004). Im Straßenverkehr können Nudges laut Thaler und Sunstein zur Sicherheit beitragen. In London haben Touristen aufgrund des Linksverkehrs oft Schwierigkeiten, beim Überqueren der Straße in die richtige Richtung zu schauen. An vielen Kreuzungen steht deshalb groß „LOOK RIGHT →" auf dem Boden, um Unfällen vorzubeugen. Eine weitere vielzitierte Anwendung des Nudging-Prinzips mit nicht ganz so ernsten Auswirkungen wurde im Flughafen von Amsterdam umgesetzt. Auf den Herrentoiletten wurden realistische Abbildungen einer Stubenfliege in den Urinalen angebracht, um die männlichen Toilettenbesucher zum Zielen zu animieren, die „Trefferquote" zu erhöhen und so die Toiletten länger sauber zu halten. Mittlerweile sind diese Fliegen in Toiletten auf der ganzen Welt anzutreffen (Thaler und Sunstein 2008).

> Als Nudge wird eine „sanfte" Methode bezeichnet, um das Verhalten von Individuen in eine bestimmte Richtung zu lenken.

Thaler und Sunstein argumentieren, dass sich Menschen meist nicht wie *Econs* verhalten – perfekt ökonomisch-rational denkende Lebewesen –, sondern wie *Humans*. Menschen verfügen demnach nur über begrenzte Rationalität (*Bounded Rationality*) und neigen in manchen Situationen zu Fehlern, weshalb sie manchmal einen Schubs in die richtige Richtung benötigen. Sie beschreiben Nudging als *libertären Paternalismus*. Es soll einerseits „paternalistisch" zum erwünschten Verhalten bewegt werden, andererseits aber auch „libertär" die Freiheit gelassen werden, sich entgegen der Empfehlung zu entscheiden. Die Autoren argumentieren, dass die beiden meist negativ besetzten Begriffe „libertär" und „Paternalismus" in ihrer ursprünglichen

Bedeutung verstanden werden müssen. Ihr Ansatz beschreibt also ein Prinzip zur Verhaltenslenkung, das ganz ohne Zwang funktionieren soll.

8.2.1 Nudging und Gesundheit

Nudges werden etwa eingesetzt, um gesünderes Essverhalten zu fördern. Durch die Platzierung der Speisen in einem Buffet können die Entscheidungen der Konsumenten beeinflusst werden. Platziert man gesunde Lebensmittel wie Obst oder Gemüse am Anfang des Buffets, so werden deutlich öfter die kalorienärmeren und seltener die ungesunden Optionen konsumiert (z. B. Kongsbak et al. 2016; Wansink und Hanks 2013). Durch gezielte Kennzeichnung und Platzierung von gesunden Produkten können auch die Kunden in Supermärkten zu gesundheitsbewusstem Einkaufen angeregt werden (Foster et al. 2014). Experimente zeigen außerdem, dass die Reihenfolge der Getränke und Gerichte auf Speisekarten die Wahl der Kunden beeinflusst (Dayan und Bar-Hillel 2011). In einem Feldexperiment wurde beobachtet, welches Menü die Gäste eines Schnellrestaurants wählten. Die Entscheidungen wurden stark von der Darstellung der verschiedenen Sandwiches, Beilagen und Getränke beeinflusst. Waren Informationen zum Kaloriengehalt der jeweiligen Speisen angeführt, wurden vermehrt kalorienärmere Gerichte ausgesucht. Außerdem wurden häufiger gesunde Alternative gewählt, wenn die empfohlene tägliche Kalorienmenge angegeben wurde. Bei übergewichtigen Personen hatte die Darstellung der empfohlenen Kalorienmenge jedoch keinen Effekt auf die Bestellung. Bei einer anderen Version des Experimentes wurde überprüft, ob es einen Einfluss hat, wenn bestimmte Speisen empfohlen werden oder sie einfacher zu bestellen sind. In einer Versuchsbedingung wurden gesunde Sandwiches in der Speisekarte als „empfohlene" Mahlzeiten präsentiert, während ungesunde Alternativen nur auf der zweiten Seite der Karte abgedruckt waren. Um eine ungesunde Alternative zu bestellen, musste bei der Bestellung außerdem der Name der gewünschten Speise ausgeschrieben werden, während bei empfohlenen Speisen lediglich die gewünschte Option angekreuzt werden mussten. Diese Maßnahmen führten dazu, dass die Gäste die empfohlenen, gesunden Sandwiches häufiger bestellten. Bei der entgegengesetzten Darstellung der Alternativen wurden die ungesunden Optionen hingegen häufiger bestellt (Wisdom et al. 2010). Demnach kann alleine durch die Gestaltung von Speisekarten sowie der Platzierung und Kennzeichnung von Gerichten zu einem gesünderen Essverhalten „angestupst" werden. Gestaltungsprinzipien für eine solche Speisekarte beinhalten etwa, dass Sektionen der Speisekarte nicht als „gesund", sondern als „leicht und frisch" bezeichnet werden. Detailreichere Beschreibungen von Gerichten können ebenfalls dazu führen, dass sie verstärkt konsumiert werden. Grundsätzlich sollten gesunde Speisen immer an prominenten Stellen der Speisekarte platziert werden, und auch eine eigene Sektion mit gesunden Empfehlungen kann wirkungsvoll sein. Symbole, Bilder und farbliche Hervorhebungen können ebenfalls die Aufmerksamkeit auf gesunde Produkte lenken und ihren Absatz erhöhen (Wansink und Love 2014).

Bei Nudging wird oft der sogenannte *Status Quo Bias* (Kahneman et al. 1991; Samuelson und Zeckhauser 1988) genutzt, um die Entscheidung zur „vernünftigen" Option möglichst einfach zu gestalten. Bei diesem aus der Entscheidungsforschung bekannten Phänomen wird die aktuelle Ausgangslage irrational hoch bewertet, und jede Veränderung dieses Status quo wird tendenziell abgelehnt, selbst wenn sie objektiv betrachtet eine Verbesserung bringen würde. Thaler und Sunstein (2011) nennen als Beispiel für einen Status Quo Bias mit großer gesellschaftlicher Tragweite die Regelung von Organspenden. In Ländern mit Zustimmungsregelung (*Opt-in*) müssen sich freiwillige Organspender aktiv dazu bereit erklären, nach ihrem Tod ihre

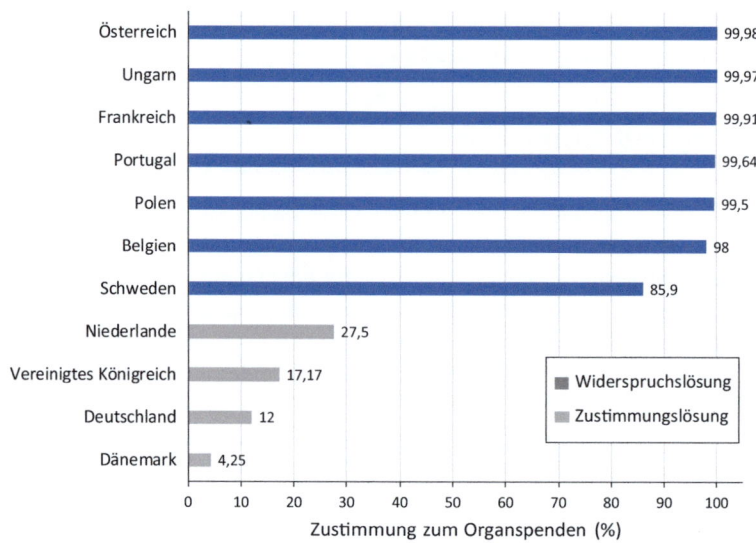

Abb. 8.2 Zustimmung zum Organspenden in europäischen Ländern mit Widerspruchs- und Zustimmungslösung. (Adaptiert nach Johnson und Goldstein 2003, S. 1338, Übers. d. Verf.)

Organe zur Verfügung zu stellen. Bei der Widerspruchsregelung (*Opt-out*) müssen sich diejenigen, die keine Organspender sein wollen, aktiv aus dem Register austragen lassen. Bei einer Opt-in-Regelung sind bei weitem weniger Menschen Organspender als bei einer Opt-out-Regelung. In Österreich zum Beispiel, wo die Widerspruchsregelung gilt, waren laut einer bekannten Studie aus dem Jahr 2003 (Johnson & Goldstein) nahezu alle Menschen (99,98 %) Organspender, da kaum jemand die Möglichkeit des Widerspruchs nutzte. In Deutschland hingegen, wo man aktiv zustimmen muss, besaßen lediglich 12 % der Bevölkerung einen Organspendeausweis. Ein sehr ähnliches Bild ergab sich auch für andere europäische Länder mit Widerspruchs- bzw. Zustimmungslösung (siehe Abb. 8.2). Es könnte argumentiert werden, dass die Präferenzen für oder gegen das Spenden von Organen nicht besonders stark sein können, wenn nur so wenige Menschen ihren Status aktiv ändern. In einer experimentellen Studie wurde Folgendes nachgewiesen: Selbst wenn die Änderung des Organspenderstatus nur den minimalen Aufwand eines einfachen Mausklicks benötigt, wird trotzdem sehr häufig die voreingestellte Option beibehalten. Wurde keine beziehungsweise eine neutrale Voreinstellung für den Organspenderstatus vorgegeben, entschieden sich die meisten Personen außerdem für das Organspenden (Johnson und Goldstein 2003).

8.2.2 Nudging und Steuerverhalten

Die Bereitschaft, Steuern ehrlich zu bezahlen, kann durch einfache Nudges ebenfalls beeinflusst werden. In zwei Feldexperimenten in Minnesota (USA) erhielten vier Gruppen von Steuerzahlern jeweils ein eigens formuliertes Informationsschreiben. Ein Schreiben bot den Empfängern Unterstützung bei ihrer Steuererklärung an, das zweite kündigte eine gründliche Überprüfung der Angaben an. Im dritten Schreiben wurde über die verschiedenen Verwendungszwecke der Steuereinnahmen informiert und im vierten darüber, dass entgegen der öffentlichen Meinung die meisten Personen ihre Steuern ehrlich bezahlen. Um die Effekte der verschiedenen Informationsschreiben zu untersuchen, wurden die Steuerzahlungen der Teilnehmer in den Jahren vor und nach den Feldexperimenten verglichen. Das Angebot zusätzlicher Unterstützung und die Informationen zum Verwendungszweck der Steuer hatten beide keinerlei Effekt auf das Verhalten der untersuchten Steuerzahler. Die Ankündigung der Steuerprüfung zeigte zwar Wirkung, jedoch nur für Personen mit mittlerem oder geringem Einkommen. Personen mit hohem Einkommen reagierten hingegen zum Teil sogar negativ und versuchten die Steuern durch höhere Abschreibungen zu vermeiden. Am deutlichsten wurde das Zahlungsverhalten von dem Schreiben beeinflusst, in dem die hohe Zahlungsmoral der anderen Steuerzahler beschrieben war (Coleman 1996, 2007). Die Beschreibung der sozialen Normen scheint ein wirksamer „Schubs" in die richtige Richtung zu sein, um die Steuerzahler zu mehr Ehrlichkeit zu bewegen. Die Informationen zum Verhalten anderer könnten wie in den Feldexperimenten aus Minnesota in Briefen an Steuerzahler vermittelt werden oder über verschiedene Medienkanäle wie Fernsehen, Zeitschriften oder Internet verbreitet werden. Informationen über das Verhalten und die Einstellungen anderer Menschen, wie sie hier beschrieben wurden, beeinflussen die Wahrnehmung der sozialen Normen und können dadurch auch das Verhalten verändern. Die Bedeutung sozialer Normen für die Steuermoral wird in Kap. 4, die Methode des Social Norms Marketing in Abschn. 7.2.4 diskutiert.

Neben den Minnesota-Studien wurden auch in anderen Feldexperimenten der Steuerforschung Beeinflussungstechniken verwendet, die als Nudges bezeichnet werden können. Hallsworth (2014) bietet einen Überblick über das Design und die Ergebnisse dieser Feldexperimente. In den weltweit durchgeführten Experimenten wurden verschiedene Einflussfaktoren variiert. Neben abschreckenden Maßnahmen wurden etwa Botschaften über den Verwendungszweck von Steuergeldern, soziale Normen und moralische Appelle getestet. Einige dieser Interventionen stellten sich als effektiv heraus, abschreckende Maßnahmen zeigen in der Regel jedoch konsistentere Effekte als die „sanften" Methoden. Da die nichtabschreckenden Maßnahmen aber oft äußerst verschieden sind und die Effekte stark von der tatsächlichen Umsetzung abhängen, kann kein eindeutiges Fazit zu ihrer Effektivität gezogen werden (Hallsworth 2014).

Nudging stellt seinem Prinzip nach nur eine kleine Änderung der Situation dar, die aus rationaler Sicht kaum eine Auswirkung auf die Entscheidung haben sollte. Neben unterschiedlichen Nachrichten an Steuerzahler kann beispielsweise auch der Aufbau eines Formulars die Steuerehrlichkeit beeinflussen. Im Rahmen eines Experimentes füllten Versuchsteilnehmer Steuererklärungen aus. In einer der experimentellen Bedingungen wurde das Formular – wie allgemein üblich – nach der Angabe aller Daten unterschrieben. In der anderen Versuchsbedingung wurde die Unterschrift jedoch gleich zu Beginn des Dokumentes verlangt. In der zweiten Bedingung verhielten sich die Versuchsteilnehmer steuerehrlicher. Gibt die Person bereits vor dem Ausfüllen der Steuererklärung ein Versprechen ab, dass alle Beträge korrekt angegeben wurden, scheint sie vor falschen Angaben eher Abstand zu nehmen. Diese Ergebnisse konnten auch in einem Feldexperiment bestätigt werden. In Kooperation mit einem Versicherungsunternehmen wurden Fahrzeugbesitzern unterschiedliche Versionen der Formulare geschickt, in denen die im Jahr zurückgelegten Kilometer mit den versicherten Fahrzeugen eingetragen werden sollten. Fahrzeughalter, die das ansonsten identische Formular mit der Unterschrift zu Beginn erhielten, gaben um 10 % mehr gefahrene Kilometer an (Shu et al. 2012).

Neben der Forschung haben auch staatliche Institutionen die Möglichkeit des Nudging für sich entdeckt. In England wurde 2010 das Behavioural Insights Team gegründet, das informell auch „Nudge Unit" genannt wird. Die dem Cabinet Office des Vereinigten Königreichs zugeordnete Arbeitsgruppe hat die Aufgabe, die öffentliche Verwaltung durch moderne und innovative Maßnahmen zur Regulation effizienter zu gestalten (John 2014). Das Behavioural Insights Team führte Feldexperimente zu verschiedenen Themen durch, viele davon auch mit einem Bezug zur Steuermoral der Engländer (Service et al. 2015). Zum Beispiel erhielten die Besitzer von Fahrzeugen unterschiedlich gestaltete Aufforderungen, für ihr Fahrzeug die vorgesehenen Steuern zu bezahlen. Neben dem Standardschreiben mit der Zahlungsaufforderung wurde auch eine Nachricht mit einer direkter formulierten Botschaft versendet, in der die Marke des betroffenen Autos genannt wurde (zum Beispiel: *„Bezahlen Sie Ihre Steuern, oder verlieren Sie Ihren BMW!"*). Diese zeigte jedoch kaum stärkere Effekte als das allgemeine Anschreiben. In einer weiteren Variante wurde dem Schreiben ein Foto des betreffenden Fahrzeuges angefügt. Diese Version des Briefes hatte eine stärkere Auswirkung als die anderen beiden Nachrichten. Das Foto konnte möglicherweise die Aufmerksamkeit der Besitzer besonders erregen und den möglichen Verlust des Fahrzeugs ins Bewusstsein rufen (Service et al. 2015). Auch in Deutschland wird bereits über Nudging als neuem Ansatz zum effektiven Regieren nachgedacht. Das deutsche Bundeskanzleramt suchte Experten, die beim „wirksamen Regieren" helfen sollten (Plickert und Beck 2014). Die österreichische Tageszeitung „Die Presse" (Höller 2015) betitelte ihren Beitrag dazu mit: *„Warum Politiker Profis für Psychotricks engagieren."*

8.2.3 Diskussion

Hinter Begriffen wie Nudging, Entscheidungsarchitektur oder dem japanischen *Shikake* (etwa „Mechanismus", Matsumura et al. 2015) steht die Idee, das Verhalten von Menschen in eine bestimmte Richtung zu lenken – zu ihrem eigenen Vorteil und zum Wohl der Gesellschaft. Bei Nudging soll zwar das Verhalten von Menschen wirksam beeinflusst werden, es soll jedoch kein Zwang ausgeübt werden. Im Gegensatz zu „traditionellen" Maßnahmen der Regulation wie Lenkungssteuern, die finanziellen Druck und letztlich auch ein gewisses Maß von Zwang bewirken, sollen bei Nudges die Entscheidungssituationen so gestaltet werden, dass eher die erwünschte oder empfohlene Alternative gewählt wird. Dabei wird psychologisches Wissen über menschliches Verhalten berücksichtigt. Viele Untersuchungen dieses Ansatzes zur Verhaltensregulation erbrachten vielversprechende Resultate. Die verschiedenen Nudging-Methoden stellen nützliche Werkzeuge zur Verhaltensregulation dar, die auch in Kombination mit den traditionellen Methoden eingesetzt werden können. Unter dem Nudging-Begriff werden jedoch viele unterschiedliche Techniken zur Beeinflussung verstanden. Es ist deshalb oft noch nicht genau erforscht, welche dieser Strategien tatsächlich effektiv und für den praktischen Einsatz geeignet sind.

Der libertäre Paternalismus und das Nudging-Prinzip stoßen auch auf Kritik. Der deutsche Psychologe Gerd Gigerenzer bezweifelt zum Beispiel, dass Menschen tatsächlich so irrational sind, wie libertäre Paternalisten behaupten, und stellt eine Vielzahl von Ergebnissen infrage, die die „begrenzte Rationalität" von Menschen belegen sollen (Gigerenzer 2015a, 2015b). Gigerenzer führt viele der in der empirischen Entscheidungsforschung beschriebenen Verhaltensweisen, die scheinbar irrational sind, auf systematische Fehler in den Studiendesigns und Fehlinterpretationen der Beobachtungen zurück. Er argumentiert, dass man den Menschen nicht indirekt sämtliche Entscheidungen abnehmen, sondern vielmehr ihre Risikokompetenz stärken sollte. Die Bildung von Verbrauchern ist nach Gigerenzer der wichtigste Faktor im Verbraucherschutz. Er kritisiert zudem, dass der libertäre Paternalismus zwar von der Inkompetenz der Menschen ausgeht, gleichzeitig aber auch voraussetzt, dass es kompetente „Entscheidungsarchitekten" gibt, die perfekt rationale Entscheidungen für die gesamte Bevölkerung treffen können. Thaler und Sunstein machen jedoch deutlich, dass es kaum eine Entscheidungssituation gibt, bei der Menschen nicht durch die Art und Weise, wie das Problem dargestellt wird, in irgendeine Richtung geschubst werden – sei es mit Absicht oder völlig unbewusst. Sie sehen Nudges nicht als Werkzeug zur eigennützigen Manipulation und warnen vor versteckten, „schlechten" Nudges, wie sie von Unternehmen zur Gewinnsteigerung eingesetzt werden. Es liege in der Verantwortung des Staates und der Designer von Entscheidungssituationen, den Schubs in die richtige Richtung zu geben (Thaler und Sunstein 2008). Zur Umsetzung moralisch einwandfreier Nudges seien deshalb gewisse Prinzipien zu berücksichtigen. Die Beeinflussung müsse etwa transparent und klar als solche erkennbar sein. Es müsse außerdem so einfach wie möglich sein, sich für die andere Option zu entscheiden – die Alternativen dürfen nicht etwa mit zusätzlichen Kosten oder hohem Aufwand verbunden sein. Zudem müsse bei der Gestaltung eines Nudges alles dafür sprechen, dass die geförderte Verhaltensweise zum Wohl der beeinflussten Person geschieht (Thaler 2015).

Zusammenfassung

Lenkungssteuern können die Nachfrage nach gesundheitsgefährdenden oder umweltbelastenden Gütern effektiv verringern. Die Steuern treffen jedoch Konsumenten mit geringerem Einkommen oft stärker und werden häufig durch den Konsum von geringer besteuerten Alternativen oder den Bezug aus illegalen Quellen umgangen. Durch Förderungen gesunder oder umweltschonender Alternativen und die Kombination mit anderen Maßnahmen kann die Wirkung von Lenkungssteuern verstärkt werden. Als alternative Methode zur Verhaltenslenkung ohne finanziellen Zwang können Nudges eingesetzt werden. Durch die gezielte Präsentation von Entscheidungssituationen, etwa durch Hinweise oder Voreinstellungen, sollen Menschen zum erwünschten Verhalten „sanft angestupst" werden.

Literatur

Adams, M., & Effertz, T. (2009a). Höhere Steuern auf Alkohol! *Ifo Schnelldienst, 62*(19), 14–19.
Adams, M., & Effertz, T. (2009b). Prävention riskanten Alkoholkonsums von Kindern und Jugendlichen. *Sucht, 55*(3), 169–180.
Ansorge, U. (2014). Salienz. In M. A. Wirtz (Hrsg.), *Dorsch – Lexikon der Psychologie* (17. Aufl. S. 1443). Bern: Huber.
Asplund, M., Friberg, R., & Wilander, F. (2007). Demand and distance: evidence on cross-border shopping. *Journal of Public Economics, 91*(1–2), 141–157.
Van Baal, P. H. M., Polder, J. J., de Wit, G. A., Hoogenveen, R. T., Feenstra, T. L., Boshuizen, H. C., Engelfriet, P. M., & Brouwer, W. B. F. (2008). Lifetime medical costs of obesity: prevention no cure for increasing health expenditure. *PLoS Medicine, 5*(2), 242–249.
Bach, S. (2009). Zehn Jahre ökologische Steuerreform: Finanzpolitisch erfolgreich, klimapolitisch halbherzig. *Wochenbericht des DIW Berlin, 76*(14), 218–228.
Bird, R. M. (2015). Tobacco and alcohol excise taxes for improving public health and revenue outcomes: Marrying sin and virtue? (Policy Research Working Paper 7500). http://documents.worldbank.org/curated/en/577831467986372982/pdf/WPS7500.pdf. Zugegriffen: 19. Mai 2017.
Bødker, M., Pisinger, C., Toft, U., & Jørgensen, T. (2015). The Danish fat tax – effects on consumption patterns and risk of ischaemic heart disease. *Preventive Medicine, 77*, 200–203.
Böhringer, C., & Schwager, R. (2003). Die ökologische Steuerreform in Deutschland – ein umweltpolitisches Feigenblatt. *Perspektiven der Wirtschaftspolitik, 4*(2), 211–222.
Bosch, A., & Koch, S. F. (2014). Using a natural experiment to examine tobacco tax regressivity (ERSA working paper 434). https://econrsa.org/system/files/publications/working_papers/working_paper_434.pdf. Zugegriffen: 19. Mai 2017.

Bundesministerium der Finanzen (2004). Fünf Jahre ökologische Steuereform. In *Monatsbericht 03.2004* (S. 35–43). Berlin: Bundesministerium der Finanzen.
Bundesministerium der Finanzen (2005). *Bilanz der ökologischen Steuerreform*. Berlin: Bundesministerium der Finanzen.
Caraher, M., & Cowburn, G. (2005). Taxing food: implications for public health nutrition. *Public Health Nutrition, 8*(8), 1242–1249.
Chaloupka, F., & Laixuthai, A. (1997). Do youths substitute alcohol and marijuana? Some econometric evidence. *Eastern Economic Journal, 23*(3), 253–276.
Chaloupka, F. J., Straif, K., & Leon, M. E. (2011). Effectiveness of tax and price policies in tobacco control. *Tobacco Control, 20*(3), 235–238.
Chetty, R., Looney, A., & Kroft, K. (2009). Salience and taxation: theory and evidence. *American Economic Review, 99*(4), 1145–1177.
Chiou, L., & Muehlegger, E. (2014). Consumer response to cigarette excise tax changes. *National Tax Journal, 67*(3), 621–651.
Coleman, S. (1996). The minnesota income tax compliance experiment: state tax results. http://www.revenue.state.mn.us/research_stats/research_reports/19xx/research_reports_content_complnce.pdf. Zugegriffen: 19. Mai 2017.
Coleman, S. (2007). The minnesota income tax compliance experiment: replication of the social norms experiment (MPRA paper no. 5820). https://mpra.ub.uni-muenchen.de/5820/1/MPRA_paper_5820.pdf. Zugegriffen: 19. Mai 2017.
Crawford, I., & Tanner, S. (1995). Bringing it all back home: alcohol taxation and cross-border shopping. *Fiscal Studies, 16*(2), 94–114.
Davis, L. W., & Kilian, L. (2011). Estimating the effect of a gasoline tax on carbon emissions. *Journal of Applied Econometrics, 26*(7), 1187–1214.
Dayan, E., & Bar-Hillel, M. (2011). Nudge to nobesity II: menu positions influence food orders. *Judgment and Decision Making, 6*(4), 333–342.
Der Standard (2017). Putin fordert nach Todesfällen neues Alkoholgesetz. http://derstandard.at/2000050169240/Putin-fordert-nach-Todesfaellen-neues-Alkohol-Gesetz. Zugegriffen: 19. Mai 2017.
Die Presse (2014). Agenda Austria: Tabaksteuer bringt maximal 750 Millionen Euro. http://diepresse.com/home/innenpolitik/1553415/Agenda-Austria_Tabaksteuer-bringt-maximal-750-Millionen-Euro. Zugegriffen: 23. Febr. 2017.
Elder, R. W., Lawrence, B., Ferguson, A., Naimi, T. S., Brewer, R. D., Chattopadhyay, S. K., Toomey, T. L., & Fielding, J. E. (2010). The effectiveness of tax policy interventions for reducing excessive alcohol consumption and related harms. *American Journal of Preventive Medicine, 38*(2), 217–229.
Farke, W. (2008). Auswirkungen des Alkopopsteuergesetzes in Deutschland. *Abhängigkeiten, 14*(2), 15–30.
Farrelly, M. C., Nonnemaker, J. M., & Watson, K. A. (2012). The consequences of high cigarette excise taxes for low-income smokers. *PLoS ONE, 7*(9), e43838.
Fichte, D. (2014). Problematische Legitimation von Tabak- und Alkoholsteuern. *Wirtschaftsdienst, 94*(1), 62–68.
Finkelstein, A. (2009). E-ZTAX : tax salience and tax rates. *Quarterly Journal of Economics, 124*(3), 969–1010.
Fletcher, J. M., Frisvold, D. E., & Tefft, N. (2010). The effects of soft drink taxes on child and adolescent consumption and weight outcomes. *Journal of Public Economics, 94*(11–12), 967–974.
Foster, G. D., Karpyn, A., Wojtanowski, A. C., Davis, E., Weiss, S., Brensinger, C., Tierney, A., Guo, W., Brown, J., Spross, C., Leuchten, D., Burns, P., & Glanz, K. (2014). Placement and promotion strategies to increase sales of healthier products in supermarkets in low-income, ethnically diverse neighborhoods: a randomized controlled trial. *American Journal of Clinical Nutrition, 99*(6), 1359–1368.
Fullerton, D., & Kinnaman, T. C. (1996). Household responses to pricing garbage by the bag. *The American Economic Review, 86*(4), 971–984.
Gellynck, X., Jacobsen, R., & Verhelst, P. (2011). Identifying the key factors in increasing recycling and reducing residual household waste: a case study of the Flemish region of Belgium. *Journal of Environmental Management, 92*(10), 2683–2690.
Gigerenzer, G. (2015a). „Man lenkt Menschen wie eine Schafherde" – Interview mit Gerd Gigerenzer. Novo Argumente für den Fortschritt. https://www.novo-argumente.com/artikel/man_lenkt_menschen_wie_eine_schafherde. Zugegriffen: 19. Mai 2017.
Gigerenzer, G. (2015b). On the supposed evidence for libertarian paternalism. *Review of Philosophy and Psychology, 6*(3), 361–383.

Goldin, J., & Homonoff, T. (2013). Smoke gets in your eyes: cigarette tax salience and regressivity. *American Economic Journal: Economic Policy*, 5(1), 302–336.

Goulder, L. H. (1995). Environmental taxation and the double dividend: a reader's guide. *International Tax and Public Finance*, 2(2), 157–183.

Green, M. A. (2004). Recent developments in photovoltaics. *Solar Energy*, 76(1–3), 3–8.

Hallsworth, M. (2014). The use of field experiments to increase tax compliance. *Oxford Review of Economic Policy*, 30(4), 658–679.

Hardford, T. (2016). These are the sins we should be taxing. Financial Times. https://www.ft.com/content/95291034-e580-11e5-a09b-1f8b0d268c39?mhq5j=e2. Zugegriffen: 23. Febr. 2017.

Heath, A. (2016). We are far too fat, but a sin tax on sugar would do nothing to help. The Telegraph. http://www.telegraph.co.uk/news/health/12098628/We-are-far-too-fat-but-a-sin-tax-on-sugar-would-do-nothing-to-help.html. Zugegriffen: 19. Mai 2017.

Höller, C. (2015). Warum Politiker Profis für Psychotricks engagieren. Die Presse. http://diepresse.com/home/wirtschaft/international/4701648/Warum-Politiker-Profis-fuer-Psychotricks-engagieren-. Zugegriffen: 19. Mai 2017.

Van Houtven, G. L., & Morris, G. E. (1999). Household behaviour under alternative pay-as-you-throw systems for solid waste disposal. *Land Economics*, 75(4), 515–537.

International Carbon Action Partnership (2015). *Emissions trading worldwide: International Carbon Action Partnership (ICAP) status report 2015*. Berlin: International Carbon Action Partnership.

Jha, P., & Chaloupka, F. J. (2000). The economics of global tobacco control. *BMJ*, 321, 358–361.

Jiang, H., & Livingston, M. (2015). The dynamic effects of changes in prices and affordability on alcohol consumption: an impulse response analysis. *Alcohol and Alcoholism*, 50(6), 631–638.

John, P. (2014). Policy entrepreneurship in UK central government: the behavioural insights team and the use of randomized controlled trials. *Public Policy and Administration*, 29(3), 257–267.

Johnson, E., & Goldstein, D. (2003). Do defaults save lives? *Science*, 302, 1338–1339.

Kahneman, D., Knetsch, J. L., & Thaler, R. H. (1991). Anomalies: the endowment effect, loss aversion, and status quo bias. *Journal of Economic Perspectives*, 5(1), 193–206.

Kongsbak, I., Skov, L. R., Nielsen, B. K., Ahlmann, F. K., Schaldemose, H., Atkinson, L., Wichmann, M., & Pérez-Cueto, F. J. A. (2016). Increasing fruit and vegetable intake among male university students in an ad libitum buffet setting: a choice architectural nudge intervention. *Food Quality and Preference*, 49, 183–188.

Krauss, M. J., Cavazos-Rehg, P. A., Plunk, A. D., Bierut, L. J., & Grucza, R. A. (2014). Effects of state cigarette excise taxes and smoke-free air policies on state per capita alcohol consumption in the United States, 1980 to 2009. *Alcoholism: Clinical and Experimental Research*, 38(10), 2630–2638.

Leal, A., López-Laborda, J., & Rodrigo, F. (2010). Cross-border shopping: a survey. *International Advances in Economic Research*, 16(2), 135–148.

Li, S., Linn, J., & Muehlegger, E. (2014). Gasoline taxes and consumer behavior. *American Economic Journal: Economic Policy*, 6(4), 302–342.

Liu, A. A. (2013). Tax evasion and optimal environmental taxes. *Journal of Environmental Economics and Management*, 66(3), 656–670.

Mäkelä, P., & Österberg, E. (2009). Weakening of one more alcohol control pillar: a review of the effects of the alcohol tax cuts in Finland in 2004. *Addiction*, 104(4), 554–563.

Mäkelä, P., Bloomfield, K., Gustafsson, N.-K., Huhtanen, P., & Room, R. (2008). Changes in volume of drinking after changes in alcohol taxes and travellers' allowances: results from a panel study. *Addiction*, 103(2), 181–191.

Matsumura, N., Fruchter, R., & Leifer, L. (2015). Shikakeology: designing triggers for behavior change. *AI & Society*, 30(4), 419–429.

McCaffery, E. J., & Baron, J. (2006). Thinking about tax. *Psychology, Public Policy, and Law*, 12(1), 106–135.

Mytton, O. T., Clarke, D., & Rayner, M. (2012). Taxing unhealthy food and drinks to improve health. *BMJ*, 344, e2931.

O'Connor, R. J. (2012). Non-cigarette tobacco products: what have we learnt and where are we headed? *Tobacco Control*, 21(2), 181–190.

O'Donoghue, T., & Rabin, M. (2006). Optimal sin taxes. *Journal of Public Economics*, 90(10–11), 1825–1849.

OECD (2015). *Taxing energy use 2015: OECD and selected partner economies*. Paris: OECD Publishing.

Plickert, P., & Beck, H. (2014). Kanzlerin sucht Verhaltensforscher. *Frankfurter Allgemeine Zeitung*. http://www.faz.net/aktuell/wirtschaft/wirtschaftspolitik/kanzlerin-angela-merkel-sucht-verhaltensforscher-13118345.html. Zugegriffen: 23. Febr. 2017.

Rivers, N., & Schaufele, B. (2015). Salience of carbon taxes in the gasoline market. *Journal of Environmental Economics and Management*, 74(1), 23–36.

Room, R., Bloomfield, K., Grittner, U., Gustafsson, N.-K., Mäkelä, P., Österberg, E., Ramstedt, M., Rehm, J., Wicki, M., & Gmel, G. (2013). What happened to alcohol consumption and problems in the nordic countries when alcohol taxes were decreased and borders opened? *International Journal of Alcohol and Drug Research, 2*(1), 77–87.

Sælen, H., & Kallbekken, S. (2011). A choice experiment on fuel taxation and earmarking in Norway. *Ecological Economics, 70*(11), 2181–2190.

Samuelson, W., & Zeckhauser, R. (1988). Status quo bias in decision making. *Journal of Risk and Uncertainty, 1*(1), 7–59.

Sandmo, A. (1975). Optimal taxation in the presence of externalities. *The Swedish Journal of Economics, 77*(1), 86–98.

Schaller, K., & Pötschke-Langer, M. (2015). Tobacco control in Germany and Europe – profits and pitfalls. *Atemwegs- und Lungenkrankheiten, 41*(8), 372–380.

Scollo, M., Younie, S., Wakefield, M., Freeman, J., & Icasiano, F. (2003). Impact of tobacco tax reforms on tobacco prices and tobacco use in Australia. *Tobacco Control, 12*(Suppl II), ii66–ii59.

Service, O., Hallsworth, M., Halpern, D., Algate, F., Gallagher, R., Nguyen, S., Ruda, S., Sanders, M., Pelenur, M., Gyani, A., Harper, H., Reinhard, J., & Kirkman, E. (2015). *EAST: four simple ways to apply behavioural insights*. London: Behavioural Insights.

Shu, L. L., Mazar, N., Gino, F., Ariely, D., & Bazerman, M. H. (2012). Signing at the beginning makes ethics salient and decreases dishonest self-reports in comparison to signing at the end. *Proceedings of the National Academy of Sciences, 109*(38), 15197–15200.

Stehr, M. (2005). Cigarette tax avoidance and evasion. *Journal of Health Economics, 24*(2), 277–297.

Stehr, M. (2007). The effect of sunday sales bans and excise taxes on drinking and cross-border shopping for alcoholic beverages. *National Tax Journal, 60*(1), 85–105.

Steidl, F., & Wigger, B. U. (2015). Die externen Kosten des Rauchens in Deutschland. *Wirtschaftsdienst, 95*(8), 563–568.

Steiner, V., & Cludius, J. (2010). Ökosteuer hat zu geringerer Umweltbelastung des Verkehrs beigetragen. *DIW Wochenbericht, 77*(13–14), 2–7.

Sussman, A. B., & Olivola, C. Y. (2011). Axe the tax: taxes are disliked more than equivalent costs. *Journal of Marketing Research, 48*, 91–S101.

Thaler, R. H. (2015). The power of nudges, for good and bad. The New York Times. https://www.nytimes.com/2015/11/01/upshot/the-power-of-nudges-for-good-and-bad.html. Zugegriffen: 19. Mai 2017.

Thaler, R. H., & Benartzi, S. (2004). Save more tomorrow(TM): Using behavioral economics to increase employee saving. *Journal of Political Economy, 112*(S1), S164–S187.

Thaler, R. H., & Sunstein, C. R. (2008). *Nudge: improving decisions about health, wealth and happiness*. New Haven: Yale University Press.

Thaler, R. H., & Sunstein, C. R. (2011). *Nudge: Wie man kluge Entscheidungen anstößt*. Berlin: Ullstein.

Thow, A. M., Downs, S., & Jan, S. (2014). A systematic review of the effectiveness of food taxes and subsidies to improve diets: understanding the recent evidence. *Nutrition Reviews, 72*(9), 551–565.

Tiezzi, S., & Verde, S. F. (2016). Differential demand response to gasoline taxes and gasoline prices in the U.S. *Resource and Energy Economics, 44*, 71–91.

Umweltbundesamt (2004). Quantifizierung der Effekte der Ökologischen Steuerreform auf Umwelt, Beschäftigung und Innovation. http://www.umweltbundesamt.de/sites/default/files/medien/publikation/long/3569.pdf. Zugegriffen: 19. Mai 2017.

Wagenaar, A. C., Salois, M. J., & Komro, K. A. (2009). Effects of beverage alcohol price and tax levels on drinking: A meta-analysis of 1003 estimates from 112 studies. *Addiction, 104*(2), 179–190.

Wagenaar, A. C., Tobler, A. L., & Komro, K. A. (2010). Effects of alcohol tax and price policies on morbidity and mortality: a systematic review. *American Journal of Public Health, 100*(11), 2270–2278.

Wagenaar, A. C., Livingston, M. D., & Staras, S. S. (2015). Effects of a 2009 Illinois alcohol tax increase on fatal motor vehicle crashes. *American Journal of Public Health, 105*(9), 1880–1885.

Wansink, B., & Hanks, A. S. (2013). Slim by design: serving healthy foods first in buffet lines improves overall meal selection. *PLoS ONE, 8*(10), e77055.

Wansink, B., & Love, K. (2014). Slim by design: menu strategies for promoting high-margin, healthy foods. *International Journal of Hospitality Management, 42*, 137–143.

Wirsenius, S., Hedenus, F., & Mohlin, K. (2011). Greenhouse gas taxes on animal food products: Rationale, tax scheme and climate mitigation effects. *Climatic Change, 108*(1), 159–184.

Wisdom, J., Downs, J. S., & Loewenstein, G. (2010). Promoting healthy choices: Information versus convenience. *American Economic Journal: Applied Economics, 2*(2), 164–178.

World Health Organization (WHO) (2004). *Global status report on alcohol 2004*. Genf: World Health Organisation.

Literatur

World Health Organization (WHO) (2015). *The economic and health benefits of tobacco taxation*. Genf: World Health Organisation.

World Health Organization (WHO). Europe (2007). *The European tobacco control report 2007*. Kopenhagen: WHO Regional Office for Europe.

Xuan, Z., Chaloupka, F. J., Blanchette, J. G., Nguyen, T. H., Heeren, T. C., Nelson, T. F., & Naimi, T. S. (2015). The relationship between alcohol taxes and binge drinking: Evaluating new tax measures incorporating multiple tax and beverage types. *Addiction, 110*(3), 441–450.

Young, D., Yong, H. H., Borland, R., Shahab, L., Hammond, D., Cummings, K. M., & Wilson, N. (2012). Trends in roll-your-own smoking: findings from the ITC four-country survey (2002–2008). *Journal of Environmental and Public Health, 2012*, 1–7.

Serviceteil

Sachverzeichnis – 146

© Springer-Verlag GmbH Deutschland 2018
S. Mühlbacher und M. Zieser, *Die Psychologie des Steuerzahlens*, Die Wirtschaftspsychologie
https://doi.org/10.1007/978-3-662-53846-3

ns

Sachverzeichnis

A

Abfallentsorgung 40
Abfall-Steuer 131
Ablehnung von Steuern 133
Abschreckung 100, 101, 104
Abstimmung 46, 60, 65
Affekt 11, 12
Aggressive Steuerplanung 110
Agnar Sandmo 10
Akteur des Steuersystems 81
Akzeptanz von Steuerhinterziehung 44
Akzeptanz von Steuern 133
Alkoholsteuer 126
Alkopop 128
Alter 29
Angestellte 24
Angst 13
Arbeitsaufwand 31, 78
Arbeitsleistung 78
Assoziation 14, 17, 20
ATO-Compliance-Modell 87
Aufmerksamkeit 131
Aufwand 61
Australian Taxation Office (ATO) 85, 87

B

Bagatelldelikt 15
Basisemotion 12
Begrenzte Rationalität 134, 138
Behavioural Insights Team 137
Belohnung 106
Beratung 86
Berechenbarkeit 107
Berufliche Selbstständigkeit 24
Bestrafung 104
Beurteilung von Delikten 14
Bewertung von Delikten 15
Bezugsgruppe 47
Bezugsperson 47
Bildung 30
Bomb-Crater-Effekt 75
Bounded Rationality 134, 138
Bruttobetrag 24, 26
Buchhaltungsstrategie 29

C

Capitulation 17, 18, 87
Carbon Tax 130
Cass Sunstein 134
Commitment 17, 18, 87
Compliance Costs 61
Compliance-Pyramide 87
Conditional Audit Scheme 102
Co-Operative Compliance 110
Cross-Border Shopping 129
Cut-Off Audit Scheme 102
Cut-Off-Regel 102

D

Data-Mining 102
Delikt 14
Demokratische Mitbestimmung 59
Deskriptive Norm 37, 40, 45
Deterrence 100
Dienstleistung 109
Dimensionen des Vertrauens 107
Direkte Demokratie 59
Disengagement 17, 19, 87
Distributive Gerechtigkeit 92
Donald Trump 43
Doppelte-Dividenden-Hypothese 123

E

Earmarking 123, 133
Ehrlicher Steuerzahler 17
Einbehaltungsphänomen 25, 79
Einheitssteuer 56
Einkommen 30, 77
Einkommenshöhe 70
Einstellung 11, 89
Emissionsrechte 130
Emotion 11, 12, 24
Energieverbrauch 130
Enhanced Relationship 110
Entscheidungsarchitektur 138, 139
Equity-Theorie 56
Erich Kirchler 89
Erzwungene Steuerehrlichkeit 89
Essverhalten 135
Externalität 122
Extrinsische Motivation 90, 105
Extrinsischer Faktor der Steuermoral 80

F

Fairness 54, 108
False Consensus Effect 44
Fehlwahrnehmung 117
Feminin 30
Fettsteuer 129
Flat Tax 56
Förderung der Steuerehrlichkeit 100, 101
Freiheitsstrafe 64, 104
Freiwillige Steuerehrlichkeit 89

G

Game Playing 17, 19, 89
Gary Becker 80, 100
Gefühl 12
Geldstrafe 64, 104
Gerald Leventhal 58
Gerd Gigerenzer 138
Gerechtigkeit 54, 108
Gerechtigkeit von Entscheidungsprozessen 58
Gerechtigkeitsprinzip 58, 108
Geschlecht 29
Geschlechtsstereotyp 30
Gesellschaftliche Norm 38, 48
Gesundheit 135
Gesundheitssystem 133
Grundhaltung 17

H

Hautwiderstand 12
Horizontal Monitoring 110
Hubert Woischitzschläger 114

I

Identifikation 47
Implizites Vertrauen 91
Informationsbedingte Prüfung 102

Sachverzeichnis

Informationskampagne 108, 137
Informationsschreiben 40, 116, 136
Input 56
Integrität 107
Intention 11
Interaktion zwischen Steuerzahlern und Behörden 61, 89
Interaktionsklima 93, 112
Interaktionsstil 85
Internalisierung sozialer Normen 47
Internalisierung von Normen 38
Intrinsische Motivation 105
Ist-Norm 37

J

John Stacey Adams 56

K

Katz-und-Maus-Spiel 19, 89
Kaufverhalten 124, 128
Kavaliersdelikt 14, 40
Kognition 11, 14
Kommunikation 43
Kommunikation sozialer Normen 43
Kommunikationspolitik 91
Kompetenz 107, 109
Komplexität des Steuerrechts 19, 31, 63
Konformität in Gruppen 36
Konsumverhalten 124, 128
Kontoführung 26
Kontrolle 100, 101
Kooperation 45, 46, 83, 85
Kriminalität 80
Kriminalitätsbekämpfung 100
Kriminologie 100
Kristina Murphy 12
Kritik an Nudging 138
Kultur 48
Kultureller Unterschied 38
Kundenorientierung 94, 109

L

Leak 13
Lebensmittelsteuer 129
Legitime Macht 91
Lenkungssteuer 122
Leventhal-Prinzipien 58, 108
Libertärer Paternalismus 134

M

Macht 90
Mahnung 116
Maskulin 30
Meinung 11, 14
Mental Accounting 25
Mentale Buchführung 25
Mentale Integration 27
Mentale Segregation 27
Mentaler Prozess 14
Mineralölsteuer 130
Mitbestimmung 59, 108
Motivationale Grundhaltung 17, 20, 87
Mülltrennung 131

N

Nettoeinkommen 26, 27
Nettogehalt 24
Normativer Einfluss 43
Nudging 134
Nutzenmaximierung 80

O

OECD (Organisation für wirtschaftliche Zusammenarbeit und Entwicklung) 10
Offenlegung 112
Öffentliches Gut 46, 57, 82
Ökonomisches Modell der Steuerhinterziehung 70, 100
Ökosteuer 130
Opt-in 135
Opt-out 136
Organspende 135
Otto Veit 8
Output 56

P

Panama Papers 8, 13
Partizipation 108
Paternalismus 133
Patriotismus 47
Pay-by-the-Bag-System 131
Persönliche Norm 37, 44, 47, 116
Pigou-Steuer 122
Politiker 43
Politische Mitbestimmung 59
Porträtfoto 13

Pranger 13
Präskriptive Norm 37, 40, 45
Predictive Analytics 102
Prinzip 64, 89
Prinzipien des Nudging 139
Progressive Steuer 56
Prominenter 43
Prozedurale Gerechtigkeit 54, 58, 92, 108
Prüfwahrscheinlichkeit 70, 72, 77
Psychophysiologische Methode 12
Public Good 46, 82
Public Good Games 83
Pyramide 87

R

Random Audit Scheme 102
Reaktanz 25
Regressive Steuer 56, 124
Regressivität 132
Regulationspyramide 87
Regulationsstrategie 87, 100
Religiosität 47
Repräsentative Demokratie 59
Reputation 13, 80
Resistance 17, 18, 87
Responsive Regulation 85, 106, 111
Restorative Gerechtigkeit 65
Retributive Gerechtigkeit 54, 64, 92, 108
Reziprozitätsnorm 84
Richard Thaler 25, 134
Risiko 70
Ruf 13

S

Salienz 131
Save More Tomorrow 134
Scham 48
Schattenwirtschaft 48
Schwarzarbeit 10
Schweiz 59
Schweregrad von Steuerdelikten 14
Selbstanzeige 65
Selbstkontrolle 133
Selbstständigkeit 24, 26
Service 86, 87, 94, 109
Silvio Berlusconi 43
Sin Tax 122

Slippery Slope Framework 89, 106
Social Norms Marketing 113, 116
Softdrink-Steuer 129
Soll-Norm 37
Soziale Distanz 87, 107
Soziale Norm 113, 137
Sozialer Druck 36
Sozialer Einfluss 80
Sozialer Kontext 80
Sozialer Vergleich 57
Soziales Dilemma 82, 84
Soziokulturelles Geschlecht 30
Staatliche Leistung 82
Status Quo Bias 135
Steueramnestie 65
Steuerbehörde 17
Steuerberater 78
Steuerehrlichkeit 10
Steuereinnahme 57
Steuerhinterziehung 9, 10
Steuerlast 79
Steuermoral 8, 37
Steuerprüfung 72, 101
Steuersatz 56, 71, 78
Steuerskandal 43
Steuersystem 14, 17, 20, 81
Steuerumgehung 9, 10, 17, 105
Steuervermeidung 9
Stigma 48
Stimmung 12
Strafbemessung 76, 78
Strafe 100

Strafhöhe 70, 75, 104
Strategie 100
Subjektive Norm 38, 44
Substitutionseffekt 124
Sympathie 12

T

Tabaksteuer 123
Tanktourismus 130
Tax Aversion 132
Tax Avoidance 10
Tax Compliance 8, 10
Tax Evasion 10
Taxpayers' Charter 85
Theorie der Selbstkategorisierung 47
Transparenz 112
Trigger 124

U

Umweltsteuer 130
Urteil 11, 14

V

Valerie Braithwaite 17, 87
Verfügbarkeitsheuristik 73
Verhaltensintention 11
Verhaltenslenkung 122

Verhältnismäßigkeit 64
Verkehrsunfall 127
Verlustaversion 24
Vernunftbasiertes Vertrauen 92
Verteilungsgerechtigkeit 54, 56, 108
Vertrauen 58, 90, 106
Vertrauensbildende Maßnahme 106
Vertrauenswürdigkeit 107
Verwendung von Steuergeld 41, 57, 60, 82, 92, 137

W

Wahrnehmung sozialer Normen 43
Wahrscheinlichkeit einer Steuerprüfung 70, 72, 77
WHO (World Health Organization) 123
Widerspruchsregelung 136
Wissen 31
Withholding Phenomenon 25, 79
Wohlwollen 107

Z

Zeitaufwand 61
Zufallsbasierte Strategie 102
Zustimmungsregelung 135

MIX
Papier aus verantwortungsvollen Quellen
Paper from responsible sources
FSC® C105338

If you have any concerns about our products,
you can contact us on
ProductSafety@springernature.com

In case Publisher is established outside the EU,
the EU authorized representative is:
**Springer Nature Customer Service Center GmbH
Europaplatz 3, 69115 Heidelberg, Germany**

Printed by Libri Plureos GmbH
in Hamburg, Germany